Was ist dir widerfahren, Isaak?

Eine Spurensuche

von

Sybille Eberhardt

Manuela Kinzel Verlag

„Tu deinen Mund auf für die Stummen

und für die Sache aller,

die verlassen sind."

Sprüche 31, 8

Impressum:

Manuela Kinzel Verlag
73037 Göppingen
Tel. 07165 / 929 399

info@manuela-kinzel-verlag.de
www.manuela-kinzel-verlag.de

1. Auflage 2020
© Alle Rechte vorbehalten.
Manuela Kinzel Verlag

ISBN 978-3-95544-145-6

INHALT

Grußwort Oberbürgermeister Guido Till	5
Vorwort Sybille Eberhardt	6
Unerwartete Begegnung mit Isaak Komras	9

TEIL I: WILNA   13

Isaaks Heimatstadt in der Zwischenkriegszeit	13
Der Beginn des 2. Weltkriegs	16
Litauen wird Teil der UdSSR	18
Die deutsche Besatzung und der Terror gegen die Juden	20
Die Einrichtung des Wilnaer Ghettos und die „Große Provokation" im Vorfeld	34

Die Ghettozeit: 38

Die Anfangsphase zwischen Ausbeutung und Auslöschung	38
Das zweigeteilte Ghetto und seine innere Organisation	38
Die Liquidierung von Ghetto 2	45
Auskämmaktionen im Ghetto 1 vom 22. Oktober bis 22. Dezember 1941	47
Formierung des jüdischen Untergrunds	54

Die Konsolidierungsphase: 57

Die Entwicklung zum Arbeitsghetto Wilna	57
Der Kampf gegen den Hunger	59
Der Gesundheitsdienst	61
Erziehung und kulturelles Leben im Ghetto	64
Das Arbeitsghetto unter Gens	69
Fragwürdige Einsätze außerhalb Wilnas	72
Stabilität gerät ins Wanken	74

Die Endphase des Wilnaer Ghettos: 77

    Gens wird getäuscht 77
    Der Machtkampf zwischen Gens und dem Untergrund 79
    Die Witenberg-Affäre und ihre Folgen 82
    Die Deportationen nach Estland 84
        Erster Transport am 6.8.1943 84
        Zweiter Transport am 24.8.1943 86
        Die Aktion vom 1. bis 4. September 1943 88
    Die Ermordung von Gens 91
    Die Auflösung des Wilnaer Ghettos und die
        Deportation seiner Bewohner 92

TEIL II: ESTLAND 96

    Ausbeutung in den Lagern des estnischen
        Ölschiefergebiets 96
    Narwa 96
    Kiviöli 103
    Aseri 108
    Goldfields 112

Teil III: DEUTSCHLAND 115

    DasTransitlager Stutthof 115
    Das Natzweiler Außenlager Dautmergen 123
    Der Todesmarsch der Häftlinge von Dautmergen und
        die Befreiung 145
    Auseinandersetzung mit dem Erlebten, Suche nach
        überlebenden Angehörigen und Neuorientierung im
        DP-Lager Heidenheim 149
    Isaaks Tod 163

Epilog 166

Anhang 171

Grußwort Oberbürgermeister Guido Till

Mit ihrer Recherche über das Schicksal von elf jüdischen Zwangsarbeiterinnen, die anonym auf dem jüdischen Gräberfeld des Göppinger Hauptfriedhofs beerdigt wurden, hat Sybille Eberhardt bereits sehr viel zur Erinnerung an die menschenverachtende Brutalität des Nationalsozialismus in unserer Region beigetragen. Die Enthüllung der Gedenktafel für die Zwangsarbeiterinnen fand am 19. November 2019 auf dem Göppinger Hauptfriedhof statt.

Ihr neues Buch geht der Geschichte von Isaak Komras nach, einem jungen Mann aus Vilnius (ehemals Wilna), der zwar die deutsche und sowjetische Besatzung, das Ghetto in seiner Heimatstadt und verschiedene KZs überlebte, nach der Befreiung jedoch nicht mehr die Kraft hatte, sich ein neues Leben aufzubauen. Er starb in Heidenheim. Die Hinterbliebenen von Isaak Komras entschieden sich für die Beisetzung ihres Verwandten auf dem nächstgelegenen jüdischen Friedhof; das war Göppingen. Sybille Eberhardt schreibt dazu in diesem Buch: „So wurde der Stadt und ihren Bewohnern das ehrende Gedenken an ein kurzes, durch deutsche Machenschaften leidefülltes Leben anvertraut."

Die Geschichte des Jugendlichen ist ein wichtiger Beitrag zur Erziehung gegen Militarisierung und Antisemitismus, für Frieden und Demokratie. Sein Schicksal zeigt aber auch noch etwas anderes: Während die Göppinger Juden in den Osten deportiert und ermordet wurden, wurden von dort Juden nach Süddeutschland verschleppt und ausgebeutet. Einer von ihnen war Isaak Komras.

Ihr Guido Till
Oberbürgermeister der Stadt Göppingen

Vorwort

Der auf der Titelseite abgebildete Grabstein auf der Göppinger israelitischen Friedhofsabteilung war die Motivation für und der Ausgangspunkt einer schwierigen Recherche, die das Schicksal eines Jugendlichen erhellen sollte, der, belastet mit traumatischen Erfahrungen von Gewalt, Ausbeutung und Unterdrückung, fern der Heimat starb.
Schwierig gestaltete sich die Recherche insofern, als der junge Mann keine Selbstzeugnisse, etwa ein Tagebuch, Briefe o. ä., ja nicht einmal eine Unterschrift hinterlassen hat; niemand, weder Freunde noch Verwandte, schriftlich oder mündlich überlieferte Äußerungen über ihn machte und die aufgefundenen bürokratischen Spuren außerordentlich dürftig sind.
Wir wissen also nicht, was die Hauptfigur, der junge Isaak Komras, dachte, welche Vorbilder er hatte, welche Wünsche für seine Zukunft, welche Fähigkeiten, welche Empfindungen und wie er seine Zeitgenossen sah. Sein unmittelbarer familiärer Hintergrund und die gesellschaftliche Stellung der Familie in Wilna sind unbekannt. Etwas mehr Informationen sind über Isaaks mutmaßlichen Cousin erhalten, der durch sein Universitätsstudium und die Einheirat in eine Rechtsanwaltsfamilie viele Bekannte aus dem Kreis der Intellektuellen hatte, wie sich in der Vielzahl der namentlich von ihm benannten Opfer der Ärzteschaft und der Rechtsanwälte ablesen lässt. Trotz der dünnen Aktenlage habe ich mich entschieden, keinen Roman zu schreiben. Erinnert werden sollte nicht an eine Kunstfigur, sondern an einen realen Menschen und die vielen Ausgelöschten. Der Schmerz über die unwiederbringlichen Verluste soll erhalten bleiben und nicht als fiktiv abgemildert werden können. Da ich nicht näher zu Isaaks Persönlichkeit, die zudem kaum Zeit hatte sich zu entwickeln, vordringen konnte, blieb nur der Umweg über Seiteneinstiege, die seine Umwelt, Zeitzeugen, Mithäftlinge und Historiker ermöglichten. Auch bei diesem Ansatz können wir nur einen bescheidenen Ausschnitt dessen, was er gesehen und erlebt hat, erahnen. Aber sollten wir nicht wenigstens versuchen, seinen Schatten vor dem Hintergrund der Ereignisgeschichte zu sehen? Ich möchte es versuchen.
Der historische Hintergrund der meisten Stationen, die der stumme Zeuge Isaak in seinem kurzen Leben durchlief, ist von der historischen Forschung gut erschlossen. Die heutige Hauptstadt Litauens, Vilnius,

hatte in ihrer über 1000jährigen Geschichte verschiedene Namen, die in ihrer sprachlichen Färbung nicht nur zeigten, wer in der Stadt gelebt, sie geprägt, sondern auch wer sich ihrer bemächtigt und sie beherrscht hat: Die Polen nannten sie Wilno, die Juden Vilne, die Russen Vilnjus, die Weißrussen Vilnja, die Deutschen Wilna. Auf Isaaks Grabstein steht Wilna. Daher übernehme ich diese Bezeichnung für seine Heimat. Die Darstellung der Geschichte Wilnas, durch die Isaak wie ein scheuer Schatten huschte und die sich für ihn überwiegend im Ghetto abspielte, folgt im Wesentlichen der Darstellung von Arads „Ghetto in Flames". Einbezogen werden zusätzliche Zeitzeugen verschiedener Altersgruppen und seiner ethnischen bzw. religiösen Zugehörigkeit. Mangels Kenntnissen der familiären Präferenzen des Komras-Clans musste die Ghettogeschichte ziemlich umfangreich dargestellt werden und war eine Beschränkung auf familienrelevante Schwerpunkte nicht möglich. Der zweite Teil meiner Arbeit, der sich auf die Ausbeutung in estnischen Lagern bezieht, wertet insbesondere Zeitzeugenberichte aus. Die damals im Deutschen Reich gelegenen Lager Stutthof sowie die Wüste-Lager im Südwesten, die den dritten Teil bestimmen, sind wiederum durch die Arbeiten der dortigen Gedenkstätten und Archivare gut erforscht und stellten mir ihr Material zur Verfügung. Dasselbe gilt für Isaaks letzte Station, das DP-Lager Heidenheim, das Alfred Hoffmann dokumentierte.

Mein Dank gilt allen, die mich bei dieser Arbeit durch Ratschläge, Informationen, Quellenmaterial, Grafiken, Bilder u.a. unterstützt haben. Dies sind Dr. Drywa vom Archiv Stutthof, Dr. Zekorn vom Archiv des Zollernalbkreises sowie Dr. Weber, Brigitta Marquart-Schad von der Gedenkstätte Eckerwald, Volker Mall von der Gedenkstätte Hailfingen-Tailfingen, der Heidenheimer Historiker Alfred Hoffmann, Marjolaine de La Chapelle, Gertrud Graf und Eugen Michelberger, Heinz Fieß, Volker Hirschfeld und Irmgard Neugart sowie die Mitarbeiter weiterer in- und ausländischen Archive.
Ein besonderer Dank gebührt der Stadt Göppingen, insbesondere Herrn OB Till und Herrn Kulturamtsleiter Hosch, für die freundliche und großzügige Unterstützung meiner Arbeit.
Meiner Verlegerin Manuela Kinzel danke ich, dass sie das Erscheinen des Buches zum 75. Todestag Isaaks durch ihren Einsatz ermöglichte.

Schließlich danke ich von Herzen meinem Mann OTTO EBERHARDT, ohne dessen Hilfe diese Arbeit nicht zustande gekommen wäre. Ich danke ihm für seine wertvollen Kommentare zu meinen Entwürfen, für die Unterstützung bei der Internet-Recherche und bei der Übersetzung englischer Quellen sowie für die Übernahme der Korrespondenz und der übrigen Schreibarbeiten.

Hinweisen möchte ich noch darauf, dass die unterschiedliche Schreibweise von Namen in den Originalen im Wesentlichen beibehalten wurde. Eckige Klammern enthalten Ergänzungen der Autorin.

Im Oktober 2020

Sybille Eberhardt

Unerwartete Begegnung

mit

Isaak Komras

Sein Name steht auf einem für eine Einzelperson recht großen glatten Stein – ebenso seine Lebensdaten (10.6.1928 – 23.11.1945) und die weit auseinanderliegenden Orte der Geburt (Wilna) und des frühen Todes (Heidenheim). Unter seinem Namen wird der kurze Lebenslauf in der schockierenden Apposition zusammengefasst: „ehemaliger KZ-Häftling".

Eine in der oberen Hälfte des Grabsteins – unterhalb eines Davidsterns – eingravierte hebräische Inschrift bezeugt: „Zum ewigen Gedenken an unseren geliebten Jitzchak, der in seiner Jugend hinweggerafft wurde." Der 17-jährige war zum Zeitpunkt seines Todes zwar in der Fremde, aber nicht allein, sondern befand sich im Kreis von Familienangehörigen, die ebenfalls im DP-Lager Heidenheim vorübergehend untergebracht waren, seinem mutmaßlichen Cousin Efim, dessen Frau Nelli, Efims Schwestern Basia und Cilla. Ob engere Familienangehörige wie Eltern und eventuell Geschwister noch lebten, wissen wir nicht. (Nachforschungen im jüdischen Genealogie-Verzeichnis sowie bei Trägern des gleichen Familiennamens in USA verliefen ergebnislos.) Inwieweit auch die übrigen Wilnaer Juden des Heidenheimer DP-Lagers, immerhin 39 Personen,[1] den trauernden Hinterbliebenen hinzuzufügen sind, muss offen bleiben. Das Heidenheimer Lager bestand erst seit dem 4.10.1945, das vorige Lager im Schloss Duttenstein nahm Männer und Frauen seit dem 8.8.1945 auf, ein zu kurzer Zeitraum, um engere Freundschaften zu schließen. Allerdings waren die meisten Wilnaer Juden durch gemeinsame Lagererfahrungen verbunden und lebten zum Teil in Heidenheim in der gleichen Unterkunft wie die Komrasses, nämlich zu diesem Zeitpunkt im von der UNRRA beschlagnahmten Altenheim.

Außer einer am 10.9.1945 erstellten Karteikarte für Displaced Persons, die in Bad Arolsen verwahrt wird, gibt es keine schriftlichen Unterlagen, die etwas über Isaak verraten. Darin werden seine Eltern Leiba und Sonja Komras erwähnt, seine Sprachkenntnisse in Polnisch, Russisch und Deutsch und die Länder, in die der Schüler auswandern möchte, nämlich Palästina oder nach Kalifornien in den USA, wo ein Verwandter von Efims Mutter lebt, wie wir aus dessen Angaben wissen, der dieselben Auswanderungsziele für sich angibt. Glücklicherweise ist ein Foto erhalten, das Isaak seinem Antrag auf einen Fremdenpass beifügen musste und uns eine Vorstellung von seinem Aussehen circa einen Monat vor seinem Tod gibt.[2]

Karteikarte von Isaak

Passfoto von Isaak

Der Gesichtsausdruck des jungen Mannes mit dem leicht gewellten Haar ist ernst, die Augen blicken keineswegs hoffnungs- und erwartungsvoll in die Kamera, wie man von einem vor wenigen Monaten befreiten Jungen annehmen könnte, der sich endlich nach seinen Vorstellungen eine Zukunft aufbauen kann. Zuviel traumatisierende Erlebnisse liegen hinter ihm und haben ihn gebrochen. Der Historiker A. Hoffmann weist darauf hin, dass Isaak am Kragen seines Anzugs einen kleinen Metallwinkel, als Abzeichen der ehemaligen KZ-Häftlinge, „wie einen Orden" befestigt hat.[3] Vielleicht fühlte er sich unwohl in einem Anzug, der ihm wie den anderen ehemaligen Häftlingen von den Deutschen zur Verfügung gestellt werden musste, bzw. fremd darin wie in einer Verkleidung, die Normalität vorspiegelte, sich bei ihm aber nicht einstellen konnte oder wollte. Vielleicht weist das Foto aber auch bereits auf Anzeichen einer Krankheit hin, die sein Leben bedroht.

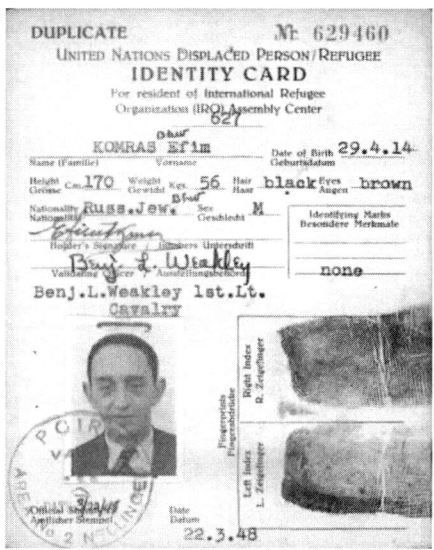

Vergleicht man seinen Gesichtsausdruck mit denen seines Cousins, dessen Frau und deren Schwester, so zeigt sich ein gravierender Unterschied. Efim, der seine Frau und seine Schwester nach der Befreiung wiedergefunden hat, scheint durchaus hoffnungsfroh in die Zukunft zu blicken, seine Schwester lächelt in die Kamera und seine Frau legt ihrer Freude und ihrem Optimismus keine Zügel an.

Identity Card von Efim Komras

Isaak selbst hat – soweit festzustellen war – nichts Schriftliches hinterlassen und seine Verwandten, deren Spur sich (nach dem Krieg) in den USA verliert, konnten für diese Arbeit nicht mehr befragt werden. Daher bleibt sein Schicksal für uns schattenhaft und wird nur durch zeitgenössische Quellen ein wenig greifbarer.

Identity Card von Nelli, Efims Frau

Identity Card von Basia, Efims Schwester

TEIL I: WILNA

Isaaks Heimatstadt in der Zwischenkriegszeit

Wie erwähnt wurde Isaak 1928 in Wilna geboren, eine Stadt, die wegen des blühenden kulturellen Lebens ihrer jüdischen Bürger, die mehr als ein Drittel der Einwohnerschaft ausmachten, als „Jerusalem des Nordens" bezeichnet wurde. Damals gehörte die Stadt zur Republik Polen. Im Oktober 1920 war sie vom Marschall Josef Pilsudski, der selbst bei Wilna geboren und aufgewachsen war, besetzt und im April 1922 an Polen angeschlossen worden.

Stadttor Wilna

Seitdem wuchs der Anteil der Polen an der Stadtbevölkerung durch Zuzug stark an, so dass sie die Mehrheit bildeten, während die Litauer abwanderten und nur noch einen Anteil von 10 % ausmachten.

Durch einen Staatsstreich baute Pilsudski 1926 seine Macht aus und baute ein autoritäres Herrschaftssystem auf. Circa einen Monat nach Isaaks Geburt konnte die Wilnaer jüdische Gemeinde zwar noch einen Judenrat aus neun verschiedenen Parteien und Gruppierungen an ihre Spitze wählen, doch zwei Jahre später wurde er aufgelöst und durch einen von der Regierung bestimmten Rat ersetzt. Erst im Jahr 1934 konnte wieder eine Wahl des Judenrats durchgesetzt werden. Damit bekräftigten die Wilnaer Juden ihren Anspruch auf ein demokratisch legitimiertes Selbstverwaltungsorgan, das die vielfältigen religiösen, kulturellen, wirtschaftlichen und sozialen Aufgaben der jüdischen Gemeinde wahrnahm. Die jüdische Gemeinde unterhielt eigene Grund- und weiterführende Schulen, die streng religiös ausgerichtet sein konnten, was sich in der Unterrichtssprache Hebräisch widerspiegelte, oder einen liberaleren Charakter haben, wie die jiddische Unterrichtssprache nahelegte. Isaak Komras muss von seinen Eltern, über deren religiöse und politische Präferenzen wir leider nichts wissen, auf eine jiddische Schule geschickt worden sein, da zu seinen Sprachkenntnissen nicht Hebräisch, sondern Jiddisch zählt.

Eine wichtige Rolle in Isaaks Leben spielte die Familie seines mutmaßlichen Onkels väterlicherseits, Elias Komras, und insbesondere dessen Sohn Ephraim. Aus den verschiedenen Geburtsorten der Kinder von Elias K. lässt sich die bewegte Geschichte der Familie ablesen: Ephraim, Efim genannt, ist 1914 in Berdjansk, nahe der Ostküste des Schwarzen Meeres zur Welt gekommen, Elias' Tochter Cila 1919 (in ihrer Häftlingskarte von Buchenwald wird 1918 angegeben) in Wilna, die Tochter Basia 1920 dagegen in Minsk, wohin es die Familie wohl infolge der polnisch-russischen Kriegshandlungen verschlagen hat. 1921 ist die Familie bereits wieder in Wilna ansässig, wo der Sohn Efim von 1921 bis 1934 seine Schulausbildung an der Volks- und Mittelschule liberalerer Prägung (auch er hat keine Hebräischkenntnisse) absolviert und danach (1934 – 1935) an der Universität von Wilna ein Studium aufnimmt. An der Wilnaer Uni studieren 1936 4.000 Studenten, davon 1.000 junge Juden, was bereits darauf hinweist, dass es Zulassungsbeschränkungen gab, insbesondere im Fach Medizin, weshalb viele jüdische Studenten auf Jura, Philosophie und Humanwissenschaften ausweichen. Wahrscheinlich hat Efim Jura studiert, vielleicht mit Schwerpunkt Handelsrecht, denn einmal bezeichnet er sich als Jurist (A.E.F. DP-Registration Record), dann wieder als Kaufmann (auf der Geburtsurkunde seiner Tochter Henriette, geb. 21.1.1951). Zwar registrieren die Juden in den 30er Jahren einen wachsenden Antisemitismus in allen Bereichen des öffentlichen Lebens, doch wird die antijüdische Kampagne besonders intensiv auf dem Wilnaer Campus ausgetragen. Im Jahr von Pilsudskis Tod, 1935, wird auf eine der zahlreichen Synagogen Wilnas sogar ein Bombenattentat ausgeführt. In der Ära nach Pilsudski erstarkt das national-

demokratische Lager und damit die antisemitischen Strömungen. Ab Herbst 1937 werden nicht nur in Wilna, sondern überall in Polen getrennte Sitzbänke für jüdische und nichtjüdische Studenten an den Hochschulen eingeführt. Zu diesem Zeitpunkt ist Efim bereits berufstätig und verdient als Leiter der Industrie- und Handelskammer von 1935 – 1939 zwar nur 400 Zloty monatlich, ist aber dennoch in der Lage, (1937) eine Ehe einzugehen, und zwar mit der Tochter eines angesehenen Wilnaer Rechtsanwalts. Diese Nelli Korngold, 1919 in Moskau geboren, besucht seit 1928 in Wilna die Schule und von 1935 – 1939, d. h. überraschenderweise auch noch nach der Eheschließung, die dortige Universität. (Sie gibt später an, Juristin zu sein, im KZ Buchenwald bezeichnet sie sich vorsichtshalber nur als Büroangestellte.)
Es ist anzunehmen, dass Efim bis zu seiner Heirat bei seinen Eltern wohnte, und zwar nach Angaben seiner Schwester Basia in der Kalwariska-Straße 7, die über eine Brücke den Fluss Wilja überquert und aus dem Stadtkern hinaus-, wo sich früher eine jüdische Wohngegend und ein Markt befand[4], in entgegengesetzter Richtung aber ins Zentrum hineinführt.

Kathedrale von Wilna mit Platz und Einmündung der Mickiewicz-Str.

Das Ehepaar Efim und Nelli lässt sich in der – während der polnischen Ära nach dem berühmten Schriftsteller benannten – Mickiewicz-Straße 28 nieder, wo auch Efims Schwester Cilla einzieht. (Später wurde die Straße nach einem litauischen Großfürsten in Gedimino-Straße umbenannt und spiegelte damit auch die jeweiligen Herrschaftsansprüche wider). Cilla ist Schneiderin und verspricht sich mit einem kleinen Atelier in der bekannten Geschäftsstraße möglicherweise eine größere Kundschaft. Ob Isaak damals schon dort zu Gast war und wo er selbst wohnte, wissen wir zwar nicht, aber ein Familientreffen bei größeren Feiertagen ist durchaus vorstellbar.

Der Beginn des 2. Weltkriegs

Ob sich Isaaks und Efims Familie von der Expansionspolitik der Nazis bedroht fühlten, ist uns nicht bekannt, doch ist dies angesichts der großen Entfernung Wilnas von der deutsch-polnischen Grenze eher unwahrscheinlich, fühlten sich ja sogar die meisten Juden in Zentralpolen in Sicherheit. Vom geheimen Zusatz zum Hitler-Stalin-Pakt vom 23.8.1939, in dem die gegenseitigen Interessensphären abgegrenzt und in dem die Region Wilna als Interessengebiet von Litauen deklariert wurde, konnten sie keine Ahnung haben.
Beginnend mit dem deutschen Überfall auf Polen am 1. September 1939 und dem Einmarsch der Roten Armee nach Ostpolen am 17.9. war das Land Ende September zwischen den beiden Mächten aufgeteilt. Am 19.9. hatte die Rote Armee Wilna erreicht und wurde von den Juden begeistert empfangen, da sie annahmen, nun vor der deutschen Herrschaft geschützt zu sein. Darauf hofften auch die jüdischen Flüchtlinge, die in großer Zahl aus den von Deutschland besetzten polnischen Gebieten nach Wilna strömten.

Auch aus den sowjetisch besetzten Gebieten machten sich viele Juden nach Wilna auf den Weg. Bis zum Frühsommer 1940 trafen annähernd 14.000 jüdische Flüchtlinge in Wilna ein[5], deren Situation dort trotz umfangreicher Hilfsmaßnahmen unerträglich wurde. Sie waren sich darüber klar, dass die politische Lage sich über kurz oder lang ändern würde und Litauen entweder von der Sowjetunion oder von Nazideutschland annektiert würde. Daher bemühten sich viele um eine

Auswanderung nach Palästina, doch wurden nur 400 Einwanderungszertifikate erteilt. Nach USA gelangten 150 Juden, weitere Ziele konnten wegen der deutschen Besatzung Westeuropas nicht mehr erreicht werden.[6]

In Übereinstimmung mit dem Hitler-Stalin-Pakt vereinbarte die Sowjetunion jedoch in einem Verteidigungsabkommen mit Litauen die Abtretung der Region Wilna gegen die Überlassung von Militärstützpunkten in Litauen für die Rote Armee. Am 28. Oktober 1939 wurde Wilna von Litauen übernommen. Die Übernahme wurde begleitet von unerwarteten antijüdischen Gewaltausbrüchen, die bis zum 31. Oktober andauerten, ein Todesopfer, Hunderte jüdische Verletzte kosteten und bei denen viele jüdische Geschäfte zerstört und geplündert wurden. Die allgemeine Unsicherheit die Zukunft betreffend und gestiegene Lebensmittelpreise wurden den Juden zur Last gelegt und durch unwahre Gerüchte, z. B. über eine angebliche Ermordung eines polnischen Priesters durch Juden, weiter angefacht. Die litauische Polizei unterstützte die polnischen Aufständischen gegen die Juden. Erst durch die zu Hilfe gerufenen sowjetischen Panzer der in der Nähe stationierten russischen Garnison konnte Ruhe und Ordnung wiederhergestellt werden. Viele junge jüdische Kommunisten und deren Sympathisanten verließen daraufhin Wilna in Richtung Sowjetunion. Unter den Zurückbleibenden verbreitete sich die Ansicht, man müsse eine eigene Selbstverteidigung organisieren, um am traditionellen polnischen Unabhängigkeitstag am 10./11. November bei möglichen Auseinandersetzungen, die jedoch glücklicherweise ausblieben, gewappnet zu sein. Wie sich hier die Familien Komras positionierten, ist nicht bekannt. Für den elfjährigen Isaak ist die veränderte Situation am ehesten in der Anspannung der Erwachsenen, Schwierigkeiten beim Einkaufen oder am vorübergehenden Unterrichtsausfall bemerkbar.

Während der folgenden achtmonatigen litauischen Herrschaft baute die jüdische Gemeinde ihre Verbindungen zu jüdischen Zentren im Ausland einschließlich Palästinas (Eretz Israel) aus, hielt Kontakt zu den Juden in den besetzten polnischen Gebieten, vernetzte sich mit den Organisationen der litauischen Juden und unterhielt drei jüdische Tageszeitungen. Wilna wurde zum bedeutendsten jüdischen Zentrum Osteuropas, das „Jerusalem Litauens". Hierher hatte sich im Januar 1940 auch der polnisch-jüdische Flüchtling Yitzhak Zahor durchgeschlagen und sich in unmittelbarer Nachbarschaft von Efim Komras in der Mickiewicz Straße 27 niedergelassen, wo sich der sogenannte „Maapilim" Kibbuz befand. „Maapilim" war der Name für die illegalen Einwanderer nach Palästina, die hier auf ihre Chance warteten. Für Zahor erfüllte sich dieser Wunsch jedoch erst 1946, nachdem er dasselbe Schicksal wie die Komrasses erlitten hatte. Zahor arbeitete in Wilna in seinem angestammten Beruf als Schuhmacher. Gut möglich, dass er auch die Schuhe von Efim und Isaak besohlte.

Litauen wird Teil der UdSSR

Einschneidende Änderungen im Leben der Juden in Litauen kündigten sich kurz nach Isaaks 12. Geburtstag an (geboren 10.6.1928). Unter einem Vorwand richtete die Sowjetunion am 14.6. ein Ultimatum an Litauen, das die Bildung einer sowjetfreundlichen Regierung und die Genehmigung des Einmarschs weiterer Sowjettruppen ins Land forderte. Ohne eine Antwort abzuwarten, überschritten sowjetische Einheiten am folgenden Tag die Grenze. Der litauische Präsident Smetona und hochrangige Regierungsmitglieder flohen daraufhin nach Deutschland. Am 17.6. übernahm der litauische Kommunistenführer Pateckis die Regierung und verbot kurz darauf alle Parteien und nichtkommunistische Presseerzeugnisse. Ein neu gewähltes Parlament, das zu 99% aus Kommunisten der litauischen Arbeitervereinigung bestand, beschloss Litauen in eine Sowjetrepublik umzuwandeln und die Aufnahme in die UdSSR zu beantragen, der am 3.8.1940 stattgegeben wurde. Noch Ende Juli wurde die Sowjetisierung mit der Verstaatlichung von Betrieben mit mehr als zehn Beschäftigten sowie von Banken und der Enteignung von Landbesitz begonnen. In Wilna waren hiervon 102 jüdische Betriebe und 265 jüdische Geschäfte betroffen. Diese Maßnahmen hatten natürlich auch Auswirkungen auf Efim Komras' Tätigkeit. Der bisherige Leiter der IHK musste sich nach einer anderen Arbeit umsehen. Er bekam die Stelle des Direktors der staatlichen Fleischindustrie, die mit 1.000 Rubel dotiert war, wobei sicher auch seine Russisch-Kenntnisse von Vorteil waren. Sein Beispiel zeigt, dass sich durch die politischen Veränderungen nicht alle Juden wirtschaftlich verschlechterten. Neben den Arbeitern, die ihre Arbeitsplätze behielten und teils sogar befördert wurden, profitierten

Juden von der Möglichkeit, Positionen in staatlichen Behörden, der Regierungspartei und im Militär zu bekommen, was ihnen während der polnischen und litauischen Regierungszeit verwehrt war. Ob die Väter von Efim und Isaak zu den Gewinnern oder Verlierern des Umbruchs gehörten, wissen wir nicht.
Für Isaak als Schüler gab es ebenfalls Veränderungen. Alle Schulen wurden dem Erziehungsministerium unterstellt, religiöse Erziehung einschließlich Hebräischunterricht und Unterricht in jüdischer Geschichte wurde verboten. Unterrichtsprache blieb aber weiterhin Jiddisch. Wir können wohl davon ausgehen, dass sowohl Isaak als auch seine Cousins und Cousinen gern die jüdischen Bibliotheken besuchten, aus denen mutmaßlich antisowjetisches Schrifttum entfernt werden musste und die in die städtischen Bibliotheken integriert wurden. Wir wissen nicht, ob sich Efim in einer der zahlreichen jüdischen Jugendgruppen engagiert hatte bzw. ob sich Isaak schon für eine solche zu interessieren begann. Zwar mussten alle diese Gruppierungen wie auch die jüdischen Parteien aufgelöst werden, doch gingen die zionistischen Jugendgruppen und andere Gruppierungen wie Betar nach ihrer offiziellen Auflösung in den Untergrund. Ein landwirtschaftliches Zentrum konnte z. B. als Kolchose getarnt weiter existieren[7]. Erhebliche Anstrengungen wurden unternommen, um Ausreisegenehmigungen von der Sowjetunion für jüdische Flüchtlinge zu bekommen, die mit gültigen Visa in Litauen festsaßen. Arad gibt an, dass insgesamt während der litauischen und sowjetischen Regierung zwischen März 1940 und Mai 1941 schätzungsweise 6.500 Juden ausreisen konnten.[8] Sie konnten sich glücklich schätzen, denn schon seit Ende November 1940 begann der NKWD Listen von Personen zu erstellen, die als „unzuverlässige Elemente" zu betrachten seien. Zu diesen wurden ausdrücklich die Anführer aller zionistischen Organisationen einschließlich der zionistischen Revisionisten sowie des „Bund", die jüdischen Kämpfer für die Unabhängigkeit Litauens, die Vereinigung jüdischer Kämpfer, Betar und Etzel gezählt. Am 14. und 15. Juni 1941 wurden ca. 30.000 dieser sogenannten „antisowjetischen Elemente" in die Sowjetunion nach Westsibirien, Kasachstan, Karelien und die Altairegion deportiert – unter ihnen 5.000 bis 6.000 Juden.[9] Nicht betroffen waren die Familien Komras. Efim konnte Anfang des Jahres 1941 sogar eine besser bezahlte Stelle als Direktor der Pelzfabrik „Fura" antreten, wo er 1.200 Rubel im Monat verdiente. Infolge der Deporta-

tion Mitte Juni wuchs die Angst der Bevölkerung und vertiefte zum einen die Ressentiments gegen das Sowjetregime, zum anderen aber den Hass gegen die Juden, denen sie trotz des hohen Anteils an den Deportierten anlastete, in der örtlichen Regierung mitzuarbeiten und zum Teil der kommunistischen Partei anzugehören.
Vier Tage vor der Deportation feierte Isaak seinen 13. Geburtstag. An eine Bar Mizwa war auch nach dem wenige Tage später erfolgenden Regimewechsel nicht zu denken.

Die deutsche Besatzung und der Terror gegen die Juden

Eine Woche nach der Deportation der angeblich „antisowjetischen Elemente" werden die Zurückgebliebenen noch wie betäubt gewesen sein, als sich eine ungleich größere Katastrophe anbahnte. Isaak wird das Heulen der Sirenen, das Dröhnen der Flugzeuge und Explosionsgeräusche aus Richtung des Flughafens gehört, aber wie alle anderen an eine zuvor angekündigte Luftschutzübung der eigenen Luftwaffe geglaubt haben – ähnlich wie zwei Jahre zuvor die polnische Bevölkerung beim deutschen Überfall. Erst die eine Stunde später erfolgten Rundfunknachrichten klärten die Bevölkerung über die deutsche Invasion auf, ohne dass Verhaltensmaßregeln erteilt wurden, die die allgemeine Verunsicherung in geordnete Bahnen hätte lenken können. Hinzu kam, dass die sowjetischen Regierungsbeamten und Parteimitglieder zusammen mit ihren Familien die von den Deutschen bombardierte Stadt verließen. Gerüchte vom raschen Vordringen der Deutschen lösten am folgenden Tag, insbesondere bei der jüdischen Bevölkerung, eine Fluchtwelle Richtung Osten zur früheren nur ca. 250 km entfernten sowjetisch-polnischen Grenze aus. Doch die überfüllten Züge kamen nur langsam voran, andere Transportmittel waren für die einfachen Bürger kaum mehr aufzutreiben, so machten sich Tausende zu Fuß auf den Weg Richtung Minsk. Viele waren hin- und hergerissen, ob sie die Stadt verlassen, ein unbekanntes Ziel ansteuern oder lieber bleiben sollten. Efims Familie mag zu ihnen gehört haben. Schließlich war ihnen Minsk nicht ganz unbekannt, Efims Schwester Basia war dort vor 21 Jahren geboren und vielleicht hätte man bei früheren Bekannten unterkommen können. Die meisten der knapp 60.000 Juden Wilnas blieben in der Stadt, unter ihnen der Schriftsteller Hermann

Kruk[10], in dem Bewusstsein, dass die deutsche Besatzung die Juden unweigerlich in ein Ghetto sperren würde.

Am 24. Juni 1941 erreichten die ersten deutschen Truppen Wilna und wurden von Dutzenden Litauern begeistert empfangen, während die Juden verängstigt ihrem Schicksal entgegensahen.

Wenige der aus Wilna Geflüchteten erreichten tatsächlich das Innere der Sowjetunion. Viele wurden an der Grenze zurückgewiesen und mussten wieder umkehren, so auch Efims zeitweiliger Nachbar Yitzhak Zohar und seine Brüder, weil ihnen die zur Einreise in andere Zonen der Sowjetunion benötigten Papiere fehlten. Andere fielen auf der Straße nach Minsk deutschen Tieffliegerangriffen zum Opfer.

Vielleicht haben die Komras-Familien beobachtet, wie litauische Wendehälse die abziehenden Truppen der Roten Armee beschossen, zusammen mit Teilen litauischer Einheiten der Roten Armee, die nun fahnenflüchtig wurden; auch Erinnerungen an frühere Erlebnisse in Krisenzeiten mögen wieder aufgetaucht sein, aber dass litauische Mitbürger nun die Rolle der faschistischen Teile der Volksdeutschen, etwa des volksdeutschen Selbstschutzes beim Einmarsch der Deutschen in Polen übernehmen und womöglich noch übertreffen würden, muss ihnen unvorstellbar vorgekommen sein. Natürlich kann ihnen kaum entgangen sein, wie die Stimmung der litauischen Bevölkerung seit der Annexion Litauens durch die Sowjetunion und infolge der politischen Säuberungen sich wandelte und man hoffte, von den Deutschen wieder die Unabhängigkeit zu erlangen, doch die Gründung einer litauischen Aktivistenfront L.A.F. Ende 1940 durch Litauer, die nach Deutschland geflüchtet waren und von dort Propaganda für ihre Ziele machten, dürfte dem Komras-Clan kaum bekannt gewesen sein. Nicht nur dass die L.A.F. mit geheimen Zellen in Litauen in engem Austausch stand, um die litauische Unabhängigkeit mit deutscher Rückendeckung zu erringen, sondern auch deren gleichzeitiges Ziel, das Existenzrecht der jüdischen Bevölkerung im neuen Litauen in Frage zu stellen, machte sie so gefährlich. Arad zitiert aus einem L.A.F. Manifest vom 19.3.1941, dass Verrätern an der litauischen Sache nur vergeben werden könnte, wenn sie „den Beweis lieferten, mindestens einen Juden liquidiert zu haben"[11]. Außerdem sollten sie beim Umschwung jüdisches „Eigentum beschlagnahmen". In einem weiteren radikalen Manifest vom 22.6.1941 wurde präzisiert, dass Juden im neuen Litauen weder Bürgerrechte noch Existenzmöglichkeiten zugestanden würden (ebd.)

Am 23.6.1941 wurde per Rundfunk eine Provisorische litauische Regierung ausgerufen, die zwar von den Deutschen nicht anerkannt wurde, aber im Amt blieb, bis Anfang August eine deutsche Zivilverwaltung eingesetzt wurde. Ziel der deutschen Politik war es nicht, den baltischen Staaten die Unabhängigkeit zu bescheren, sondern sie nach den Vorstellungen des späteren Reichsministers für die Ostgebiete, Alfred Rosenberg, einem Generalkommissar zu unterstellen und sie wie Kolonien auszubeuten. In Verkennung der deutschen Ziele kollaborierten die Litauer mit den Deutschen, insbesondere im Hinblick auf die antijüdischen Maßnahmen und Aktionen.

In Wilna hatte die litauische Minderheit, angeführt von ihren Aktivisten, beim Einmarsch der Deutschen die Stadtverwaltung unter ihre Kontrolle gebracht und sich ihnen als autonome litauische Verwaltung präsentiert, um sie so vor vollendete Tatsachen zu stellen. In den ersten Tagen erkannte die deutsche Militärverwaltung die Litauer als Bestandteil einer gemeinsamen Verwaltung an. Während außerhalb des Wilnaer Gebiets überall

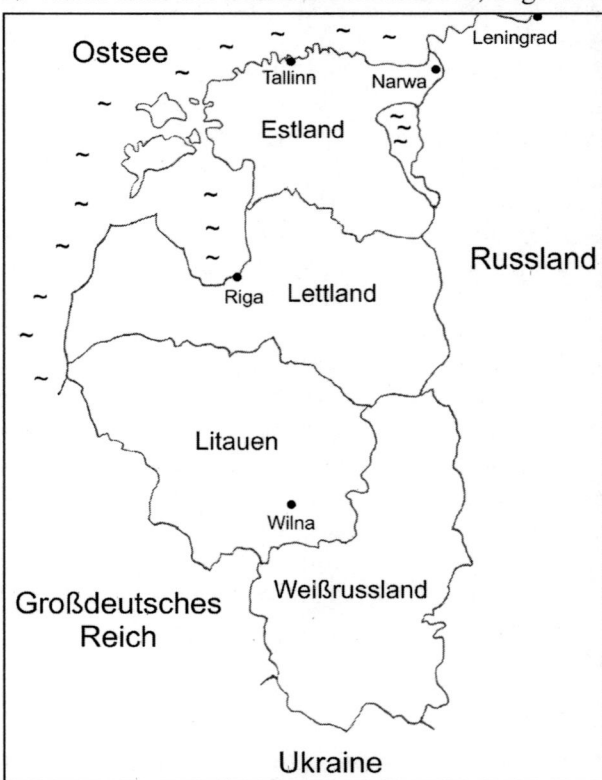

Reichskommissariat Ostland, aus den baltischern Staaten gebildet

in Litauen schon vor dem Auftauchen der Einsatzgruppen Juden zu Tausenden ermordet wurden, wurden in Wilna, wie der Journalist und Zeitzeuge Schur berichtet, am 24.6. einige Dutzend Juden und sowjetische Soldaten im Garten der Franziskanerkirche ermordet und zur Einschüchterung der unterworfenen Bevölkerung 60 Juden und 20 Polen in Geiselhaft genommen, von denen nach knapp einem Monat die meisten ermordet und nur sechs freigelassen wurden.

Wenige Tage nach dieser Geiselnahme wurden Juden willkürlich auf den Straßen festgenommen, um Arbeiten für die Deutschen auszuführen. Die meisten kehrten danach zurück, über den Verbleib der Übrigen wusste man nichts und wähnte sie an entfernten Arbeitsplätzen. Vielleicht gehörte Isaak Komras zu den ersten Mitgliedern der Komras-Familien, die beobachteten, wie die Litauer vom 29.6.41 an wartende Kunden vor Lebensmittelgeschäften in zwei Reihen, nämlich Juden und Nichtjuden, aufteilten und mit dieser Diskriminierung die rassistische Lebensmittelzuteilung der Deutschen anbahnten. Zudem entließen Litauer Juden von ihren Arbeitsplätzen und durchsuchten jüdische Häuser angeblich nach Waffen, in Wirklichkeit nach Wertsachen, die sie sich aneigneten. Dennoch verliefen bis zum Eintreffen des Einsatzkommandos 9 am 2. Juli die Ausschreitungen in Wilna, wo die Litauer nur eine Minderheit der Stadtbevölkerung ausmachten, weniger massiv als in anderen Städten Litauens. Anfang Juli wurde die Macht der litauischen Behörden beschnitten und sie direkt dem örtlichen Militärbefehlshaber, ein Teil der litauischen Polizei dem Einsatzkommando unterstellt. Die Reduzierung der Rolle der Litauer auf die der Handlanger der Deutschen spiegelte sich in der Anordnung des Militärbefehlshabers, dass in Zukunft nur Reichsmark und Rubel als legales Zahlungsmittel akzeptiert würden, nicht aber die litauische Währung. Kurz darauf wurden polnisch, weißrussisch und litauisch als gleichberechtigte Sprachen anerkannt und den Polen sogar erlaubt, eine polnische Zeitung in der Stadt zu publizieren.

Militärregierung und Einsatzgruppen arbeiteten Hand in Hand, wie sich bei den antijüdischen Maßnahmen zeigte. Besonders evident wurde dies bei der verwirrenden Stigmatisierung der Juden durch mehrmals veränderte Kennzeichnungsauflagen. Vom weißen Armband über eines mit gelbem Davidstern, das von einem gelben Abzeichen auf Brust und Rücken abgelöste wurde, bis wieder hin zu einem 10 cm breiten weißen Armband mit Davidstern oder einem gelben Kreis mit einem „J" in der Mitte. Für die 1924 in Wilna geborene Sima (verheiratete Skurkovitz) ein echter Fallstrick, als sie bei einer Besorgung, nicht weit von Efims Wohnung, an der Ecke Mickiewicza/Wilnastraße von einem Polizisten angehalten wurde. „Er fragte mich, weshalb ich meinen Davidstern nur vorne und auf meiner Schulter trug, obwohl doch erst heute Morgen ein Gesetz erlassen worden war, das verlangte, den Stern auch am Arm zu tragen."[12] Die Folgen waren dramatisch: Brutaler Abtransport zur Polizeiwache, wo sie gemeinsam mit dutzenden von Frauen und Mädchen wegen desselben „Vergehens" den ganzen Tag stehend warten musste, bis sie ins Gefängnis gebracht wurde, wo die 17-jährige ihrer Wertsachen beraubt wurde und auf die Bezahlung von 2.000 Rubeln Lösegeld warten musste. Durch einen Behördenfehler musste Simas Mutter das Lösegeld zweimal bezahlen, ehe Sima nach 16-tägigem Gefängnisaufenthalt wieder frei kam. Im Gefängnis zurück blieb noch ein anderes Mädchen mit Namen Komras, das desselben „Vergehens" beschuldigt worden war wie Sima. Da Sima nur den Vornamen ihres Bruders erinnerte, wissen wir nicht, um welche von Efims Schwestern es sich handelte. Sima suchte Efims Mutter, die einen kleinen Lebensmittelladen besaß, auf und erklärte ihr, was ihrer Tochter widerfahren war und wie sie ihr mit der Zahlung eines Lösegeldes wieder zur Freiheit verhelfen könne. Efims Mutter war froh zu hören, dass ihre Tochter noch am Leben war und nahm Simas Rat an. So wurde auch Efims Schwester wieder freigelassen.[13] Die Stigmatisierung der Juden mit einem Abzeichen fiel mit dem Beginn der Vernichtungsaktionen der Einsatzgruppen zusammen und erleichterte ihnen – ebenso wie die Aufhebung der Freizügigkeit der Juden – die Festnahme ihrer Opfer. Isaak, zu Beginn der deutschen Okkupation 13 Jahre alt, musste zwar schon das diskriminierende (ab dem Alter von 10 Jahren geforderte) Kennzeichen tragen, war aber noch von dem Zugriff auf jüdische Arbeitskräfte von 16 bis 50 Jahren[14] für Straßenbau und Instandsetzung von Straßen und Brücken ausgenommen. Ob Efim dazu herangezogen wurde oder ob er zunächst verschont blieb, entzieht sich unserer Kenntnis. Von weiteren Einschränkungen der Bewegungsfreiheit aber waren beide betroffen. Ab 8.7.41 wurde Juden verboten die Hauptstraßen zu betreten. Wer wie Efim dort wohnte, musste nach Verlassen des Hauses in die nächstgelegene Seitenstraße abbiegen. Schilder mit der Aufschrift „Zutritt für Juden verboten" hinderte diese am Besuch von Kinos (wie das in der Nähe von Efims Wohnung gelegene „Lux", wo sich Sima bis dahin zuhause fühlte), Theater, Cafés, Friseursalons, öffentlichen Bädern und Krankenhäusern außer der Klinik 2 in der Zawalnastraße, in der nur jüdische Ärzte und Pflegepersonal beschäftigt werden sollte. Vielleicht wäre der 13-jährige Isaak auch gern einmal zu einer Zirkusveranstaltung in der Mickiewickastraße 30 gegangen und hätte dies mit einem Besuch bei seinem Cousin Efim in der Miskiewiczastraße 28 verbunden, doch verwehrte bereits die Programmankündigung Juden den Eintritt.[15]

> „C I R K U S
> Mickevičiaus Str. 30
>
> Ab 8. September 1941
> beginnt
>
> Die HERBST-Saison
> mit einem   NEUEN
> P R O G R A M M !
> ...
> Juden ist der Eintritt verboten.
>
> Direktor des Circus"

Plakatausschnitt vom Circus-Programm

Der Kontakt mit Nichtjuden, selbst das Grüßen, war untersagt worden. Wie sich das auf Efims Arbeit und seinen wie auch Isaaks Freundeskreis auswirkte, ist nicht bekannt.

Die Ausplünderung der Juden wurde von der örtlichen litauischen Verwaltung begonnen. Da große Unternehmen und Geschäfte bereits von den Sowjets verstaatlicht worden waren, wurden nun kleinere Werkstätten und Besitztümer beschlagnahmt und deren Verkauf an Nichtjuden verboten.

Die deutsche Militärregierung setzte hingegen auf die Installierung eines Judenrats, der sie perfiderweise bei der Durchführung der antijüdischen Politik unterstützen sollte. Am 4.7.41 schickte sie zwei Abgesandte zur Synagoge in der Zydowska-Straße, die den Rabbi von Wilna sprechen wollten. Der Schammes als Hausmeister der Synagoge, ein großer, breitschultriger Mann mit einem langen weißen Bart namens Chaim-Meir Gordon, klärte sie darüber auf, dass der Hauptrabbiner Y. Rubinstein (der 1937 noch Efim und Nelli getraut hatte) in Amerika weile und der zweite Rabbiner verstorben sei. Daraufhin beauftragten die Deutschen Gordon, einen zehnköpfigen Judenrat einzusetzen und ihn am folgenden Tag vorzustellen. (Auch Gordon war mit der Familie Komras verbunden. Nicht nur war er Trauzeuge bei Efims Hochzeit, sondern bereits bei seinen mutmaßlich älteren Geschwistern, und zwar bei Sara Komraz, die 1899 geboren wurde und 1927 in Vilnius heiratete, sowie bei Tzodik/Codyk Komraz, der 1902 geboren ist und 1930 in Vilnius heiratete.)

Gordon ließ die angesehensten Persönlichkeiten zusammenrufen, die verschiedene Gruppen und ehemalige Parteien der jüdischen Gemeinde von Wilna repräsentierten, und zwar Zionisten, Bundisten, Angehörige der Intelligenz, der freien Berufe, Künstler und Kaufleute. Ausgenommen wurde Dr. Wygotzki, um ihn als vormaligen Vorsitzenden des Anti-Hitler-Komitees in Wilna nicht in Lebensgefahr zu bringen[16].

Zwar wollte keiner der Versammelten für den Judenrat kandidieren, doch infolge des großen moralischen Drucks, der angesichts der zahlreichen Entführungen von Juden auf den Anwesenden lastete, konnte die erforderliche Mitgliederzahl gewählt werden. Der Judenrat setzte sich sogleich für die Beendigung der willkürlichen Entführungen zu Arbeitseinsätzen ein durch die Bereitstellung von jüdischen Arbeitskräften entsprechend der von den Deutschen geforderten Anzahl. Eine neue Bestimmung der deutschen Militärkommandantur forderte die Erweiterung des Judenrats in größeren Gemeinden auf 24 Mitglieder bis Ende Juli 1941. Die Judenräte sollten für die Ausführung der Anweisungen der deutschen Militärregierung persönlich verantwortlich sein ebenso wie für die Unterbindung jeglicher antideutschen Aktivitäten von Juden. Der Appell des Wilnaer Judenrats an bekannte Persönlichkeiten der verschiedenen Gruppierungen, sich zur Verfügung zu stellen, stieß auf große Vorbehalte, da man sich bewusst war, dass der Judenrat bei allen guten Absichten doch ein Instrument der Deutschen sein würde. Nur mit Mühe konnte der Judenrat erweitert werden, der ein breites Spektrum abbildete, jedoch weder Kommunisten noch Revisionisten umfasste. Die jüdische Bevölkerung glaubte, dass der Judenrat ihre Lage erleichtern und bei der deutschen Verwaltung intervenieren könne, leider eine naive Vorstellung.

Das Einsatzkommando 9 kam Anfang Juli nach Wilna und wurde informiert, dass die Litauer zuvor kleine Gruppen von Juden auf den Straßen überfallen, verhaftet und im Wald bei Ponar ermordet hatten, ohne dass das in der Öffentlichkeit bekannt geworden wäre. In Anlehnung an diese Vorarbeit konnte das EK9 seine Vernichtungsaktion unverzüglich beginnen. Zur Erweiterung der Schlagkraft des EK9 wurden ihm litauische Polizeieinheiten unterstellt, die die Juden festnehmen, zu einem Sammellager bringen und danach einer „Sonderbehandlung" zuführen sollten. Arad zitiert den Zeugen Dr. Dworzecki[17]: „Die Gestapo-Autos hielten vor jüdischen Häusern und nahmen die Männer mit, die ein Handtuch und Seife mitbringen mussten. Sie wurden augenscheinlich zu mehrtägigen Zwangsarbeiten herangezogen, kehrten aber nie zurück." Zu den Verschwundenen gehörte der Bruder von Rubin Wagner (damals Reuven Wajner), der das Schicksal der Komrasses teilte. Junge Litauer, teils auch Polen tauchten, mit einem weißen Armband versehen, in den Straßen auf und schnappten sich Juden, teils brachen sie dazu auch in Häuser ein und entführten ihre Opfer zur Polizeistation oder zum Gefängnis, wo sie – wie man sagte – für jeden Juden 10 Rubel bekamen.

Der Judenrat wurde von der deutschen Militärregierung und den litauischen Behörden beauftragt, täglich Juden zur Zwangsarbeit zu entsenden. Doch viele dieser Juden wurden auf dem Weg zur oder von der Arbeit kommend entführt. Manche Entführer waren so dreist, auf dem Hof des Judenratsgebäudes aufzutauchen, wo sich die zur Arbeit bestellten Juden einfanden, und diese einzufangen, noch bevor sie zur Arbeit geschickt werden konnten. Die Deutschen forderten vom Judenrat das verlangte Kontingent.

Diese paradoxe Situation, dass einerseits von deutschen Militäreinheiten und litauischen Fabriken jüdische Arbeitskräfte nachgefragt und andererseits diese auf dem Weg zur Arbeit überfallen, ins Gefängnis gebracht und in Ponar ermordet wurden, entstand durch die Koexistenz zweier getrennter Organe, von denen jedes seine eigenen Zielsetzungen und entsprechende Machtbefugnisse hatte. Aufgabe der deutschen Militärverwaltung war, die Versorgung der Front durch eine funktionierende Wirtschaft und ebensolche Verkehrswege des Hinterlandes insbesondere durch jüdische Arbeitskräfte zu sichern, die Aufgabe des EK9 dagegen war die Auslöschung der Juden von Wilna, was am einfachsten durch den Überfall auf jüdische Arbeitskommandos zu bewerkstelligen war. Dies führte zu Spannungen zwischen dem EK9 und der deutschen Militärregierung, die darauf bestand, dass Juden, die für deutsche Militäreinheiten arbeiteten, nicht entführt wurden. Um dies zu gewährleisten wurde vereinbart, dass bei der Armee beschäftigte Juden mit entsprechenden Ausweisen ausgestattet werden sollten. Da auch diese Maßnahme keinen hundertprozentigen Schutz bot, wurden in einigen Fällen Wehrmachtssoldaten als Begleitschutz eingesetzt. Efims Familie muss mit einzelnen Militärs anfangs gute Erfahrungen gemacht haben, denn er erklärt: „In dieser ersten Zeit hat der Oberleutnant Lohner von der Feldgendarmerie und danach ein Leutnant Bock von der deutschen Wehrmacht uns sehr geholfen."[18]

Der Judenrat versuchte seinerseits – angesichts der fortlaufenden Entführungen von Juden aus Häusern und auf Straßen, der allgemeinen Unsicherheit und der Unkenntnis über den Verbleib der Gefangenen – durch Kontaktaufnahme zu den Entführern eine vernünftige Regelung anzubahnen. Doch dieser Versuch schlug fehl.

Die Juden ihrerseits versuchten sich vor dem Zugriff der Entführer in ihren Häusern zu verstecken. In der Anfangsphase wurden die Hausdurchsuchungen nicht besonders gründlich durchgeführt und Dachböden mit einem verborgenen Zugang, kleine Kammern, deren Tür mit einem Schrank versperrt werden konnte, sogar Kamine und Keller dienten als Verstecke, von den Juden „Malines" genannt. Bei der Warnung vor herannahenden Häschern und als Wachen spielten Frauen eine große Rolle.

Um noch effizienter auftreten zu können, erweitere das EK9 seine Einsatzkräfte um 150 Litauer, mit deren Hilfe ab 13.7. umfangreichere Operationen sowohl tagsüber als auch nachts durchgeführt werden konnten. Eine große Zahl von Angehörigen des EK9 und von Litauern umstellten nun ganze Wohngebiete und ging von Haus zu Haus, verhaftete die männlichen Juden und brachte sie zum Lukiszki-Gefängnis. Dabei nahmen sie sich nicht die Zeit, das Alter ihrer Opfer festzustellen, auch älter aussehende Jungen konnten darunter sein. Wie oft Isaak dabei in Gefahr geriet, wissen wir nicht. Ob sich Isaaks Vater Leiba Komras und wie sich Efim dem Zugriff der Häscher entziehen konnte, ist ebensowenig bekannt.

Dass in dieser 1. Phase der Aktionen gegen Juden fast ausschließlich Männer im arbeitsfähigen Alter ausgesondert wurden, sollte die Illusion nähren, dass die Opfer zur Zwangsarbeit geschickt würden, und sollte potentiellen Widerstand verhindern. Zudem glaubte man so auch der Intelligenz habhaft zu werden, die einen Widerstand aufbauen und die Mordaktionen erschweren konnten. Für den Beginn mit dieser Gruppe sprach aus Sicht der Einsatzleiter der Mordkommandos auch der psychologische Aspekt, dass es bei der Ermordung von Männern

eine niedrigere Hemmschwelle zu überwinden galt als bei der Ermordung von Frauen und Kindern.
Die Festsetzung von jüdischen Männern im Lukiszki-Gefängnis war als Transitstation gedacht, die zugleich das Endziel, nämlich die Ermordung in Ponar, verschleiern konnte. So bemerkten die Frauen der Verhafteten, die außerhalb des Gefängnisses die weiteren Geschehnisse beobachteten, dass die Haftdauer dort unterschiedlich lang (mehrere Stunden oder auch einige Wochen) war und immer wieder große Gruppen zu einem unbekannten Ziel weggebracht wurden. Sie konnten nicht ahnen, dass gerade so viele Gefangene abtransportiert wurden, wie das Exekutionskommando in Ponar „erledigen" konnte. Waren mehr Männer verhaftet worden als es Aufnahmekapazitäten im Lukiszki-Gefängnis gab, so wurden sie, wie am 13.7. geschehen, auch im Hof des Gestapogebäudes Mickiewicza 36 vorübergehend festgehalten. Letzteres befand sich nur vier Häuser von Efims Wohnung entfernt und musste für seine Familie schon allein durch die physische Nähe eine ständige Quelle der Angst darstellen.
Auch der Vater und Bruder der bereits erwähnten Wilnaer Jüdin Sima wurden – nur mit Handtuch und Seife ausgestattet – aus ihrer Wohnung gezerrt und ins Gefängnis abtransportiert. Erst viel später erfuhr sie, dass ihre Angehörigen wie Tausende anderer Verschleppter nach Ponar gebracht wurden in ein Gebiet, das, wie sie sich erinnert, vor dem Krieg als Naherholungsgebiet von den Wilnaern genutzt wurde: „Ponar, sieben Kilometer von Wilna entfernt[19], befand sich in einem herrlichen Wald in der Nähe des Flusses Vilya. Es war ein wunderschöner Ort, ein Ausflugsziel, wo wir im Sommer zum Schwimmen gingen und im Winter auf den weichen Hügeln rodelten."[20]
Das südlich von Wilna gelegene Waldgebiet war durch eine Landstraße nach Grodno und eine Bahnstrecke leicht von der Stadt aus zu erreichen. Die Sowjets hatten hier 2 bis 7 Meter tiefe Gruben mit einem Durchmesser von 15 bis 50 Metern für Benzintanks ausheben lassen, die einmal entsprechende Vorräte aufnehmen sollten und nun von den Deutschen als Massengräber für Juden, sowjetische Kriegsgefangene und zivile Nazigegner genutzt wurden. Der EK9 Kommandeur ernannte Obersturmführer Schauschutz zum verantwortlichen Offizier in Ponar, dem ein litauisches Mordkontingent unterstellt wurde. Um auszuschließen, dass ein Opfer nur verwundet oder gar unverletzt blieb, verbot Schauschutz den Einsatz von Maschinengewehren. Die Opfer

sollten einzeln mit Gewehren erschossen werden. Um möglichst viele in kürzester Zeit umbringen zu können, teilte Schauschutz seine Kräfte in drei Gruppen auf: die erste aus EK9-Angehörigen und Litauern zusammengesetzte Gruppe musste die Opfer vom Lukiszki-Gefängnis in Lastwagen des EK9 nach Ponar transportieren, die zweite, verantwortlich für die Sicherheit in Ponar und überwiegend aus Deutschen bestehend, musste das Exekutionsgebiet von innen und außen abriegeln, um Fluchtversuche von Opfern zu vereiteln und der örtlichen Bevölkerung sowie neugierigen deutschen Soldaten den Zugang zu verwehren, damit die Massaker nicht entdeckt würden. Die 3. Gruppe unter dem Kommando von Schauschutz bestand aus den Todesschützen, die 100 Personen pro Stunde erschießen konnten. Die Opfer wurden in eine etwa 100 m von den Erschießungsgräben entfernte Wartezone gebracht. Diese waren wegen der aufgeschütteten Erdwälle nicht einsehbar. Dort mussten sich die Juden nackt ausziehen und ihre Wertsachen abgeben. In Gruppen von 10 – 20 Personen mussten sie sich Hände haltend im Gänsemarsch zum Schlachtort begeben. Die Opfer wurden am Rand der Wälle über den Gruben aufgestellt und durch Gewehrfeuer hinuntergeschossen. Niemand überprüfte, ob alle tot waren, doch wenn sich noch jemand bewegte, wurde eine weitere Kugel auf ihn abgefeuert. Die Leichen wurden mit einer dünnen Schicht Sand bedeckt, auf die die nächste Opfergruppe fiel. Während der Operationen des EK9 wurden so 5.000 Juden in der Zeit vom 4. bis 20. Juli 1941 ermordet.

Anfangs war nur eine kleinere Anzahl von Angehörigen des EK9 in die Erschießungsaktionen in Ponar einbezogen, da sich genügend Litauer freiwillig dafür zur Verfügung stellten. Doch durch die Pflicht zur Teilnahme an mindestens einer Exekution sollte sichergestellt werden, dass jedes einzelne Mitglied des EK9 direkt und persönlich mit den Verbrechen seiner Einheit in Verbindung gebracht werden konnte. Dazu wurden auch Vorfälle wie der vom 10.7. genutzt, bei dem unbekannte Täter ein paar Schüsse auf Quartiere des EK9 abgaben, die niemand verletzten. Als Vergeltung dafür ließ der Kommandeur des EK9, Dr. Filbert, alle Männer des angrenzenden jüdischen Viertels als Geiseln festnehmen und einen Teil von ihnen durch Angehörige des EK9 am Stadtrand erschießen. So machte Filbert bis zur Abfahrt des EK9 von Wilna nach Minsk am 23.7.41 jeden einzelnen seiner Einheit zu einem Komplizen der verübten Verbrechen. Bis zum

Eintreffen der Einsatzgruppe A, die die Verantwortung für ganz Litauen einschließlich Wilnas übernahm, blieb eine Nachhut des EK9 zurück. Sie wurde am 9. August vom EK3 der Einsatzgruppe A in Wilna abgelöst. Während dieser Zeit wurden die antijüdischen Aktionen reduziert. Die Übergabe der Macht der Militärregierung an die deutsche Zivilverwaltung, die am 1. August erfolgte, stellt einen neuen Abschnitt der Besatzung dar.

Für die Litauer begann er mit bitteren Enttäuschungen: Nicht nur die Verweigerung der litauischen Unabhängigkeit, die Auflösung der provisorischen litauischen Regierung und die Übernahme litauischer Institutionen, die einen souveränen politischen Charakter trugen[21], sondern auch die verweigerte Rücknahme der sowjetischen Landreform, auf die litauische Bauern gehofft hatten, sowie die Einschränkungen die litauischen Universitäten betreffend lösten großen Unmut aus. Dennoch beendeten die meisten Litauer ihre Zusammenarbeit mit den Deutschen nicht und kanalisierten ihre Unzufriedenheit weiter gegen die Juden, wie das letzte von der provisorischen litauischen Regierung veröffentlichte antijüdische Gesetz vom 1.8. zeigt. Es sah vor, dass alle kommunistischen Juden verhaftet und vor Gericht gestellt und den übrigen Juden zahlreiche Einschränkungen auferlegt werden sollten. Da die provisorische litauische Regierung fünf Tage später aufgelöste wurde, erlangte es keine praktische Bedeutung mehr. Statt dessen zog die erste Verordnung der neuen Zivilverwaltung, hrsg. am 2.8.41, vom soeben in Wilna eingetroffenen Gebietskommissar Hingst, die ungeteilte Aufmerksamkeit der Juden auf sich.

Verordnung Nr. 1

1. Zwecks Identifizierung müssen alle Juden einen gelben Davidstern auf der linken Seite von Brust und Rücken tragen.
2. Juden dürfen keine Gehwege benützen. Sie müssen am rechten Straßenrand im Gänsemarsch gehen.
3. Promenaden, öffentliche Parks und Strände dürfen von Juden nicht aufgesucht werden.
4. Transportmittel aller Art sind für Juden verboten. Fuhrunternehmer müssen an all ihren Fahrzeugen entsprechende Verbotsschilder anbringen.
5. Zuwiderhandlungen werden streng bestraft.
6. Diese Verordnung tritt sofort in Kraft.

Gebietskommissar von Wilna, Hingst, 2. August 1941[21a]

Fassungslos werden die Juden sich vor den Plakaten, auf denen die Bekanntmachungen zu lesen waren, zusammengedrängt haben, mit unterdrückter Wut die einen, seufzend und resignierend die anderen. Ein paar mögen ihrer Hoffnung auf eine sowjetische Offensive Ausdruck gegeben, andere auf die jüdischen Brüder in Polen verwiesen haben, die schon zwei Jahre zuvor solchen Schikanen ausgesetzt waren. Bangen Herzens werden manche sich gefragt haben, was die nächsten Verordnungen bringen werden. Ratlos mag der 13-jährige Isaak die unterschiedlichen Reaktionen der Erwachsenen beobachtet haben. Was im Familienkreis zur Sprache kam, blieb hinter verschlossenen Türen verborgen. Die folgenden Verordnungen enthielten weitere Verschärfungen, so dass unsere Zeitzeugin Sima resümiert: „Die Bekanntmachungen waren unterschrieben vom Deutschen Gebietskommissar Hingst, ein Name, den wir zu hassen begannen."[22]

Damals wusste wohl niemand unter den Juden Wilnas, dass Hingst in der NSDAP Karriere gemacht hatte, nachdem er 1930 in die SA und die Partei eingetreten war. Seit 1936 Kreisleiter in Neumünster, Schleswig-Holstein, wählte ihn sein Gauleiter Lohse, der selbst als Reichskommissar für das Ostland berufen wurde, als Gebietskommissar für Wilna-Stadt aus. Seine rechte Hand wurde F. Murer. Eigentlich als Leiter der Lebensmittel- und Agrarabteilung sowie der Preisüberwachung bestimmt, setzte ihn Hingst auch für die jüdischen Angelegenheiten ein. Er sollte den Judenrat schon am 6.8. das Fürchten lehren.

Drei Mitglieder des Judenrats wurden von Murer einbestellt, der ihnen eröffnete, die Juden müssten ihm am nächsten Tag fünf Millionen Rubel (ca. 500.000 Reichsmark) als „Kriegssteuer" aushändigen. Bis neun Uhr am Morgen seien zwei Millionen abzuliefern, der Rest im Lauf des Tages. Sollte das Geld nicht zum vereinbarten Zeitpunkt überbracht werden, könnten die übrigen Mitglieder des Judenrats bei ihm um 10 Uhr die Leichen ihrer ohne Geld erschienenen Kollegen abholen. Einer der Judenräte hielt in seinem Tagebuch sinngemäß fest[23]: „Panik machte sich unter den Judenräten breit. Wie sollte man einen solchen Betrag bis zum nächsten Morgen sammeln können, wo doch ab sechs Uhr abends Ausgangssperre war? Der alte, erfahrene Wygodzki, [der bald darauf im Gefängnis starb,] riet, dass keine Zeit sei, sich der Verzweiflung zu überlassen, sondern sofort mit der Sammlung begonnen werden müsse. Die Nachricht über den geforderten Tribut verbreitete sich wie ein Lauffeuer unter den Juden der Stadt und überall begann man spontan, Geld, Gold und Wertsachen zu sammeln." Auch die Komras-Familien werden sich beteiligt haben. 667.000 Rubel, 1 Pfund Gold, Uhren und Diamanten konnten zusammengetragen und Murer am Morgen übergeben werden. Trotz der Versicherung der drei Judenräte, dass der fehlende Betrag noch gesammelt werde, wurden zwei als Geiseln festgenommen und der dritte zu den übrigen Judenräten zurückgeschickt, die mit dem restlichen Geld zu Murer befohlen wurden. Sie erschienen und baten um einen Aufschub, bis das Geld eingesammelt sei. Murer nahm drei weitere Mitglieder fest und warnte die übrigen, dass diesen dasselbe Schicksal drohe wie den beiden anderen, wenn der geforderte Betrag nicht eingehe. Der Judenrat beschloss daraufhin, eine Abordnung zum Gebietskommissar Hingst zu schicken, um die verhafteten Kollegen zu retten. Murer überraschte die vor Hingsts Büro wartende Abordnung und mäßigte plötzlich seine Forderungen. Die verhafteten Judenräte wurden freigelassen, die Geldsammlungen noch mehrere Tage fortgesetzt. Für die abgelieferte Gesamtsumme von 1.490.000 Rubel, 33 Pfund Gold und 189 Uhren erhielt der Judenrat keinerlei Beleg. Arad vermutet sicher zurecht, dass es sich bei dieser in Litauen beispiellosen Erpressung um eine Privataktion von Hingst und Murer handelte, die den größten Teil der Beute in die eigenen Taschen fließen lassen wollten.[24]

Danach schien sich die Lage der Juden zu beruhigen. Wer konnte, suchte sich einen Arbeitsplatz bei Deutschen oder Litauern, um, geschützt durch die Arbeitsbescheinigung, unterwegs auch die nötigen Lebensmittel für die Familie zu besorgen. Sicher wird man zusammengezuckt sein, wenn man hörte, dass wieder ein paar Juden Opfer der Aktionen des EK3 geworden waren, doch im Gegensatz zu den Deutschen, die ihre 461 Opfer wie Jagdtrophäen addierten, werden sich die Juden unter diesen Schlägen, sofern sie nicht Angehörige und Freunde betrafen, ohne Aufschrei einfach weggeduckt haben. Man ahnte nicht, welches Unheil durch neue Direktiven, die Hingst von Lohse erhielt, auf den Weg gebracht wurde.

Die Einrichtung des Wilnaer Ghettos und die „Große Provokation" im Vorfeld

Hingst übertrug seinem persönlichen Adjutanten Murer die Aufgabe, ein Ghetto in der Stadt zu errichten, das sich nach Lohses Anweisungen dort befinden sollte, wo bereits eine größere jüdische Bevölkerungsgruppe lebte, um die Zahl der Umzüge für Juden und Nichtjuden möglichst klein zu halten. Mit dem litauischen Bürgermeister suchte Murer das dicht bevölkerte alte jüdische Viertel im Zentrum der Stadt dafür aus.

Ein provozierter Zwischenfall sollte den Anlass für eine umfangreiche Aktion gegen die überraschte jüdische Bevölkerung bieten, um diese zu reduzieren, noch bevor die Ghettopläne bekannt würden.

Am ruhigen Sonntagnachmittag des 31.8. gaben zwei Litauer in Zivil aus einem Haus Ecke Szklanna/Wielkastraße eine Salve auf deutsche Soldaten ab, die bei einem Kino standen. Gemeinsam mit den unverletzten Soldaten drangen sie in die Wohnungen ein, aus denen angeblich die Schüsse kamen, holten zwei Juden heraus, beschuldigten sie, die Schüsse abgegeben zu haben, verprügelten und erschossen sie an Ort und Stelle. Am 1. September gab Hingst bekannt: „Um solche feindlichen Übergriffe in Zukunft zu vermeiden, werden zur Abschreckung neue und schwerwiegende Maßnahmen ergriffen. Die Verantwortung trägt die ganze jüdische Gemeinde."[25] Es folgte das Verbot, bis zum nächsten Morgen die Häuser zu verlassen, von dem nur Juden mit Arbeitsausweis ausgenommen wurden. In den Nächten vom 31.8. bis 2.9. wurden die Juden aus den Häusern, die das geplante Ghettogebiet begrenzten, in das Lukiszki-Gefängnis gebracht, wo die litauischen Wachen ihnen Geld und Wertsachen abnahmen. Ohne Wasser und Verpflegung mussten sie dort bis zu ihrem Abtransport nach Ponar ausharren. Die Männer wurden zu Fuß, die Frauen und Kinder auf Fahrzeugen weggebracht. Die Exekutionen wurden in Gruppen von zehn Personen durchgeführt, die am Rand der Gräben aufgestellt wurden. Die litauischen Erschießungskommandos wurden von einem Deutschen befehligt. Sechs jüdische Frauen, die nur leicht verwundet wurden, krochen bei Nacht aus den Gräben und kamen am 3. und 4. September zurück in die Stadt.

Waren bei den Aktionen im Juli nur Männer die Opfer, so dass in der jüdischen Gemeinde ein Frauenüberschuss entstand, so traf es diesmal auch Frauen und Kinder, und zwar 864 Männer, 2.019 Frauen und 817 Kinder, insgesamt also 3700 Personen.[26] Ob Isaak eines oder mehrere dieser Kinder bzw. deren Eltern kannte, wissen wir nicht. Doch dass die Aktion großes Entsetzen auslöste und die jüdische Gemeinde als Ganzes erschütterte, zumal auch deren Führung betroffen war, ist vielfach bezeugt.

Am 2. September verschlossen und versiegelten die Deutschen die Büros des Judenrats und verschleppten zehn von vierzehn anwesenden Judenratsmitgliedern, darunter den Judenratsvorsitzenden, und ermordeten sie in Ponar. Führerlos wurde die jüdische Gemeinde im Mark getroffen; Angst und Unsicherheit breiteten sich aus. Nicht einmal die Toten konnten begraben werden, da die Büros der jüdischen Begräbnisgesellschaft zeitgleich mit den benachbarten Judenratsbüros geschlossen wurden. Den verbleibenden Judenratsmitgliedern, die sich angesichts der chaotischen Lage trotz des Terrors weiter engagieren wollten, gelang es zwar die Wiederzulassung der jüdischen Begräbnisgesellschaft zu erreichen, nicht aber die Wiederherstellung der Institution des Judenrats. Eine entsprechende Petition an den litauischen Bürgermeister ließ die Juden erkennen, dass die litauische Verwaltung keinen Einfluss auf die Judenpolitik hatte und sie nur zur Umsetzung der deutschen Entscheidungen herangezogen wurde.

Dass der Judenrat ausgeschaltet wurde, wirkte sich in der wenige Tage später durchgeführten Ghettoisierung besonders fatal aus. Niemand war über die schlecht organisierten Maßnahmen informiert und konnte helfend einspringen. Es gab keine öffentlichen Ankündigungen der Zwangsräumungen, nur Gerüchte. Die Geheimhaltung der Operation sollte verschleiern, dass nicht nur die Umsiedlung in zwei benachbarte Ghettos erfolgen, sondern gleichzeitig ein Teil der Nichtsahnenden umdirigiert und der Vernichtung zugeführt werden sollte. Dies ließ sich leichter bewerkstelligen, wenn nur deutsche und litauische Polizei- und Wachmannschaften, aber keine jüdischen Ordner im Einsatz waren. Alarmiert wurde die jüdische Bevölkerung allerdings durch eine öffentliche Aufforderung an nichtjüdische Besitzer von Pferdefuhrwerken, sich am 6.9. frühmorgens mit diesen Transportmitteln auf dem Holzmarkt einzufinden. War dies das Zeichen oder dass einige christliche Nachbarn Kreuze auf ihre Türen malten? Die meisten waren überzeugt davon.

Die Tagebuchaufzeichnungen des jungen Y. Rudashewski[27] können hier vielleicht stellvertretend die Empfindungen und Beobachtungen, die Isaak damals machen konnte, wiedergeben: „Die Nacht vom 5. auf den 6. September, … die auf einen schönen Septembertag folgte, [war] eine Nacht, in der die Leute wach blieben, verzagt, Schatten ähnelnd auf ihren [gepackten] Bündeln sitzend, in ängstlicher Erwartung und Hoffnungslosigkeit."

Im Morgengrauen schwärmten litauische Polizisten und Wachmannschaften, die zunächst einen Gürtel um die Stadt gelegt, die Ausfallstraßen abgesperrt hatten, um Fluchtversuche zu vereiteln, und dann von den Außenbezirken ins Zentrum vordrangen, in die Häuser aus.

Sie gaben den jüdischen Bewohnern 15 bis 30 Minuten Zeit, sich auf dem Hof oder vor dem Haus mit ihren Habseligkeiten zu versammeln. Mitnehmen durften sie nur, was sie selbst tragen konnten: ihre Kleidung, die sie in mehreren Lagen übereinander anzogen, ein paar Lebensmittel, ein Kissen und eine zusammengerollte Decke. Sonstiger persönlicher Besitz, Haushaltsutensilien, Möbel mussten zurückgelassen werden.

Ghettoplan in Wilna/Vilnius

Manches vertrauten sie eilig ihren Nachbarn an, unter denen es wenige treue Verwalter gab und viele, die sich bereicherten. Die Juden wussten nicht, wie weit und wohin sie gehen mussten.

Zunächst mussten verschiedene Sammel- und Kontrollpunkte erreicht werden, von wo aus sie von der deutschen Geheimpolizei zu einem der drei Endziele dirigiert wurden. Die meisten Wilnaer Juden wohnten im Süden und Westen von Ghetto 1 und wurden dorthin verbracht; vielleicht war Isaaks Familie unter ihnen. Wer im Norden und Osten von Ghetto 2, das nur durch eine Straße, ironischerweise die Deutsche/Niemieckastraße vom ersten Ghetto getrennt war, sollte in dieses kleinere Ghetto geschleust werden, und die dritte Gruppe, die im nordwestlichen Teil der Stadt lebte, sollte ins Lukiszki-Gefängnis geführt werden. Wenn Efims Familie Glück hatte, wurde sie nicht der dritten, sondern der zweiten Kolonne zugeteilt. Beim Abtransport aus der Mickiewicz/Gedimino Straße gab es nach Angaben des litauischen Polizeichefs in der Nachbarschaft von Efim noch Schwierigkeiten, da die deutschen Militärs ihre in der Feldkommandantur Gedimino Straße 24/2 arbeitenden Juden nicht ausliefern wollten. Nach dieser Verzögerung erfolgte auch hier der Aufbruch.[28] Der Marsch ins Ghetto war beschwerlich: Es war ein heißer Tag, die Menschen, eingepackt in dicke Kleiderschichten, äußerlich niedergedrückt durch schwere, sperrige Bündel und innerlich durch Angst, Ungewissheit, Trauer, Schmerz, ausgesetzt den Verhöhnungen von schaulustigen Passanten, einigen Räubern, die sich nicht scheuten, sich an dem Wenigen zu vergreifen, was den Vertriebenen noch geblieben war, wenig getröstet vom Mitleid und den Sympathiebekundungen einiger Polen. Für Isaak soll noch einmal der nur ein halbes Jahr ältere Y. Rudashevski sprechen: „Die Leute schleppten sich unter der Last ihrer Bündel vorwärts. Einige stürzten, Gepäckstücke brachen auseinander. Vor mir eine Frau, gebückt unter ihrem Bündel, aus dem Reis wie Perlen einer Halskette auf die Straße rieselte. Die Litauer trieben uns an, erlaubten uns keine Verschnaufpause. Ich sah weder die Straßen noch die Passanten vor mir. Ich spürte eine schreckliche Müdigkeit und zugleich einen Sturm der Entrüstung und Qual, der in mir tobte."[29]

Als sich die Trecks den Ghettos näherten, stauten sich die Ankommenden vor den wenigen Durchgängen. Außer dem jeweiligen Ghettotor, durch das der größte Teil getrieben wurde, gab es ein bis zwei Durchlässe durch die ansonsten lückenlose Umzäunung des Ghettogeländes. Da der Zustrom der Menge größer war als erwartet, wurde entschieden, einen Teil der sich zu Tausenden Ansammelnden umzuleiten und wie die dritte Gruppe, traktiert von den Gummiknüppeln der litauischen Begleiter, ins Lukiszki-Gefängnis zu schicken, wo eine unbeschreibliche Enge herrschte. In Räumen von 8 x 11 Metern, deren Fenster mit Blechen verschlossen waren, wurden ca. 800 Menschen hineingezwängt, so dass nicht genug Platz zum Sitzen oder Liegen blieb und die Hitze unerträglich wurde. In jedem Raum gab es nur zwei Toilettenkabinen und einen Wasserhahn. Infolge der Überbelegung mussten viele auf dem Gefängnishof ausharren, wo es wenigstens ein wenig mehr Luft gab. Es wurde kein Essen verteilt und die Leute waren auf das angewiesen, was sie mitgebracht hatten. Dann wurde ihnen unter Androhung ihrer Erschießung befohlen, ihr Geld und ihre Wertsachen in aufgestellten Eimern zu deponieren. Erst am 10. und 11. September wurden die Transporte nach Ponar und die Exekutionen durchgeführt. Einer Grundschullehrerin gelang es, vom Exekutionsplatz zu entkommen und von dem Geschehen zu berichten. Insgesamt wurden 6.000 Juden via Lukiszki nach Ponar gebracht und ermordet, 46.000 bis 48.000 Juden in die Ghettos geschleust[30].

Die Ghettozeit

Die Anfangsphase zwischen Ausbeutung und Auslöschung
Das zweigeteilte Ghetto und seine innere Organisation

Nachdem Y. Rudashevski das Ghettotor passiert hat, stellt er bitter fest: „Ich fühle mich als Beraubter, man raubt mir meine Freiheit, mein Zuhause und die heimischen Wilnaer Straßen, die ich so sehr liebe. Man hat mich von allem, was mir lieb und wert ist, abgeschnitten."[31]
Niemand wies die im Ghetto Eingetroffenen in ihre neuen Unterkünfte ein, einen Judenrat gab es nicht mehr und die litauischen Begleitmannschaften hatten die Juden nur bis zum Tor gebracht und sie dann ihrem Schicksal überlassen. Dennoch werden die Komras-Familien wie die meisten Juden bei ihrer Ankunft eine gewisse Erleichterung empfunden haben, nicht mehr den Demütigungen der litauischen und

polnischen Mitbürger und den Schlägen der Begleitmannschaft ausgesetzt und in den Ghettomauern geschützt zu sein. Ihre Chancen, eine akzeptable Unterkunft zu finden, waren umso größer, je früher sie an diesem 6. September im Ghetto ankamen. Denn innerhalb weniger Stunden waren die leer stehenden Wohnungen besetzt und die später Eintreffenden mussten auf Keller, Dachböden, Gänge ausweichen oder sich gar auf offenen Höfen niederlassen. Einige hatten Glück und wurden von zuvor angekommenen Verwandten oder Freunden aufgenommen. In der Regel mussten sich mehrere Familien einen Raum teilen und die Wohndichte betrug nur einen bis zwei Quadratmeter pro Kopf.

Zemaitijos-Straße, früher im Wilnaer Ghetto

Man wünschte, dass Isaaks Familie zu denen gehörte, die noch eine freie Wohnung vorfanden, und doch könnte gerade dieser Vorteil einen furchtbaren Schock ausgelöst haben, wie eine Betroffene beschreibt: „Das Zimmer atmete noch das Leben der vorigen Besitzer: Kinder lächelten uns von aufgestellten Bildern an, zerrissene Briefe weinten vielstimmig wie die überall auf dem Boden verstreuten Bücher. Ungemachte Betten sprachen stumm zu uns wie die Reste einer Mahlzeit, des letzten Abendmahls, auf dem Tisch."[32]

Schlagartig wird den neuen Bewohnern der Zusammenhang zwischen den vorausgegangenen Verbrechen und ihrem eigenen Schicksal bewusst geworden sein. Andere Angekommene werden einfach erleichtert die Hinterlassenschaften der Vorbesitzer, ihre Möbel, Haushaltsgeräte, Holz-, Kohle- und Kartoffelvorräte übernommen haben, fehlte es ihnen doch an alledem. Die erzwungene Umsiedlung veränderte das soziale Gefüge: Bisher wohlhabende Kreise standen nun verarmt da, Arme konnten mit übernommenen Gütern zu einem ungekannten bescheidenen Wohlstand kommen und Kriminelle konnten ungestraft ihren Leidensgenossen ihre Habe gewaltsam entreißen, da es im Ghetto keine Autorität gab, die ihnen Einhalt gebot.

Dieser Zustand sollte sich allerdings schnell ändern. Interessanterweise setzten die Deutschen nur einen Tag nach der Zwangseinweisung in die Ghettos doch wieder Judenräte ein, die ihnen die Arbeit erleichtern sollten. Murer traf am 7.9. den früheren Vizepräsidenten des Judenrats, A. Fried, im Ghetto 1 und beauftragte ihn mit der Bildung eines fünfköpfigen Judenrats, an dessen Spitze er stehen sollte. Fried, ein assimilierter Jude und ehemaliger Bankmanager, wählte drei Mitglieder des früheren Judenrats, zwei Bundisten und einen Zionisten, sowie einen parteiunabhängigen Bauingenieur, der für technische Fragen zuständig sein sollte. Zur Unterstützung des Gremiums wurden weitere Personen aus dem Umkreis des früheren Judenrats gewonnen, die die jüdische Ghettoverwaltung mit Sitz in der Rudnickastraße 6 aufbauen sollten. Die Wiederherstellung einer offiziellen jüdischen Vertretung, anerkannt durch die deutschen Behörden, verstärkten die Illusion von stabilen Verhältnissen und Sicherheit, die die Juden beim Betreten des Ghettos empfunden hatten[33]. Der erste Erfolg bei der genehmigten Familienzusammenführung von Angehörigen in beiden Ghettos schien dies zu bestätigen.

Im Ghetto 2 wurde der Judenrat durch den SD und Sipo-Offizier Schweinberger eingesetzt, der die nächstbesten Juden auf der Straße anhielt und zu Judenräten bestimmte. Die auserwählten Durchschnittsbürger fühlten sich überfordert und beriefen einen Kreis bekannter Persönlichkeiten und Intellektueller, die die tatsächlichen Amtsgeschäfte übernehmen sollten. Am 13. und 14. September führte der Judenrat von Ghetto 2 auf Anordnung der deutschen Verwaltung einen Zensus durch, bei dem 9.000 Ghettobewohner gezählt und mit Angabe von Beruf und Wohnadresse registriert wurden.

Wie sehr sich die Judenräte bewusst waren, dass schnellstens eine Einrichtung geschaffen werden musste, deren Autorität im allgemeinen Chaos Ordnung schaffen konnte, zeigen dessen Anschläge an den Ghettowänden, die am 7. September angebracht wurden und sowohl von Isaak als auch von Efim gelesen worden sein müssen. Darin wurden junge Leute aufgefordert, sich als Ghettopolizisten zu bewerben. Isaak war natürlich zu jung und für Efim dürfte ein solcher Job nicht attraktiv genug gewesen sein. Die Stellen waren schnell besetzt und an die Spitze wurde ein ehemaliger Hauptmann der litauischen Armee berufen, der vor der Ghettoisierung als Verwaltungsdirektor des jüdischen Krankenhauses tätig war. Dieser Jacob Gens, der viele Betar-Mitglieder[34] in die Führungsriege der Ghettopolizei aufnahm, sollte später noch eine wichtigere Rolle für die Juden im Ghetto spielen. Der überwiegend von Bundisten[35] geprägte Judenrat verfügte nun über eine Ordnungsmacht, die an ihrer weißen Armbinde mit Davidstern zu erkennen war und ihren Sitz in der Rudnickastraße 6 hatte. Dort waren die verschiedenen Abteilungen untergebracht, die mit den wichtigsten Problemen der Ghettobewohner befasst waren: Ernährung, Gesundheit, Wohnraum und Arbeit. Eine weitere Abteilung sollte die Koordinierung dieser Abteilungen sicherstellen. Im kleineren Ghetto 2 wurde die Koordinierungsaufgabe vom Judenältesten übernommen und stattdessen eine Abteilung für Erziehung und Bildung eingerichtet. Die Ernährungsabteilung sorgte dafür, dass außerhalb des Ghettos Grundnahrungsmittel beschafft und innerhalb des Ghettos verteilt wurden, wahrlich keine leichte Aufgabe. Ein kleiner Grundstock wurde der Ernährungsabteilung von der Stadtverwaltung zur Verfügung gestellt. Überlebenswichtig war natürlich auch die Gesundheitsabteilung, die im Ghetto 1 ein Krankenhaus und eine Klinik unterhielt, obwohl medizinische Ausrüstung und Medikamente schwer zu beschaffen waren. Da es im Ghetto 2 nur eine Klinik gab, wurden Patienten, die eine Spezialbehandlung brauchten, in Begleitung jüdischer Polizisten, in das Krankenhaus von Ghetto 1 gebracht. Ob die Komras-Familien bei Krankheits- oder Arbeitsunfällen von diesen segensreichen Einrichtungen Gebrauch machen mussten, ist unbekannt. Beide Ghettos unterhielten auch Sanitätsversorgungseinrichtungen, die die Sauberkeit überwachen und die Ausbreitung ansteckender Krankheiten verhindern sollten, eine extrem wichtige Aufgabe in Anbetracht der Ghettobedingungen.

Das Wohnungsamt musste sich erst einmal einen Überblick über den verfügbaren Wohnraum verschaffen, bevor es Unterkünfte zuweisen, Hausverwalter und Hausmeister einsetzen, Streitigkeiten zwischen Mietern notfalls mit Hilfe der Ghettopolizei schlichten konnte. Da die Ghettobewohner große Schwierigkeiten hatten, Brennholz zum Kochen und zum Heizen im Winter zu bekommen, wurden zum Teil Fenster, Türen und Zäune auseinandergenommen. Um dies zu verhindern, musste sich der Judenrat um eine angemessene Versorgung mit dem knappen Rohstoff Holz bemühen.

Schon von Montag, 8. September an gingen die Ghettojuden, die bei deutschen oder litauischen Einrichtungen beschäftigt und durch eine entsprechende Arbeitsbescheinigung geschützt waren, zur Arbeit, bot diese ihnen doch am ehesten die Möglichkeit, in Kontakt mit der Außenwelt zu kommen und eventuell fehlende Güter zu besorgen. Die Arbeitsabteilung des Judenrats vermittelte unter anderem Arbeitskräfte, die vom deutschen Arbeitsamt angefordert wurden.

Die Frage der Erziehung von Kindern und Jugendlichen stand für den Judenrat von Ghetto 2 von Anfang an ganz vorn auf der Tagesordnung. Die schnelle Einrichtung einer Schule für Waisen scheint darauf hinzuweisen, dass es hier besonders viele Kinder gab, die ihre Eltern verloren hatten. Ein im Ghetto 1 in der zweiten Septemberhälfte durchgeführter Zensus registrierte etwa 3.000 Kinder und Jugendliche im Schulalter. Die ersten Schulen wurden hier auf Initiative des Lehrers Olitzky eröffnet. Der Judenrat richtete zudem in der Straszunastraße 16 eine Bücherei mit Leseraum ein, die sicher auch von Isaak gern genutzt wurde.

Die durch den Judenrat etablierte Ordnung im Ghetto wird, trotz der extrem beengten Wohnverhältnisse, zu einem allgemeinen Aufatmen geführt haben. Insbesondere die Kinder werden die neue Bewegungsfreiheit auf den Ghettogassen genossen haben, wo sich nur noch Sternträger begegneten und keine Ausgrenzung für sie spürbar war. Jugendliche wie Isaak werden schnell jeden Winkel des Ghettos ausgekundschaftet und sich schneller in der neuen Umgebung zurechtgefunden haben als die Erwachsenen.

Doch die entspannte Atmosphäre dauerte nicht lange. Schon eine Woche später begannen die Umsiedlungen von einem Ghetto ins andere, da die Zuteilung nach Wohngebieten erfolgt war, jetzt aber den Zweck verfolgte, Ghetto 1 zu einem Ghetto für Handwerker und Arbeiter mit

Ausweisen für deutsche und litauische Betriebe zu machen. Zuerst wurden Waisen, Ältere und Kranke von Ghetto 1 nach 2 überstellt und Familien mit Arbeitsbescheinigungen von Ghetto 2 nach 1 überstellt. Ob die Komras-Familien von diesen Umzügen betroffen waren, wissen wir zwar nicht, jedoch müssen Efim und seine Geschwister noch vor Auflösung von Ghetto 2 (am 21.10.) ins Ghetto 1 gekommen sein. In dem Zeitraum vom 15.9. bis 21.10. löste eine Aktion die andere ab, ohne dass die Mehrzahl der Juden durchschaute, welche Absicht die Deutschen mit den Aktionen verbanden. Bei den Septemberaktionen glaubten sie sogar, der Judenrat 1 und nicht die Deutschen sei für die Anordnungen verantwortlich. Er wolle die „Unproduktiven" ins Ghetto 2 abschieben, um dem Ghetto 1 ein positiveres Image zu verschaffen. Tatsächlich hatten die Deutschen den Judenrat 1 in Kenntnis gesetzt, dass dieser Personenkreis umziehen solle, um die Überfüllung von Ghetto 1 zu reduzieren. Sie nutzten die Unübersichtlichkeit der Lage aus, um den Juden eine Falle zu stellen. Am 15. September sollten sich 2.500 bis 3.000 Personen ohne Arbeitsbescheinigung an Tor 1 einfinden, um zum Ghetto 2 gebracht zu werden. In Wirklichkeit brachten die Deutschen aber nur 600 dorthin, die übrigen wurden, ohne dass dies auffiel, nach Lukiszki gebracht – der EK3-Bericht spricht von 1.271 in Ponar Ermordeten.

Zur Täuschung gehörte auch die gegenläufige Bewegung: Am 16.9. kamen nach Angaben eines Mitglieds von Judenrat 2 zweihundert Juden mit Arbeitsbescheinigung von Ghetto 2 ins Ghetto 1. Eine große Zahl von Ghetto 2-Bewohnern floh nach der Arbeit oder bei Nacht ins Ghetto 1. Arad gibt an[36], dass schätzungsweise 2.000 bis 3.000 Personen aus Ghetto 2 auf legale oder illegale Weise ins Ghetto 1 kamen. Um solchen Fluchtversuchen vorzubeugen, ordnete Murer bereits am 18.9. an, dass die Ghettozäune mit Stacheldraht verstärkt und Fenster, die den Blick auf nichtjüdische Stadtbezirke freigaben, mit Brettern vernagelt werden müssten. Außerdem sollten die Telefonverbindungen mit dem Ghetto gekappt und der Postverkehr weitgehend eingeschränkt werden.

Anders als bei den September-Aktionen gingen die Deutschen am 1. Oktober vor, als sich die Juden, um Yom Kippur[37] zu begehen, in den Synagogen versammelten. Ohne den Judenrat zu informieren, drang Schweinberger mit seinen Trupps aus Litauern und Deutschen um die Mittagszeit ins Ghetto 2 ein, fing mit ihnen etwa 800 nichtsahnende

Betende oder in den Gassen verweilende Juden ein und brachte sie weg. Niemand rechnete damit, dass die Häscher am Nachmittag wiederkommen und bis zum Abend weitere 900 Personen festnehmen und nach Lukiszki bringen würden.

Choralsynagoge, 1903 erbaut, einzige erhaltene Synagoge Wilnas

In der Zwischenzeit hatte Schweinberger den Judenrat in Ghetto 1 kontaktiert und am Abend die Übergabe von 1.000 Personen auch dieses Ghettos gefordert. Falls die Forderung nicht erfüllt würde, würden seine Leute das Ghetto betreten und die Juden selbst festnehmen. Der Judenrat beschloss, auf die Forderung einzugehen und 1.000 Juden ohne Arbeitsbescheinigung auszuliefern. Diese Personengruppe sollte sich am Ghettotor einfinden, doch nur 46 Personen kamen der Aufforderung nach. Schweinberger befahl daraufhin dem Judenrat, alle Bewohner, ob mit oder ohne Bescheinigung, zum Tor zu beordern. Die Ghettopolizei gab den Befehl an die Bewohner weiter, in dem Glauben, dass dann die Unglücklichen ohne Arbeitsbescheinigung aussortiert werden könnten. Doch diese versteckten sich mehrheitlich, während sich die Juden mit Arbeitsbescheinigung sicher fühlten und am Tor erschienen. Insgesamt waren 2.200 Personen versammelt. Sie wurden von den Deutschen und Litauern eingeschlossen und nach Lukiszki gebracht. Einige konnten sich durch Lösegeldzahlungen freikaufen, andere wurden aufgrund der Intervention ihrer deutschen oder litauischen Arbeitgeber freigelassen. Ihre Anzahl blieb unter 100 Personen. Die Yom-Kippur-Aktion erschütterte nicht nur die Illusionen der Juden, ein Arbeitsnachweis sichere sie und ihre Familien ab, sondern auch das Vertrauen in den Judenrat und die jüdische Polizei, war es doch die erste Aktion, in der beide Körperschaften auf deutschen Befehl hin halfen, Gruppen von jüdischen Gefangenen festzunehmen, um andere zu schützen. Dieser Fehlschlag schwächte durch die Entfernung von Fachkräften das Ghetto, lief aber auch der Intention der Deutschen zuwider, die die Auslöschung der Fachkräfte erst als letzten Schritt der Judenvernichtung vorsah, um sie möglichst lange ausbeuten zu können.

Die Liquidierung von Ghetto 2

Nach Yom Kippur wurden noch drei weitere Aktionen durchgeführt, bei denen nach Angaben von Arad[38] alle in Ghetto 2 verbliebenen Juden nach Ponar gebracht wurden.
Vom 3. zum 4. Oktober wurden 2.000 Personen von Ghetto 2 festgenommen unter dem Vorwand, sie würden in ein 3. Ghetto gebracht, in dem es an Arbeitskräften mangele. Die letzte in der Abenddämmerung

weggeführte Gruppe wurde misstrauisch, da der Weg Richtung Lukiszki-Gefängnis führte, und weigerte sich weiterzugehen. Der Dichter Abraham Sutzkewer berichtet[39]: „Moshe Frumkin, ein Junge von 18 Jahren ... rief den anderen zu: ‚Lasst Euch nicht festnehmen! Flieht in die Straßen!' Panik breitete sich in der Kolonne aus, Frauen hockten sich vornübergebeugt auf die Straße, Ältere blieben wie erstarrt stehen und die Jüngeren rannten weg. Schweinberger befahl seinen Leuten zu schießen. Dutzende fielen tot zu Boden und die Überlebenden wurden gezwungen, die Leichen zu tragen. Dennoch konnten viele entfliehen, einschließlich Frumkin." Zum ersten Mal leisteten Wilnaer Juden passiven Widerstand und setzten – soweit es bekannt wurde – ein ermutigendes Zeichen, insbesondere für die jüngere Generation, obwohl die Opferbilanz dieses Tages hoch war. Wie der EK3-Bericht bemerkt, wurden am 4. Oktober 1.932 Juden, überwiegend Frauen, erschossen. Die verbliebenen 6.000 bis 7.000 Personen in Ghetto 2 klammerten sich trotz weiterer Aktionen an die Hoffnung auf den Fortbestand des Ghettos und sahen sich darin bestätigt durch Mietforderungen der Stadt an den Judenrat 2. Nach der Aktion am 15. und 16. Oktober blieben noch 3.000 bis 4.000 Personen zurück. Zu den letzten Bewohnern zählte die Familie von Schoschana Rabinovici. Sie berichtet: „Unzählige Male erschienen Soldaten im Hof unseres Hauses und oft hörten wir sie die Treppen hinauf- und hinuntergehen. Wir waren wie versteinert vor Angst ... Wir lernten es, in Angst und Alarmbereitschaft zu leben, und zu unserem Glück wurde nicht an die Tür unserer Wohnung geklopft."[40]

Am 20. Oktober erhielt der Judenrat von Ghetto 2 zehn neue gelbe Arbeitsbescheinigungen, die die bisher gültigen ersetzen sollten – 5 für Arbeiter der Pelzfabrik Kailis, die für die Wehrmacht arbeitete, und 5 für den Eigenbedarf. Dennoch wurde Schoschanas Familie wie andere, die im Besitz von Arbeitsbescheinigungen waren, am 21. Oktober von jüdischen Polizisten von Ghetto 2 ins Ghetto 1 geführt, wo sie in unmittelbarer Nachbarschaft des Judenratsgebäudes in der Rudnickastraße ein Zimmer fanden, in dem sie nun zu fünfzehn wohnten. Der Judenrat war im Gebäude des ehemaligen jiddischen Realgymnasiums untergebracht, wo Yitzak Rudashevski und wahrscheinlich auch Efim zur Schule ging, dessen Familie wohl ebenfalls spätestens am 21. Oktober ins Ghetto 1 kam. Denn an diesem Tag starteten die Deutschen die endgültige Liquidation von Ghetto 2. Insgesamt wurden laut

EK3-Bericht an diesem Tag 2.367 Juden nach Ponar gebracht und ermordet.

Auskämmaktionen im Ghetto 1
vom 22. Oktober bis 22. Dezember 1941

Es ist anzunehmen, dass die Bewohner von Ghetto 1 dachten, nach der Liquidierung von Ghetto 2 würde für sie Ruhe einkehren. Sie konnten nicht wissen, dass bereits Vorbereitungen getroffen worden waren, ihr Ghetto massiv auszukämmen. Als erste Opfergruppe nahmen die Deutschen Ghettobewohner ohne Arbeitsbescheinigung ins Visier.
Waren bisher Arbeitsbescheinigungen von deutschen Arbeitgebern für die von ihnen bestimmte Anzahl jüdischer Arbeitskräfte, die sie beim Judenrat anfordern konnten, ohne formelle Vorgaben ausgestellt worden, so sollte dieses System nun reformiert werden. Sowohl die Zahl jüdischer Beschäftigter eines Betriebes als auch die Ausstellung nun vereinheitlichter Arbeitsbescheinigungen fiel ab Mitte Oktober in die Zuständigkeit des deutschen Arbeitsamtes und schränkte damit die Spielräume der Arbeitgeber erheblich ein. Selbst die Versetzung einer jüdischen Arbeitskraft war an die Zustimmung des Arbeitsamtes gebunden. Der Arbeitgeber konnte nur bestimmen, welcher jüdische Arbeiter einen Schein, einen sogenannten „Facharbeiterausweis" bekommen sollte und ihn dem Arbeitsamt benennen. So mancher Arbeiter versuchte durch Zahlung von Bestechungsgeld an den begehrten Ausweis zu kommen. Einige wandten sich auch an ihre jüdischen Vorarbeiter um Fürsprache beim Arbeitgeber hinsichtlich eines Ausweises. Teilweise ließen diese sich dafür bezahlen. Der vereinheitlichte „Facharbeiterausweis" wurde im Oktober 41 ausgestellt und war bis zum 31. März 1942 gültig, bot also nur temporären Schutz. Er war auf gelbem Papier gedruckt und wurde von den Juden kurz „gelber Schein" genannt. Mit der Ausweisvergabe steuerte das Arbeitsamt in der Folge die Judenvernichtung. Ohne Ausweis verlor der Ghettobewohner letztlich in den Augen der deutschen Besatzer seine Existenzberechtigung. Dieses Machtinstrument nutzend, vergab das deutsche Arbeitsamt nur 3.000 gelbe Scheine. Dem Judenrat wurden davon 400 zugeteilt. Doch die Zahl der beim Judenrat und der jüdischen Polizei Beschäftigen überstieg die Zahl der Scheine bei weitem. Zudem ver-

suchten Tausende, die an ihren Arbeitsplätzen keinen Schein bekommen konnten, einen solchen beim Judenrat zu ergattern. Vor eine unlösbare Aufgabe gestellt, sah sich der Judenrat bald heftiger Kritik und Protesten der Ghettobewohner ausgesetzt, die sich vergeblich um ein solches lebensrettendes Dokument bewarben.

Beschäftigt man sich mit der vom Arbeitsamt festgelegten Zahl der Scheine etwas genauer, so kann man folgende Rückschlüsse ziehen: Das Arbeitsamt orientiert sich in erster Linie an der Vorgabe der politischen Führung, die Zahl der Ghettobewohner so niedrig wie möglich anzusetzen. Andererseits sollte sie den ökonomischen Erfordernissen der deutschen Betriebe und Einrichtungen gerade noch gerecht werden. Hierzu diente ihm die zahlenmäßige Aufschlüsselung der von den einzelnen Betrieben angeforderten Fachkräfte. Die Absenkung der Gesamtzahl jüdischer Arbeitskräfte sollte die deutschen Arbeitgeber zwingen, die Arbeitskraft des einzelnen Juden noch stärker auszubeuten und sich unter der nichtjüdischen Bevölkerung Ersatz zu suchen.

Um einem geschlossenen jüdischen Widerstand vorzubeugen, den zu brechen die personelle Stärke der Besatzer überfordern könnte, und um die Motivation der jüdischen Arbeiter hoch zu halten, sollte jedem Inhaber eines Scheins gestattet sein, auf der Rückseite des gelben Dokuments seine engeren Familienmitglieder aufzuführen, die dadurch ebenfalls geschützt wären – doch perfiderweise nicht alle, sondern nur den Ehepartner und zwei Kinder unter 16 Jahren. Ausgeschlossen würde auf diese Weise die ältere Generation, sofern sie nicht selbst dem Kreis der unbedingt erforderlichen Facharbeiter angehörten. Außer den Eltern könnte der Scheinanwärter in keiner Weise seine Geschwister unterstützen und – noch grausamer – nicht alle seine eigenen Kinder. Hatte er mehr als zwei Kinder unter 16 Jahren, so würden diese Schutzbedürftigen seinem Schutz und Einfluss entzogen sein ebenso wie die über dieser Altersgrenze liegenden. Die Verzweiflung kinderreicher Eltern lässt sich nicht ermessen – einbezogen zu werden in deren Selektion.[41]

Nachdem die ersten Eltern „Adoptiveltern" für ihre überzähligen Kinder gefunden hatten, wurden „Scheinehen" geschlossen, um das Überleben weiterer Personen zu sichern. Fiktive Familien mit veränderten Altersangaben der Mitglieder sollten die Rettung der vierfachen Zahl der 3.000 Scheininhaber, das heißt von wenigstens 12.000 der 28.000 Ghettobewohner sicherstellen. Schon wurde die erste Gruppe der

Scheinbesitzer, Arbeiter der für die Wehrmacht arbeitenden Pelzfabrik „Kailis", aus dem Ghetto herausgeführt und bei ihrem Arbeitsplatz in Wohnblöcken untergebracht, da verkauften noch manche Ghettobewohner ihre ganze Habe, um sich mit dem Erlös einen Platz auf einem Schein zu erkaufen. Am Abend des 23. Oktober wurden die Besitzer eines gelben Scheins bei der Ghettopolizei registriert und mit blauen Karten für ihre eingetragenen Familienmitglieder ausgestattet. Alle übrigen versuchten verzweifelt in einem der vorbereiteten Verstecke unterzukommen oder in der Nacht aus dem Ghetto zu fliehen. Das gelang nur sehr wenigen, denn das Ghetto war bereits von Litauern umzingelt, die auf die Flüchtenden schossen. Am Morgen des 24. Oktober wurden die Scheininhaber mit ihren registrierten Familienmitgliedern am Ghettotor versammelt und gemeinsam nach einer Kontrolle, die von Weiss für die Sipo und den SD und von Murer für die deutsche Verwaltung streng überwacht wurde, zu ihren Arbeitsplätzen außerhalb des Ghettos gebracht. Wenn Familienangehörige nicht dem angegebenen Alter zu entsprechen schienen, wurden sie auf Befehl von Weiss oder Murer gnadenlos herausgezogen und festgesetzt. Der Chef der Ghettopolizei, Gens, versuchte verschiedentlich den Juden am Kontrollpunkt zu helfen. So herrschte er bei einer späteren Razzia einen Familienvater mit einem Einzelkind an, in Zukunft besser auf „seine" Familie aufzupassen und schob ihm ein nicht registriertes „überzähliges" Kind einer anderen Familie unter.[42] Yitzhak Zohar besaß als Schuhmacher bei Wehrmachtseinheiten einen gelben Schein und rettete seinen Vater, indem er ihn als Scheininhaber und sich als dessen 14-jährigen Sohn eintrug. Seine Freundin vermerkte auf ihrem Schein Yitzhaks Bruder als ihren Ehemann.

In welcher Gruppe können wir nun Isaak Komras ausmachen? War sein Vater noch am Leben, was wir nicht wissen, und hatte einen Schein, dann wäre der 13-jährige damit gerettet gewesen. Unsere damals 17-jährige Zeitzeugin Sima hätte sich vielleicht jünger machen und die Hürde der Altersgrenze nehmen können, hat aber ihren Vater schon bei den ersten Razzien Anfang Juli[43] verloren und stand nun glücklicherweise als „Ehefrau" auf dem gelben Schein ihres Freundes Lolka Kantorovitch[44], musste aber ihre Mutter zurücklassen, die in ihrem Versteck entdeckt wurde und umkam. Isaak könnte sich auch seinen Verwandten angeschlossen und deren Erfahrungen geteilt haben. Efim erklärt 1949: „Da weder ich noch meine Familienangehörigen einen Schein erhielten, versteckten wir uns auf einem Dachboden."[45] Demgegenüber scheint sich die Familie des fast gleichaltrigen Y. Rudashevski zusammen mit anderen Ghettobewohnern ein massiveres Versteck vorbereitet zu haben, in dem nun, da deutsche und litauische Trupps den ganzen Tag das Ghetto nach Menschen ohne Schein absuchen, viele verängstigte Menschen zusammengepfercht ausharren. Yitchak beschreibt die Anspannung in der Maline: „Lärm ist zu hören … Schüsse … ich spüre, dass der Sturm näher kommt … wir sind wie Tiere von Jägern umstellt … Schlösser werden aufgebrochen, Türen krachen, Falltüren [geben nach] … Plötzlich bricht ein Kind in Tränen aus … ein verzweifelter Seufzer erhebt sich. Wir sind verloren. Dem Kind wird Zucker in den Mund gesteckt, aber es hilft nicht. Es wird mit Kissen zugedeckt! Die Mutter des Kindes weint. Leute rufen in wilder Angst: ‚Erstickt das Kind!' Das Jammern des Kindes wird stärker. Die Litauer schlagen härter an die Wände, aber allmählich verebbt jedes Geräusch und wir begreifen, dass sie weggegangen sind."[46] Die auf dem Dachboden versteckten Komrasses und ihre Freunde haben weniger Glück. Efim fährt fort: „Wir wurden durch Litauer gefunden und schwer misshandelt. Auf der Straße waren wieder Litauer, die uns schlugen und meinen Freund erschossen. Während der größte Teil der Ghettoinsassen, die keine gelben Scheine hatten, nach Ponary kamen, brachte man uns mit etwa 200 anderen in das aufgelöste Kleine Ghetto." Vielleicht bildete diese verhältnismäßig kleine Gruppe die Vorhut der nächsten Aktion, die eingeleitet wurde, weil der deutschen Verwaltung die Zahl der zuletzt 3.781 festgenommenen und in Ponar ermordeten Personen zu klein war. Es wurde bekanntgegeben, dass das Ghetto 2 wieder eröffnet würde und alle Bewohner aus Ghetto 1 ohne gelben Ausweis sich dorthin melden und auf diese Weise „legalisiert" würden. Insgesamt 1.533 Juden wurden Opfer dieser Täuschung. Noch bevor diese im Ghetto 2 festgenommen und in Ponar ermordet wurden, konnten sich Efim und seine Angehörigen in Sicherheit bringen. Er erklärt: „Durch Beziehung gelang es mir, meine Familie in das Große Ghetto zurückzubringen." Reuven Wajner gelang dasselbe durch Bestechung eines Wachsoldaten mit einem Diamantring[47]. Efim ergänzt: „Ich meldete mich beim Ghettokommandanten Gens und erhielt ebenso wie mein Schwager einen gelben Schein. Ich arbeitete dann als Automechaniker bei der Stadtkommandantur." Für Isaak könnte sich die Chance ergeben haben, auf dem Schein von Efim, der sich fünf Jahre älter machte und dieses Geburtsjahr, nämlich 1909, bis zum Kriegsende auf allen Dokumenten weiter verwendete, als Kind vermerkt zu werden. Efim wäre dann zwar für Isaak ein sehr junger, aber biologisch möglicher Vater gewesen. Efims Frau Nelli wäre eindeutig als Mutter zu jung gewesen, aber sie hätte sich eine plausible Geschichte zurechtlegen können, zumal nicht auszuschließen ist, dass Isaaks Mutter Sonja in den vorausgegangenen Aktionen ein Opfer der Nazis geworden ist.

Am 3. November gab die deutsche Verwaltung den Inhabern eines gelben Scheins bekannt, sie müssten mit ihren Angehörigen, die eine blaue Karte besäßen, für drei Tage ins Ghetto 2 umziehen und sollten entsprechend Proviant mit sich führen. Sie sollten von dort aus zur Arbeit gehen und am Abend dorthin zurückkehren. Diese Maßnahme ermöglichte es den Deutschen, die Fehler der Yom Kippur-Aktion zu vermeiden und das Ghetto 1 drei Tage lang intensiv nach Bewohnern ohne Schein zu durchsuchen. Dieser Aktion fielen 1.341 Personen zum Opfer. In den darauf folgenden Tagen wurden noch einmal 171 Personen, die sich versteckt hatten bzw. auf der Flucht waren, festgenommen und erschossen. Für die Deutschen hatte das Ghetto 2 seine Funktion zur Täuschung und Separierung jüdischer Zielgruppen nun erfüllt und das Gelände wurde daher der Wilnaer Stadtverwaltung übergeben, um dort Wohnraum für Nichtjuden zu schaffen.

Die Aktionen bis Ende November hatten auch im Ghetto 1 zu einer Verringerung der Wohnraumdichte geführt. Die deutschen Behörden, allen voran die Gestapo, nutzten diese Tatsache, um vom Judenrat eine Neuorganisation des Wohnraums vornehmen zu lassen, so dass die Arbeitskommandos einer deutschen Behörde oder eines deutschen Betriebs in einem oder mehreren benachbarten Wohnblocks zusammengefasst würden, was auch für die Brigadiers der Kommandos eine Erleichterung wäre. Die übrigen Ghettobewohner sahen dagegen in der Entmischung einen Nachteil und weniger Schutz unterzutauchen.

Der Judenrat geriet bei den eigenen Leuten in die Kritik, als er Anfang Dezember mit der Herausgabe einer Liste von jüdischen Kriminellen eine Aktion gegen sie ermöglichte, bei der 157 Personen festgenommen und nach Ponar gebracht wurden. Schon bei den Novemberaktionen hatte eine Gruppe von Rabbis die Mitarbeit des Judenrats bzw. der Ghettopolizei bei der Kontrolle der gelben Scheine gerügt[48] mit dem

Hinweis auf den Spruch des Maimonides: „Besser alle werden getötet, als dass eine Seele von Israel ausgeliefert wird."
Die nächste Aktion, Mitte Dezember, die gegen jüdische Gestapo-Hilfskräfte gerichtet war, benötigte die Mitarbeit des Judenrats und der jüdischen Polizei nicht. Arglos folgten die Betroffenen und ihre Familien der kleinen deutschen Polizeieskorte, die sie nicht zu ihrem Arbeitsplatz, sondern nach Lukiszki brachte. Dort wurde ihnen eröffnet, dass sie nicht mehr alle gebraucht und daher entlassen würden. Die betroffenen 300 Personen wurden umgebracht, nur 200 Personen kehrten ins Ghetto zurück. Die Aktion löste dort einen Schock aus, galten die Gestapo-Hilfskräfte doch als besonders privilegierte und geschützte Gruppe. Wer konnte sich danach noch sicher fühlen?
Nach deutscher Schätzung lebten noch 15.000 Personen im Ghetto, 3.000 davon illegal. Tatsächlich war die Zahl derer, die keinen Schein hatten, aber wesentlich höher. Misstrauisch reagierten die meisten auf den Aufruf der Ghettopolizei, sich für rosafarbene, sogenannte Familienmitgliederausweise registrieren zu lassen, die innerhalb des Ghettos gültig sein sollten. Zunächst wurden die blauen Karten der Angehörigen der Besitzer eines gelben Facharbeiter-Ausweises in einen rosa Schein umgetauscht und dann weiteren Interessenten ausgestellt. Die Misstrauischen gaben falsche Namen und Adressen an, um sich im Notfall schützen zu können. Die Ausgabe der rosa Scheine wurde am 19.12. abgeschlossen, ohne dass alle Bewohner einen Schein hatten. Am nächsten Morgen begann eine dreitägige Razzia, bei der Deutsche und Litauer nach Juden ohne gelben oder rosa Schein suchten und etwa 400 Personen aus ihren Verstecken holten. Die in einer Maline in der Spitalnastraße 13 Versteckten weigerten sich herauszukommen und griffen die Litauer, die in die Maline eindrangen, an. Die jüdischen Anführer der Widerständigen wurden beim Kampf erschossen. Dem illegalen Aufruf an die Ghettobewohner zur Teilnahme an der Beerdigung der Widerstandskämpfer folgten viele. Ob die Komras-Familien dabei waren, wissen wir nicht. Die Aktion der „Rosa Scheine" beendete die lange Reihe der todbringenden Razzien seit Beginn der deutschen Besatzung und führte zu einer längeren Periode relativer Ruhe.
Im Ghetto ahnte niemand etwas von dem Hintergrund, den das Abflauen der Massenvernichtung im Dezember 1941 hatte und der die totale Auslöschung, die die Juden der Kleinstädte und Dörfer traf, erst

einmal aufhielt. Wie wir heute wissen, ging der Konflikt, der zwischen den drei konkurrierenden Machtträgern, der Zivilverwaltung, der SS und der Wehrmacht, ausgetragen wurde, ob den ökonomischen Erfordernissen während des Krieges im Osten Vorrang vor der rassenpolitischen Zielsetzung der Judenvernichtung eingeräumt werden solle, vom Gebietskommissar von Schaulen aus, der sich dort operierenden Einheiten des EK3 Anfang September 1941 widersetzte, die alle Juden Schaulens auslöschen wollten. Er holte sich Rückendeckung bei allen Ebenen bis hinauf zum Reichsministerium für die Ostgebiete und argumentierte mit der Unersetzbarkeit jüdischer Arbeitskräfte, insbesondere im kriegswichtigen Bereich der Lederbearbeitung bzw. Gerberei, in dem Juden eine absolute Monopolstellung innehatten. Weitere Proteste, z.B. des Gebietskommissars von Libau/Lettland, der – unterstützt von Militärs – das Vorgehen der Mordkommandos gegen jüdische Frauen und Kinder aus humanitären Gründen in Frage stellte, trafen beim Reichskommissar ein. Gegen die Behinderung ihres Vorgehens durch die Zivilverwaltung wiederum klagte das EK3 beim RSHA in Berlin. Die Beilegung des Interessenkonflikts der verschiedenen Machtträger wurde schließlich in einem Befehl des Chefintendanten des Wehrmachtskommandos Ostland vom 12. November 1941 greifbar, der unwiderruflich festlegte, dass die Liquidierung von jüdischen Fachkräften, die in Rüstungsbetrieben und Werkstätten der Wehrmacht beschäftigt sind, beendet werden muss.[49] So wurde auch Isaaks Überleben in Wilna vorerst gesichert.

Wie bereits angedeutet, waren sich die Ghettojuden keineswegs bewusst, welches Schicksal ihre Leidensgenossen nach den Verhaftungen erwartete. Es gab keine Präzedenzfälle für die Massenerschießungen, und man stellte sich höchstens einen Einsatz unter erschwerten Bedingungen in einem fernen Arbeitslager vor. Auch die vereinzelte Rückkehr von angeschossenen Frauen aus den Gruben in Ponar änderte daran nichts. Die Zeuginnen wurden vom Judenrat befragt und angewiesen, ihre furchtbare Geschichte für sich zu behalten, um ihre Familienangehörigen nicht zu gefährden, sollten die Deutschen Wind von ihrer geglückten Flucht aus Ponar bekommen. Ghettopolizeichef Gens warnte deshalb ausdrücklich davor, diese Zeugnisse im Ghetto zu verbreiten.[50]

Der Judenrat von Ghetto 1 hatte sich für eine Kooperation mit den Deutschen entschieden, um, wenn diese die Auslieferung einer bestimmten Anzahl von Juden forderten, die übrigen zu retten. Die Ghettoführung machte sich so zum Erfüllungsgehilfen der Gestapo und glaubte an die Zukunft eines Arbeitsghettos. Im Gegensatz zur Kooperationsbereitschaft des Wilnaer Judenrats wollte der Judenrat von Kaunas diese Kooperation ursprünglich verweigern und den Deutschen die Arbeitsbescheinigungen zurückgeben nach dem Motto „Wir lassen uns nicht auseinander dividieren. – Wenn wir zum Tode verurteilt sind, so lasst uns alle zusammen sterben!" Aber die Scheinanwärter protestierten dagegen mit dem Argument, woher der Judenrat das Recht nehme, ihnen und ihren Familien eine Überlebenschance zu nehmen. So wurde letztlich auch hier der Kooperationskurs mit den Deutschen von großen Teilen der Ghettobevölkerung gestützt. In Wilna gab es dennoch Kreise unter den früheren Parteifunktionären und Aktivisten der diversen Jugendorganisationen, die eine eigene Linie gegenüber den Besatzern suchten: Gegenseitige materielle und immaterielle Unterstützung der Mitglieder; Versuche, Verbindungen zur Außenwelt, insbesondere zum polnischen Untergrund zu knüpfen; mit Hilfe gefälschter Ausweise Unterschlupf bei Ariern zu finden; Fluchtwege ins Ausland (Schweden) auszukundschaften usw. Doch die meisten Bemühungen scheiterten.

Formierung des jüdischen Untergrunds

Das Abebben der Aktionen der Deutschen ging Hand in Hand mit den verstärkten Bemühungen der politisch aktiven Menschen im Ghetto, die Absicht der Gegner zum eigenen Schutz besser einzuschätzen und verstehen zu können, indem man die Isolation mit Hilfe von Kundschaftern zu durchbrechen und Informationen über die Situation der Juden in anderen Gebieten zu gewinnen suchte. Die gefährliche Rolle der Kundschafter übernahmen insbesondere mutige Mädchen der Jugendbewegungen, die fließend und akzentfrei polnisch sprachen, nichtjüdisch aussahen und die mit nichtjüdischen Ausweisen und Transitpässen für andere Generalbezirke und das Generalgouvernement ausgestattet werden konnten. Ihre informelle Tätigkeit hatte entscheidenden Einfluss auf die innere Entwicklung der Jugendbewegungen der durch sie verbundenen Ghettos Wilna, Warschau, Bialystok und Grodno und die politischen Entscheidungen, die dort getroffen wurden. Zusätzlich gab es einen Kontakt zum polnischen Untergrund über ein Mitglied der polnischen Pfadfinder aus Warschau, Henryk Grabowski, der bereits Mitte Oktober 1941 die ersten Nachrichten von den Massakern in Wilna nach Warschau brachte. Sowohl in Grodno wie auch in Warschau wurden die Nachrichten der Wilnaer Kundschafter entweder nicht geglaubt oder die Relevanz für das eigene Ghetto ausgeschlossen. Auch den in der zweiten Dezemberhälfte 1941 mit Hilfe des deutschen Feldwebels Anton Schmidt[51] nach Warschau gelangten Wilnaer Kurieren wurde gesagt: „In Warschau würde so etwas nicht passieren, weil sich die Deutschen vor der Reaktion Europas fürchten würden."[52]

Die Rückmeldungen der Kuriere machten den Wilnaer Juden klar, dass es außerhalb Litauens bis dahin keine Massenvernichtungsaktionen in jüdischen Ghettos gegeben hatte. Doch wie sollte diese Tatsache interpretiert werden? Einer der Meinungsführer der Jugendbewegung glaubte, dass die auf Litauen begrenzten Aktionen auf die Brutalität der regionalen deutschen Verantwortlichen zurückzuführen seien, und man infolgedessen versuchen müsse, außer Landes zu fliehen, etwa nach Weißrussland. Gemeinsam müssten sich die Mitglieder der Gruppe im Exil sammeln und dürften ihre Schlagkraft nicht weiter durch die Deutschen in Wilna schwächen lassen. Dagegen argumentierte Abba Kovner, er glaube nicht, dass die Vernichtung auf die Wilnaer bzw. litauischen Juden beschränkt sei, sondern das Ergebnis einer allgemeinen politischen Linie sei, die die Deutschen auf Gebiete außerhalb Litauens ausweiten würden und infolgedessen eine Flucht aus Wilna keine langfristige Lösung brächte. Von diesem Gesichtspunkt aus war es nicht mehr weit bis zur Vorstellung eines bewaffneten Widerstands als Perspektive für die Zukunft der Juden. Die verschiedenen Jugendorganisationen sowie Betar diskutierten am Jahresende diese Option. Man wollte sich in Zukunft nicht einfach dem Schicksal der Vernichtung ergeben, sondern unterstrich, dass der bewaffnete Widerstand die einzige ehrenhafte Lösung für die Juden sei. Man war sich durchaus der Verantwortung bewusst, dass die Vergeltung der Deutschen im Falle einer Gewaltanwendung nicht nur die jüdischen Kämpfer, sondern alle Juden treffen würde. Kovners Ansichten setzten sich durch und die Mehrheit der Aktivisten entschied sich, in Wilna zu bleiben und den bewaffneten Widerstand zu organisieren. Die Kuriere verbreiteten die Idee des bewaffneten Widerstands in den anderen Ghettos und wurden nicht selten dort auch seine Anführer.

Wie sich Efim in den aufgeworfenen Fragen positionierte, ist völlig unbekannt. Eine Kenntnis von den Bestrebungen der Jugendbewegungen ist anzunehmen, womöglich auch von deren am 1.1.1942 erstellten Manifest, das mit der verbreiteten Legende, Ponar sei ein KZ, aufräumt und die Augen für den Massenmord vor Ort öffnet. Der inzwischen dreizehneinhalb Jahre alte Isaak dürfte für diese Themen noch zu jung gewesen sein.

Im Laufe des Frühjahrs 1942 gelang es den Aktivisten, alle Jugendgruppierungen von den Zionisten, über Betar, die Bundisten und die Kommunisten für das Projekt des bewaffneten Widerstands im Falle einer Liquidierung des Ghettos durch die Deutschen zu gewinnen. Die Organisation nannte sich „Fareinigte Partisaner Organizatzie" kurz F.P.O. Alle Mitgliedsorganisationen hatten einen Vertreter in der Führungsebene. Das Kommando wurde dem Kommunisten Witenberg übertragen, der am ehesten eine Verbindung zum kommunistischen Untergrund und gegebenenfalls zur Roten Armee würde herstellen können. Zum Zeitpunkt der Gründung der F.P.O. gab es in den Wilna benachbarten Wäldern im westlichen Weißrussland noch keine Partisanentätigkeit.

Die F.P.O. suchte auch Verbindungen zur seit 1939 in Wilna operierenden polnischen Heimatarmee, der Armia Krajowa, kurz AK, die das Wilnaer Gebiet nach einer deutschen Niederlage einem wieder erstehenden Polen zuschlagen wollte. Die AK entschied, dass die Schnittmenge mit den Zielen der FPO nicht groß genug sei und lehnte eine Unterstützung ab. Für so manchen untergetauchten Juden hatte das eine fatale Konsequenz und er wurde ein Opfer polnischer Partisanen. Eine kleine Gruppe polnischer Kommunisten dagegen unterstützte die FPO ebenso wie eine von Moskau eingeschleuste kleine Gruppe litauischer Kommunisten, die allerdings nach kurzer Zeit von Einheimischen an die Deutschen verraten und liquidiert wurde. Die Hauptaktivität der FPO war das gefährliche Einschmuggeln von Waffen ins Ghetto aus Waffenlagern der Nazis und der litauischen Polizei. Tragischerweise wurde ein 16-jähriger Junge beim Diebstahl von Zündern und Munition erwischt und schwer verwundet der Gestapo überstellt. Er überlebte die Verhöre nicht, verriet aber nichts und blieb das einzige Opfer. Bis September 1943 konnte die FPO für alle 300

Mitglieder Waffen besorgen, überwiegend Revolver. Außerdem betrieb die FPO Aufklärungsarbeit über einen illegalen Radiosender und gemeinsam mit der polnischen Kommunistengruppe eine Untergrundpresse, die die einheimische Bevölkerung zum Kampf gegen die Deutschen, zu Sabotage und zur Verweigerung von Zwangsarbeit in Deutschland aufrief. Bei Sabotageakten gingen FPO-Mitglieder so vorsichtig vor, dass die Verursacher nie entdeckt wurden. Neben der FPO entwickelte sich unter Yechiel Scheinbaum eine weitere jüdische Kampfgruppe, die sich anders als die FPO auf den Guerillakampf in den Wäldern vorbereitete und von Ghettopolizeichef Gens unterstützt wurde.

Im Ghetto rechnete man damit, dass nach dem Ablauf der Gültigkeit der gelben Arbeitsbescheinigungen im März 1942 das Ghetto von den Deutschen liquidiert werden könnte. Doch es kam anders: Die Scheine wurden erst einmal bis Ende April verlängert, denn die Arbeitsjuden der Ghettos wurden noch dringend gebraucht, zumal der fehlgeschlagene „Blitzkrieg" gegen die Sowjetunion den Arbeitskräftemangel in Deutschland immer deutlicher hervortreten ließ. Infolgedessen intensivierte der GBA Sauckel die Rekrutierung von Zwangsarbeitern in den Ostgebieten. Die litauischen Behörden verschickten z.B. in der ersten Aprilhälfte 4.200 Personen, überwiegend Polen, um Litauer zu schützen, aus Wilna und Umgebung zur Zwangsarbeit nach Deutschland, was die Ressentiments der Bevölkerung gegen die Deutschen verstärkte. Der Abzug dieser Kräfte nach Deutschland und die geringen Kosten jüdischer Arbeit, die den deutschen Behörden zudem noch Abgaben der Arbeitgeber der Juden[53] eintrug, veranlasste die deutschen Behörden, das Ghetto weiterhin aufrechtzuerhalten. Statt der Auflösung der litauischen Ghettos wurde die Vernichtung der bis dahin verschonten Juden in Weißrussland beschlossen.

Konsolidierungsphase

Die Entwicklung zum Arbeitsghetto Wilna

Die neue Ära des Arbeitsghettos wurde von Murer mit einem überarbeiteten Lohndekret für Juden vom 7.4.42 eingeleitet: Männliche Arbeitskräfte über 16 Jahre sollten 0,15 Mark pro Stunde, weibliche über

16 Jahre 0,12 Mark und Jugendliche unter 16 Jahren 0,10 Mark pro Stunde erhalten. Somit sollen Juden etwa ein Drittel des Lohnes von Nichtjuden bekommen. Für einen Teller Suppe durfte der Arbeitgeber 0,30 Mark vom Lohn abziehen.[54] Die neuen Arbeitsberechtigungsscheine, die im April 1942 ausgestellt wurden, waren zeitlich nicht begrenzt und wurden an jeden Arbeitswilligen ausgegeben. Auf diese Weise bekamen die Deutschen auch einen Überblick über die tatsächlich vorhandenen Arbeitskräfte. Sowohl die neuen Scheine als auch die Bombardierungen des Wilnaer Gebiets im März 1942 durch die Sowjets ließen die Hoffnung im Ghetto steigen.

Ähnlich wie im selben Jahr auch in Lodz propagierte der Judenrat in Wilna das Konzept „Überleben durch Arbeit", mit dem man den Deutschen die Leistungsfähigkeit des Ghettos vor Augen führen wollte. Die zentrale Figur des Judenrats war zwar der von den Deutschen als Vorsitzender eingesetzte assimilierte Jude Fried, doch bevorzugte Murer, wie eine Direktive vom 29.4.42 belegt, den charismatischen und militärisch auftretenden Ghettopolizeichef Gens, der seinen Einfluss im Ghetto bei den politischen Gruppierungen und den Freiberuflern auszubauen suchte. Für diese Zielgruppen richtete er einen „politischen Club" ein, in dem Vorträge und anschließende Diskussionen stattfanden. Im Februar 1942 wurde mit Billigung der deutschen Verwaltung ein Justizsystem eingeführt, das bei Streitigkeiten im Ghetto aktiv wurde und dessen Entscheidungen von der jüdischen Polizei durchgesetzt wurden.

Eine spezielle Polizeieinheit wurde „Arbeitspolizei" genannt und musste im Auftrag der Arbeitsverwaltung des Judenrats, die wiederum dem deutschen Arbeitsamt unterstand, dafür sorgen, dass die Arbeitspflicht durchgesetzt wurde, notfalls unter Zwang. Hatten bis 1941 ungefähr 3.000 Personen in ca. 190 militärischen und zivilen Fabriken außerhalb des Ghettos und ca. 1.000 für die vielfältigen Aufgaben des Judenrats[55] innerhalb des Ghettos gearbeitet, so gab es noch etwa 10.000 Personen, überwiegend Frauen und Jugendliche, die noch nicht in diesen Arbeitskreislauf eingebunden waren. Diese sollten zunehmend darin integriert werden. An der Spitze des Ghetto-Arbeitsamtes stand A. Braude, ein Vertrauter von Gens, der nun eine zentrale Rolle im Leben des Ghettos spielte und in seinem Handlungsspielraum vom Judenrat unabhängig wurde. Er veranlasste am 30.4.42, dass kräftige Männer, die beim Judenrat beschäftigt waren, abgezogen und durch

Frauen oder körperlich schwache Männer ersetzt wurden, um erstere außerhalb des Ghettos für die von den Deutschen nachgefragten körperlich schweren Arbeiten einsetzen zu können und die Zahl der außerhalb des Ghettos Beschäftigten zu erhöhen. Es ist durchaus vorstellbar, dass die gebildete Nelli, Efims Ehefrau, für entsprechende Aufgaben beim Judenrat herangezogen wurde.

Unter den für die Deutschen Arbeitenden hatte sich längst eine gewisse Hierarchie herausgebildet, die den Brigadiers oder Vorarbeitern sowie den Kolonnenführern, die die Arbeiterschichten größerer Betriebe vom Ghetto und zurück begleiteten, eine Sonderstellung einräumten. Die Brigadiers mussten als Sprecher der jeweiligen Arbeitsgruppe die Sprache der Arbeitgeber, d.h. Deutsch bzw. Litauisch, beherrschen. Von ihrem Charakter und Geschick hing es ab, ob sie ihre hervorgehobene Stellung zugunsten der ihnen unterstellten Arbeiter etwa in Bezug auf verbesserte Verpflegung, verbesserte Arbeits- oder Wohnbedingungen nutzten oder nur für ihren persönlichen Vorteil. Bei einem Präzedenzfall wurde ein einflussreicher Brigadier, der sich unrechtmäßig Lebensmittel aneignete, wie eine polizeilich angeordnete Hausdurchsuchung ergab, von Polizeichef Gens entlassen, was dessen Machtstellung auch gegenüber den Brigadiers stärkte. Dem entlassenen Schneiderbrigadier waren 200 für die Wehrmacht arbeitende Fachkräfte unterstellt gewesen, vielleicht auch Efims in diesem Gewerbe tätige Schwestern. Für Streitfälle zwischen Arbeitskollegen sowie zwischen Arbeitern und ihren Brigadiers wurde eine Schlichtungsstelle eingerichtet.

Der Kampf gegen den Hunger

Die Frage der Lebensmittelversorgung spielte im Ghetto eine zentrale Rolle, war sie doch von den deutschen Besatzern an den Arbeitsplatz gebunden worden. Lebensmittelkarten hatten nur Inhaber von Arbeitsbescheinigungen und die den Juden zugestandenen Rationen betrugen weniger als die Hälfte der für Nichtjuden vorgesehenen. Ein Jude musste mit 650 g Brot pro Woche zurechtkommen sowie mit geringfügigen Anteilen von Hafergrütze, Mehl, Zucker und Fleisch. Lag diese Zuteilung schon deutlich unter dem Existenzminimum, so musste der Judenrat die Rationen noch strecken, um allen Ghettobewohnern etwas zukommen zu lassen. Durch das Ernährungsamt des Judenrats, aber auch durch außerhalb des Ghettos Beschäftigte und schließlich durch professionelle Schmuggler gelangten zusätzlich Lebensmittel illegal ins Ghetto. Denn, so die Zeitzeugin Schoschana Rabinovici: „Die kärglichen Mahlzeiten, die wir aus der Hand des Judenrats empfingen, reichten nicht zum Leben."[56] Wurden Schmuggler bei den Kontrollen am Ghettotor erwischt, drohten ihnen empfindliche Strafen bis hin zur Todesstrafe. Wurden diese Kontrollen gelockert, fielen die Preise im Ghetto, wurden sie verstärkt, etwa wenn Murer persönlich am Tor auftauchte, so stiegen die Preise wieder. Kein Wunder, dass versucht wurde, den Schmuggel durch das Ghettotor zu umgehen und neue Wege zu finden. Schoschana berichtet: „So kamen Lebensmittel ins Ghetto über die Dächer und durch die Rohre der Kanalisation, so wurden Menschen aus dem Ghetto ausgeschmuggelt und auf dem gleichen Weg kamen Waffen für die Untergrundorganisation herein."[57] Die Ghettobewohner bezahlten eingeschmuggelte Waren mit Geld oder Wertsachen, die sie noch ins Ghetto hatten hineinbringen können. Doch diese erschöpften sich natürlich zusehends.

Im Mai 1942 erreichte Gens eine Vereinbarung mit der deutschen Verwaltung, dass die Juden außerhalb des Ghettos deponiertes Eigentum auflisten sollten und davon die Hälfte bekommen würden gegen die Überführung der anderen Hälfte an die deutschen Behörden.[58] Doch wer keine entsprechenden Außenstände hatte, hungerte weiter.

Für die Ärmsten richtete das Ernährungsamt des Judenrats vier öffentliche Küchen ein, eine davon kosher, eine war armen Kindern vorbehalten. Unwillkürlich fragt man sich, ob Isaak zu ihnen gehörte oder ob die Familienclans der Komrasses sich besser über Wasser halten konnten. Die Küchen verteilten Mittagessen, teils auch Abendessen für einen geringen Unkostenbeitrag oder nach Vorlegung eines Vouchers des Wohlfahrtsamtes auch gratis. Der jüdische Journalist Grigorij Schur hält in seinen Aufzeichnungen fest: „Doch nicht allen werden diese Mahlzeiten zuteil, die im übrigen den Hunger kaum stillen konnten. Die Menschen waren unterernährt, ihre Bäuche blähten sich auf, und allmählich verhungerten sie."[59] Arad bilanziert[60]: „In der ersten Hälfte des Jahres 1942 stieg die Zahl der Mahlzeiten, die die öffentlichen Küchen ausgaben, an und spiegelte das Anwachsen der bedürftigen Ghettobewohner und deren wirtschaftlichen Niedergang." Für die Unterstützung dieses Prekariats, von den freien Mahlzeiten über finanzielle Zuwendungen, freie medizinische Versorgung bis zur Freistellung von Mietzahlungen, musste das Sozial- und Wohlfahrtsamt 22% der Einkünfte des Judenrats in der ersten Hälfte des Jahres 1942 aufwenden.[61]

Auch an die Versorgung der innerhalb des Ghettos in Werkstätten Beschäftigten[62], deren Arbeit leichter war als außerhalb, musste gedacht werden. Zu diesem Zweck wurden Kooperativen wie für die Bediensteten der Polizei, des Krankenhauses, der jüdischen Verwaltung eingerichtet, die vom Judenrat mit Darlehen unterstützt wurden. Für die jüdischen Schwerarbeiter verbesserte sich die Lage in der 2. Hälfte des Jahres 1942, als die Deutschen, um die jüdische Arbeitskraft so intensiv wie möglich zu nutzen, ihre Brotrationen denen nichtjüdischer Arbeiter anglichen. Ende Oktober 1942 richtete Gens eine sogenannte „Winterhilfe" ein und organisierte Kleidersammlungen für die Bedürftigen. Dank der Anstrengungen des Judenrats, der Polizei und der Sozialhilfeeinrichtungen gab es – wie Arad[63] bilanziert – im Wilnaer Ghetto keinen Todesfall infolge von Hunger und Kälte. Im Ghetto Lodz sah das ganz anders aus. Wie oben erwähnt, legen Schurs Aufzeichnungen eine weniger optimistische Bilanz nahe.

Der Gesundheitsdienst

Die unzureichende Ernährung der Ghettobewohner hatte natürlich auch Auswirkungen auf ihre gesundheitliche Entwicklung, insbesondere die der Kinder. Schoschana, 1942 erst zehn Jahre alt, schreibt über gesundheitliche Probleme, die sie und ihre Mitschüler der heimlich im Ghetto errichteten Schule damals betrafen:[64] „Fast alle Kinder der Schule litten damals an schmerzhaften eitrigen Geschwüren, was auf den Mangel an Nahrung und Vitaminen zurückgeführt wurde. Auch ich hatte Geschwüre, vor allem um den Mund herum. Meine Lippen taten weh, und ich konnte nichts Festes essen. Etwa um diese Zeit wurden im Ghetto Erste-Hilfe-Stationen eingerichtet. Medikamente gab es zwar nicht, aber wir Kinder mit Geschwüren erhielten dort täglich ein Getränk, das aus in heißem Wasser gelöster Hefe bestand. Eine abstoßende Mischung, die scharf roch. Doch da ich immer hungrig war, gewöhnte ich mich bald an diese Medizin." Offensichtlich tat sie ihre Wirkung. Von Isaak sind keine Krankheiten aus der Ghettozeit bekannt.

Neben der Mangelernährung, die die Gesundheit beeinträchtigte, machten auch die beengten Wohnverhältnisse, die die Entstehung von Feuchtigkeit und Schimmel begünstigten, die Ansammlung großer Müllmengen, die Ungeziefer anlockten, eine überforderte Kanalisation und die sanitären Mängel in dem Altstadtviertel insgesamt einen gut funktionierenden Gesundheitsdienst erforderlich, um die Ausbreitung von Krankheiten und die Entstehung von Epidemien zu bekämpfen. Alle Zeitzeugen loben dessen erfolgreiche Arbeit und sein ausgeklügeltes Hygienekonzept.

Für die Errichtung des Hospitals konnte das Gelände des früheren jüdischen Krankenhauses genutzt werden, das innerhalb des Ghettos lag. Außerdem verfügte der Gesundheitsdienst über eine Klinik und eine epidemiologische Abteilung, deren vordringliche Aufgabe war, Epidemien vorzubeugen und für Sauberkeit und hygienische Bedingungen in den Straßen und Häusern zu sorgen. Dazu wurde das Ghetto in mehrere Zonen aufgeteilt, für die je ein Arzt und ein Pflegeteam verantwortlich war. Für jedes Haus wurde eine Frau bestimmt, die die Sauberkeit dort kontrollierte. Eine umfangreiche Aufklärungsarbeit der Bevölkerung sowie die strenge Überwachung der Hygiene in öffentlichen Küchen und Bäckereien ergänzte diese Bemühungen. Eine Impfstation gegen Krätze sollte der Ausbreitung dieser Krankheit im Ghetto vorbeugen. Man war sich bewusst, dass die Ausbreitung ansteckender Krankheiten die Existenz des ganzen Ghettos gefährden könnte. Die Einrichtung von sogenannten „Teehäusern", in denen man abgekochtes Wasser für ein symbolisches Entgelt bekommen und nach Hause bringen konnte, diente ebenfalls der Erhaltung der Gesundheit. Natürlich wird man hauptsächlich Kinder hierher geschickt haben. Bei welcher Küche Isaak sich wohl angestellt haben mag? Wer krank wurde, konnte täglich rund um die Uhr medizinische Hilfe in Anspruch nehmen. In der Klinik arbeiteten sowohl Allgemeinmediziner als auch Spezialisten sowie Zahnärzte. Das Klinikpersonal machte zudem Hausbesuche. Anfangs war die Inanspruchnahme kostenlos, später mussten die Patienten eine symbolische Gebühr entrichten.

Arad berichtet[65] von einer interessanten Maßnahme, die die Vernachlässigung der persönlichen Hygiene unter den Ghettobedingungen verhindern sollte: Jeder Ghettobewohner musste mindestens einmal pro Monat eines der beiden öffentlichen Bäder aufsuchen und den Besuch abstempeln lassen. Ohne diesen Stempel gab es keine monatliche Lebensmittelkarte. Schoschanas Bericht über einen Badehausbesuch lag offenbar vor der Einführung der Badepflicht: „In den Wohnungen konnte man sich lediglich mit Hilfe einer Schüssel mit kaltem Wasser waschen, und das auch nur in einem überfüllten Zimmer. Deshalb freute ich mich, als es meiner Mutter gelang, einige Badeerlaubnisscheine zu bekommen … An einem Sonntagmorgen zogen wir zusammen mit einer Gruppe Frauen los und betraten das Badehaus. Meine Mutter wandte sich sofort zu den Einzelbädern. Die meisten Frauen wuschen sich im großen öffentlichen Raum, doch diesmal bezahlte meine Mutter viel Geld für … [die] Einzelkabinen … Wir hatten eine halbe Stunde für das Baden."[66]

Insgesamt arbeitete das Gesundheitssystem im Ghetto sehr effektiv, was auch ein Vergleich der Sterblichkeitsrate zeigt, die zwar höher als in der Vorkriegszeit, aber wesentlich geringer als im Warschauer Ghetto[67] oder im Lodzer Ghetto war.

Ein Sonderfall, für den medizinische Hilfe benötigt wurde, betraf die Komrasses im Frühjahr 1942. Ungefähr Mitte 1941 um die Zeit des deutschen Überfalls auf die Sowjetunion und die Besetzung Wilnas durch die deutsche Wehrmacht war Nelli schwanger geworden. Nun stand nach fünfjähriger Ehe die Geburt ihres ersten Kindes bevor. Doch dieses freudige Ereignis wurde von Direktiven der Deutschen überschattet, die jüdischen Nachwuchs verhindern sollten. Am 5. Februar 1942 wurde ein Dekret erlassen[68], das Juden verbot sich fortzupflanzen. Dem Judenrat und dem Direktor des Ghettokrankenhauses wurde diesbezüglich eine mündliche Anweisung durch die Gestapo erteilt. Was mit bereits geborenen Säuglingen zu geschehen habe, wurde nicht erwähnt, doch sollte der Befehl Schwangere zur Abtreibung ermutigen und Frauen von einer Schwangerschaft abschrecken. Welche Bestürzung, Angst und Verzweiflung diese Verordnung unter den Schwangeren und ihren Familien auslöste, erfahren wir durch Schoschana Rabinovici, deren Tante Chasia im Ghetto schwanger wurde: „Schwangere Frauen hatten mit strengsten Bestrafungen zu rechnen, und daher versuchten alle [Mitglieder der Großfamilie], Chasias Schwangerschaft geheim zu halten und einen Weg zu finden, sie zu beenden. Chasia wollte das Kind und weinte sich die Seele aus dem Leib. Schließlich sah sie ein, dass sie die Schwangerschaft beenden musste. Es gab jedoch keinerlei Möglichkeit, sich an einen Arzt zu wenden. Die Ärzte im Ghetto hatten weder einen Raum noch die nötigen Instrumente, um Schwangerschaftsabbrüche auszuführen, daher suchten die Frauen der Familie nach einem anderen Weg, Chasia zu helfen."[69] Eine Frau, die im Badehaus arbeitete, nahm, wie es scheint ziemlich dilettantisch, die Abtreibung vor. Glücklicherweise überlebte Schoschanas Tante den Eingriff. Offenbar war Nelli besser informiert bzw. verfügte über entsprechende Kontakte und wusste, dass es in der gynäkologischen Abteilung des Ghettokrankenhauses eine geheime Entbindungsstation gab. Die Neugeborenen wurden in einer Maline innerhalb des Krankenhauses versteckt, wo die Mütter ihre Babys stillen konnten. Wenn die Kinder heranwuchsen, wurden sie in den Büros des Judenrats nachträglich registriert, wobei ihr Geburtsdatum vor das Datum der Verordnung des jüdischen Schwangerschaftsverbots verlegt wurde[70], um Mutter und Kind zu schützen. Auf diese Weise muss es den Komrasses gelungen sein, den widrigen Umständen ihr Familienglück abzutrotzen und sich an ihrem Töchterchen zu erfreuen. Vielleicht übernahm Isaak ab und zu Babysitteraufgaben, um Nelli, nachdem sie die düstere Maline verlassen konnte, zu entlasten.

In der zweiten Hälfte des Jahres 1942 verschärften die Deutschen den Druck auf den Judenrat, durch eine Kampagne zur Geburtenkontrolle die Geburtenrate weiter einzudämmen und im Krankenhaus Schwangerschaftsabbrüche durchführen zu lassen. In der Folge sank die Zahl der Geburten im Ghetto, sie unterblieben aber nicht gänzlich.[71]

Erziehung und kulturelles Leben im Ghetto

Obwohl das Ghetto ein für Außenstehende durch Mauern und Zäune verschlossener städtischer Bereich war, gelang es doch einzelnen, z. B. durch Bestechung der Ghettowachen, Zutritt zu bekommen und ihre überraschenden Eindrücke vom explosionsartig aufblühenden kulturellen Leben zu übermitteln, das sich nach dem Ende der Aktionen entfalten konnte, bis das Ghetto liquidiert wurde. Die Halbjüdin deutscher Herkunft, Helene Holzman, eine Malerin, Buchhändlerin und Lehrerin aus Kaunas, erzählt: „Es war unbeschreiblich, was dort [im Ghetto Wilna] im Laufe eines Jahres geschaffen worden war. Die Ghettopolizei sorgte mit großer Strenge für peinliche Sauberkeit auf den Straßen, in den Höfen und Häusern. In den Werkstätten wurden handwerkliche Meisterwerke geschaffen. Ich sah kunstgewerbliche Entwürfe und Kleider und Hutmodelle, die die anspruchsvollsten Großstädte befriedigt hätten, und die deutschen Herren und Damen schöpften die Gelegenheit bis zum Grunde aus, um sich und ihr Haus damit zu schmücken ... Im Laufe des Frühlings und Sommers hatte man die Schutthaufen abgetragen, Plätze geebnet und in blühende Anlagen verwandelt. Es wurden Vorträge gehalten, Sportfeste und Konzerte gegeben ..."[72]

Von Anfang an hatte man die Kinder im Blick. Insgeheim wurden unmittelbar nach der Errichtung des Ghettos Schulen eröffnet, der Unterricht aber infolge der Mordaktionen unterbrochen und erst Ende November 1941 wieder aufgenommen. Schoschana erinnert sich: „Ich ging in die 3. Klasse. Der Unterricht fand auf Jiddisch statt. Ich liebte die Schule und lernte eifrig. Es wurde sehr viel auswendig gelernt, da wir weder genügend Hefte noch Lehrbücher besaßen. Wenn SS-Männer oder litauische Polizisten in die Nähe kamen, fingen wir sofort an zu singen oder zu spielen, damit sie ja nicht entdeckten, dass im Ghetto gelernt wurde."[73]

Für Schüler von 5 – 12 Jahren gab es zwei Elementarschulen mit 700 bis 900 Kindern. Außerdem wurde für eine kleine Gruppe eine religiöse Schule eingerichtet. Die Mittelschule umfasste vier Klassenstufen mit etwa 100 Schülern. Vermutlich wurde sie von Isaak Komras und auch von Yitzchak Rudashevski besucht. Der Journalist Schur erwähnt, dass für ältere Kinder, die bereits das Gymnasium besucht hatten, zusätzliche Kurse angeboten wurden.[74] An diesen könnten sowohl Isaak als auch Yitzchak Interesse gezeigt haben. Letzterer war besonders an Geschichte und Literatur interessiert, wofür schon in seinem Elternhaus die Grundlagen gelegt wurden. In Literaturklubs konnte er auch eigene Texte lesen, fand Anerkennung und gewann wichtige Rückmeldungen und Anregungen von seinem Freundeskreis. Er beteiligte sich an der Dokumentation des Ghettoalltags, führte Interviews mit Ghettobewohnern und half mündlich Überliefertes zu dokumentieren. Dieser Teil seines Alltags, der seiner ausgeprägten Begabung Rechnung trug, wurde allerdings durch die Ghettobedingungen auch dahingehend eingeschränkt, dass er seine Eltern, die beide ganztägig zu arbeiten hatten, im Haushalt entlasten musste. Er erklärt: „Ich habe kochen gelernt, die Böden zu wischen und verbrachte damit meine

Tage."[75] Ähnlich wird es Isaak ergangen sein. Nach dem Unterricht, in dem auf Drängen der Zionisten schwerpunktmäßig die Geschichte und Geographie von Eretz Israel berücksichtigt wurde, wird auch er zu Hausarbeiten herangezogen worden sein und anschließend seinen Interessen mit Freunden nachgegangen sein.

Es gab viele Jugendliche im Alter von 9 bis 15 Jahren, deren Eltern bei den Aktionen ermordet wurden und die in dem für die Jüngeren eingerichteten Waisenhaus keinen Platz fanden, infolgedessen im Ghetto herumstreunten, sich zu Banden zusammenschlossen und jugendliche Straftaten begingen. Dadurch wurde die Ghettopolizei auf sie aufmerksam und versuchte, für sie angemessene Arbeitsplätze zu finden. So wurden sie der Transportbrigade eines Polizeibeamten unterstellt. Mit Dutzenden von Schubkarren übernahmen sie alle Transporte im Ghetto und wurden eine wohlorganisierte und kompetente Gruppe, die sich als sehr nützlich erwies. Bezahlt wurden sie mit Lebensmitteln und Kleidung. Eine Art Jugendamt überwachte sie und kontrollierte ihre Unterkünfte.

Für kleine Kinder im Vorschulalter, deren Eltern beide außerhalb des Ghettos arbeiteten, wurden Kitas und Kindergärten eingerichtet.

Die Kulturschaffenden boten allen Altersgruppen – von Kindern über Jugendliche bis zu den Erwachsenen – in verschiedenen Bereichen wie Musik, Theater, Sport usw. Veranstaltungen an, die sie über den tristen Alltag erheben konnten. Allerdings blieb das Angebot nicht unumstritten. Der Bund, Poalei Zion, eine linksorientierte zionistische Gruppierung, und andere Kreise fanden z.B. Konzerte in der „Friedhofsatmosphäre" des Ghettos unpassend, akzeptierten sie aber, als sie sahen, wie groß das Interesse der Ghettobewohner daran war.

Schon Kinder wie Schoschana freuten sich, im Kinderchor mitwirken zu dürfen: „Wir sangen unter der Leitung des Lehrers Opeskin, und während der Aufführung wurden wir von dem bekannten Dirigenten Slep dirigiert."[76] Auch für Erwachsene gab es Chöre. Um ein Sinfonieorchester aufbauen zu können, mussten Musikinstrumente registriert und dem Orchester zur Verfügung gestellt werden. Das 1. Konzert fand am 18.1.42 statt und wurde von Gens und der Ghettopolizei gesponsert.[77] Schur verweist darauf, dass die Deutschen den Juden ermöglichten, bei der Umsiedlung ins Ghetto in ihren Wohnungen zurückgelassene Instrumente und Noten zurückzubekommen.[78] Helene Holzman erwähnt, dass unter Durmaschkins Leitung der Schlusssatz von Beethovens Neunter Sinfonie mit deutschem Text gesungen wurde, der den jüdischen Dichter Perez zu einem Gedicht angeregt hatte.[79] Simas Hinweis, Bruno Kittel habe den Befehl gegeben, zu seiner eigenen Unterhaltung ein jüdisches Theater und Orchester im Ghetto zu gründen, muss insofern korrigiert werden, als dieser erst im Juni 1943 nach Wilna kam und dort Murer und Weiss ablöste. Oschaf Kittel war ausgebildeter Schauspieler und Sänger, er spielte Saxophon und Klavier und sein Interesse an beiden Einrichtungen ist durchaus nachvollziehbar. Sima schreibt: „Er brachte sogar sein eigenes Saxophon und spielte im jüdischen Orchester mit."[80] Für dieses dürfte seine Anwesenheit kaum entspannend gewesen sein. Bei der Liquidierung des Ghettos soll Bruno Kittel einer anderen Quelle zufolge seine Musikliebhaberei und kaltblütige Grausamkeit in einer schizophren anmutenden Szene demonstriert haben: Beim Klavierspielen erschoss er mit der rechten Hand einen jüdischen Jungen, der um Gnade flehte, während er mit der linken Hand ungerührt weiterspielte.[81]

Lange vor seiner Abordnung nach Wilna gab es im Ghetto auch eine Musikschule, die von 100 Schülern besucht wurde, und ein Marionettentheater für Kinder. Für Sima hatten die Theateraufführungen ebenso wie die Besuche ihres Jugendklubs große Bedeutung: „Wir trafen uns, wann immer wir konnten, in einer alten, heruntergekommenen Wohnung in einer kleinen schmalen Straße – Lehrer, Schauspieler, Sänger, Freunde. Diese Treffen gaben uns die Kraft, weiterzumachen. Wir entflohen für einige Stunden der schrecklichen Realität ... und fanden Nahrung für unsern Geist."[82]

Dieser fand Anregung natürlich auch in der ca. 45.000 Bücher umfassenden öffentlichen Bücherei, deren Lesesaal im Sommer 1942 von ca. 5.000 monatlich bezahlenden Besuchern genutzt wurde, und die auch eine Buchhandlung und ein Archiv beherbergte.[83] Lesematerial war außerdem in den Erziehungseinrichtungen und Jugendklubs vorhanden. Y. Rudashevski konstatiert: „Das Lesen von Büchern ist das größte Vergnügen für mich im Ghetto. Das Buch verbindet uns mit der Zukunft, das Buch verbindet uns mit der Welt."[84] Selbst Tages- und Wochenzeitungen konnten an einem illegalen Zeitungskiosk erworben werden. „Wenn sich einer [der Deutschen] nahte, wurde die ganze Zeitungspracht von einer verfallenden Bretterwand zugedeckt, der man nicht ansah, was sich hinter ihr verbarg."[85]

Für praktizierende Juden spielte das religiöse Leben auch unter den Ghettoeinschränkungen eine wichtige Rolle. Soweit Sabbate und Feiertage nicht auf einen Arbeitstag fielen, besuchten die Gläubigen in großer Zahl die drei Synagogen im Ghetto, schickten ihre Kinder in die religiöse Schule, buken Matzen für Pessach usw. Die Massaker an den Juden beeinflussten ihr Gottvertrauen nicht; umgekehrt wandten sich säkulare Juden infolge der deutschen Verbrechen nicht dem Glauben der Väter zu und wurden fromm, wie Arad beobachtet[86]. Obwohl selbst nicht religiös, beschreibt Y. Rudashevski das Festhalten an den religiösen Ritualen, zumal an Feiertagen, als etwas Tröstliches, gegen das die Deutschen mit dem Verlegen der Aktionen auf jüdische Feiertage demonstrativ vorgehen und doch nicht obsiegen konnten. Rudashevski beschreibt seine Eindrücke an Rosh Hashana, dem jüdischen Neujahrstag: „Die Straßen sind belebt. Dem Feiertag zu Ehren haben sich die Leute fein gemacht ... In jedem Haus, das man betritt, wurde die Armut weggeschrubbt. Früher hätte mich das nicht beeindruckt. Jetzt hingegen empfinde ich es als angenehm, weil das graue Alltagseinerlei dringend ein wenig von dem Festtagsgeist braucht, der für eine Weile die graue Banalität unterbricht."[87]

Neben den geistigen Beschäftigungen brauchten die eingeengt lebenden Menschen, insbesondere Kinder und Jugendliche sowie Erwachsene mit sitzender Beschäftigung, Möglichkeiten der körperlichen Bewegung. So wurde ein Sportverein gegründet, dem einige hundert Menschen beitraten und der verschiedene Sportarten organisierte. Sein Spielfeld wurde mit einem Festakt – ausgerechnet an Isaaks 14. Geburtstag – am 10.6.1942 eingeweiht. Vielleicht wurde Isaak gerade an diesem Tag Mitglied des Vereins. Der damals 54-jährige Journalist Schur gibt seinem Erstaunen über diesen Sportplatz Ausdruck: „Im Hof des Hauses an der Straschunstraße 6 wurde der alte Fleischmarkt abgerissen und der Boden geebnet. Pfosten und Netze wurden aufgestellt, und so verwandelte sich der alte Hof in einen weitläufigen sauberen Sportplatz. Hierher kamen täglich junge Männer und Frauen, um zu turnen oder Wettkämpfe abzuhalten. Man wollte seinen Augen nicht trauen und ausrufen: ‚Ist das ein Traum oder ist es wahr?' Angesichts des paradoxen Geschehens konnte man gleichzeitig lachen und weinen. Wer weiß, vielleicht haben jene recht, die so leben, als gebe es den Alptraum um sie herum nicht ..."[88]

Das Arbeitsghetto unter der Leitung von Gens

Schien also das Leben im Ghetto 1942 wieder einen Hauch Normalität zurückzugewinnen, so rückte schnell die intensivierte Ausbeutung der Arbeitskräfte in den Vordergrund. Eingeleitet wurde diese Entwicklung durch die von den Deutschen angeordnete Auflösung des Judenrats am 17.7.42 und die Einsetzung von Gens als „Repräsentant des Ghettos." Er sollte mit Fried, zuständig für die Verwaltung, und Dessler, zuständig für die Polizei, das Arbeitspotenzial des Ghettos vergrößern. Dafür wurden ihm ein paar Häuser zugestanden, die in den Ghettobezirk integriert wurden. Unterstützt wurde Gens nach der Auflösung des Judenrats durch die Brigadiers, die ein wichtiger Ansprechpartner wurden und auch Botschaften an den Deutschen vorbei übermitteln konnten.

Die Anforderung jüdischer Arbeitskräfte durch die Deutschen wuchs, so dass 1942 zum einen vermehrt Juden für schwere Arbeiten wie Torf stechen und Bäume fällen in Arbeitslager gebracht wurden, die von der Ghettoverwaltung betreut wurden. Die Lebensmittelversorgung dieser Schwerarbeiter war besser als im Ghetto. Dort wurde zum anderen die Zahl der ursprünglich vom Judenrat für Instandsetzungsarbeiten im Ghetto eingerichteten Werkstätten stark ausgebaut, um die Aufträge der deutschen Verwaltung ausführen zu können. Sima arbeitete z.B. „in einer Werkstatt, die deutsche Uniformen nähte und ausbesserte, die an der Front beschädigt worden waren. Man hatte sie den Toten und Verwundeten abgenommen."[89] Dabei wurde ihr klar: „Sie töten nicht nur uns, sondern kommen selber in diesem furchtbaren Krieg, den sie begonnen haben, um."[90]

Arbeiteten im Dezember 1942 noch 759 Personen in den Werkstätten, so waren es im Mai/Juni 1943 bereits 3.000. Unter ihnen waren auch Juden, die aus den im Mai und Juni aufgelösten kleinen Ghettos des Umlands ins Wilnaer Ghetto gekommen waren und das Arbeitskräftepotenzial vergrößerten. Ende des Jahres 1942 wurden zwar die Löhne erhöht, ausbezahlt wurde den Juden aber nur die Hälfte des Lohns[91], die andere Hälfte floss an den Gebietskommissar, der auf diese Weise satte Profite einstrich. Gleichzeitig wurde zu Lasten der Arbeiter die tägliche Arbeitszeit von 8 auf 10 Stunden erhöht. Gens strebte in den Sommermonaten 1943 eine Gesamtzahl von 16.000 Arbeitern aus einer Bevölkerungszahl von 21.000 an. Der Frauenanteil an den Ar-

beitskräften wuchs auf mehr als ein Drittel an; zusätzlich wurden Kinder über 13 Jahren zur Arbeit herangezogen.
Am 16.5.1943 gab Gens bekannt: „Wir haben das Schulabschlussalter auf 13 Jahre gesenkt. Wir schneiden die Schüler vom Unterricht, ihren Lehrern und ihrer Kindheit ab und werfen sie in ein hartes Leben, um die Arbeiterschaft zu vergrößern." Und im Juni sagte er: „Arbeit im Allgemeinen und für die Wehrmacht im Besonderen ist das Gebot der Stunde."[92]
Für Isaak und Yitzchak bedeutete dieser radikale Schnitt einen entscheidenden Eingriff in ihre Lebensplanung, wie sie sich zumindest Yitzchak an seinem 15. Geburtstag noch nicht vorgestellt hatte. Er nimmt diesen Geburtstag zum Anlass, um Rückschau auf die am 10.12.42 schon über ein Jahr andauernde Ghettozeit zu halten, die er mit einem „ausgedehnten Morast" vergleicht, der einen mit Nichtigem aufhalten will. Doch will er nicht zulassen, dass die kostbare Lebenszeit so verrinnt. Er schreibt in sein Tagebuch: „Ich beschloss, meine Zeit im Ghetto nicht mit Nichtigkeiten zu verplempern und ich bin irgendwie glücklich, dass ich studieren, lesen, mich entwickeln kann … Ich möchte mein vergangenes Jahr wieder einfangen und es für später festhalten, für das neue Leben … ich lebe im Vertrauen auf die Zukunft."[93]
Ob sich Isaak in einer Ende Juli 1942 eingerichteten Berufsschule für einen Ausbildungslehrgang als Schlosser oder Elektriker anmeldete oder einen ab September 1942 angebotenen Kurs für Färben, Schreinern oder Bauen usw. besuchte, um durch eine handwerkliche Qualifizierung seine Zukunft ein wenig abzusichern, ist zwar nicht bekannt, doch lässt der spätere Eintrag „student"/Schüler auf seiner DP-Registrierungskarte und der letzte Eintrag „berufslos" auf seiner Sterbeurkunde darauf schließen, dass er 1942 und 1943 ebenso wie Y. Rudashevski weiterhin eine allgemeinbildende Schule besuchen wollte. Rudashevski überlegt sich Anfang Januar 1943 sehr gründlich, ob er sich für den neuen viermonatigen beruflichen Lehrgang, der jetzt von der Technikerschule im Ghetto angeboten wird, melden soll oder den eingeschlagenen Weg auf ein Studium hin weitergehen soll. Er sieht sehr klar, dass während des Krieges und der Besatzungsherrschaft ein praktischer Beruf vorteilhaft sein könnte, aber letztlich in die Tretmühle der Sklavenarbeit führen würde und er mit der Unterbrechung seines bisherigen Studiums seine Zukunft aufs Spiel setzen würde.

Das Festhalten an der Vorbereitung auf ein Universitätsstudium ist für ihn zugleich eine Art Protest gegen die Politik der Besatzer.[94] Die Besichtigung der Metall und Holz verarbeitenden Ghettobetriebe mit seiner Klasse Ende Januar 1943 mag wie eine Bestätigung seiner Entscheidung gegen eine handwerkliche Ausbildung gewirkt haben.[95]

Es ist anzunehmen, dass die Qualifizierungsangebote, die im Juni 1942 erfolgten, im Zusammenhang mit einer gegen Ältere und chronisch Kranke gerichteten Aktion vom 17.7.42 zu sehen sind, bei der beinahe 100 Personen von der jüdischen Polizei festgenommen und in ein Altenheim in einem nahegelegenen früheren Kurort gebracht wurden. Die meisten von ihnen wurden kurz darauf von Weiss und der litauischen Polizei in Ponar erschossen. Es gab Gerüchte, dass auch eine Aktion gegen Kinder geplant sei, die sich glücklicherweise nicht bestätigten. Gens äußerte einem ehemaligen Judenratsmitglied gegenüber, dass schon vor seiner Einsetzung als Ghettorepräsentant mehrere hundert Personen an die Deutschen ausgeliefert werden sollten und er nur unter Schwierigkeiten die Zahl auf 100 Betagte reduzieren konnte. Den Brigadiers vertraute Gens an, dass er der Forderung der Deutschen nach Auslieferung der Kinder nicht nachgegeben habe, dafür aber der Forderung nach Auslieferung von Alten und Kranken, die sich nicht mehr selbst versorgen konnten, nachgeben musste.

Die Auslöschung „unproduktiver Elemente" verbreitete Angst im Ghetto und erinnerte die Bewohner daran, dass sie nur durch Arbeit ein Lebensrecht hatten[96]. Wenige Wochen später, Anfang September 1942, sollte im Ghetto Lodz eine Vernichtungsaktion gegen Ältere und Kinder durchgeführt werden, um ein reines Arbeitsghetto zu erhalten. Es ist davon auszugehen, dass davon in Wilna nichts bekannt wurde. Dort ging das Leben, wie Arad nachweist, wie gewohnt weiter: „Am 18.7. wurde der Jugendklub mit seinen Musik-, Schauspiel- und Schachgruppen formell eröffnet." Die meisten Juden resignierten oder stimmten dem Verhandlungsergebnis von Gens zu. Schoschana dagegen betont, dass die betroffenen Familien die Strategie von Gens und seinem Polizeichef Dessler: „Gebt den Deutschen die verlangten Opfer, wählt selbst die Leute aus, die Alten und Kranken, die geopfert werden, um einen Teil des Volkes zu retten, besonders die Jungen und Starken" ablehnten[97] und reflektiert: „Wir dachten, wir hätten uns daran gewöhnt, dass so viele Menschen aus dem Ghetto verschwanden, aber wenn es einen Bekannten oder Familienmitglied betraf, war es doch ein Schlag."[98] Schon zuvor beschreibt sie rückblickend die Trauer aus dem Blickwinkel der Kinder. Sie selbst war 1942, wie erwähnt, zehn Jahre alt: „Wir Kinder vergaßen zu spielen, wir vergaßen zu lachen, waren traurig … immer hungrig und lernten, still zu leben und uns umzuschauen und den Gesprächen der Erwachsenen zu lauschen. Durch diese Gespräche erfuhren wir alles, was im Ghetto geschah. Schon lange hatten die Erwachsenen aufgehört, miteinander Russisch zu sprechen, damit wir nichts verstünden."[99]

Fragwürdige Einsätze außerhalb Wilnas

Mit der Annexion eines weißrussischen Grenzstreifens zugunsten des Generalkommissariats Litauen im März 1942 gerieten die dortigen jüdischen Ghettos ins Visier der deutschen Rassisten, die einen Teil liquidieren und die übrigen in wenigen Kleinstadtghettos konzentrieren wollten. Im Oktober 1942 beauftragten die Deutschen Gens mit der Organisierung der dortigen Ghettoverwaltungen. Das aus 4.000 Menschen bestehende Ghetto in Oshmyany sollte um 1.500 Frauen und Kinder verkleinert werden. Dazu forderte Weiss namens des SD 30 Wilnaer Ghettopolizisten an, die erst vor Ort in den Charakter ihres Selektionsauftrags eingeweiht wurden. Die FPO, die eine Auslöschungsaktion vermutete, schickte eine Emissärin nach Oshmyany, deren Warnung aber nicht geglaubt wurde. Gens gelang es, mit Hilfe von Bestechungsgeldern die Zahl der Opfer herabzudrücken und statt Frauen und Kindern 406 Alte und Kranke auszuliefern.[100] Im Wilnaer Ghetto rechtfertigt Gens den Deal, der auch vom Rabbi in Oshmyany gutgeheißen worden sei, und gibt seiner Bereitschaft Ausdruck, auch in weiteren Fällen seine Ghettopolizei zur Verfügung zu stellen trotz der furchtbaren Zwangslage, dass sie ihre Hände beschmutzen müssten. Denn ohne ihr Mitwirken wäre die Zahl der Opfer weitaus größer gewesen. Während die Strategie von Gens im Wilnaer Ghetto überwiegend gebilligt wurde, übten einige Intellektuelle Kritik daran, unter ihnen auch Gregorij Schur, der Gens einen „Diktator" nennt und für die jüdischen Polizisten Verachtung empfindet, die „sich ihren Mördern andienen … und glaubten, dass sie sich durch ihre Niedertracht und ihren Gehorsam das Leben retten würden"[101]. Am gleichen Tag wie Schur notiert der junge Rudashevski in Bezug auf die jüdische

Polizeitruppe: „Juden tauchen ihre Hände in die schmutzigste und blutigste Arbeit ... Wie groß ist unser Unglück, wie groß unsere Scham, unsere Demütigung! Juden helfen den Deutschen bei ihrem organisierten schrecklichen Werk der Vernichtung!"[102] Tags zuvor notiert er über die Ghettopolizisten: „Sie sind ... ein Fremdkörper im Ghetto geworden."[103] Er zeigt damit an, dass den Deutschen eine Spaltung der Ghettogemeinschaft gelungen ist, die ihren Zwecken dient.

Das Misstrauen gegen Gens, das durch die Oshmyany-Aktion entstand, wurde wenige Tage danach bei einem weiteren Einsatz, in dem ein anderes Kleinstadtghetto von Gens nach dem Wilnaer Muster reorganisiert werden sollte, aktenkundig. Der Leiter für Wohnungsangelegenheiten im Ghetto, Glazman, weigerte sich, Gens dorthin zu begleiten, da er eine weitere Auslöschungsaktion dahinter vermutete. Für seine Weigerung wurde er unverhältnismäßig bestraft mit zweimaliger Verhaftung, Amtsenthebung und zweiwöchigem Arbeitslager. Die FPO protestierte zwar gegen seine Festnahme, erreichte aber wenig. Glazmans Weigerung trug ihm im Ghetto allerdings großen Respekt ein.

Gens wollte die Diskussion über seinen Kurs den Deutschen gegenüber aus dem Ghetto heraushalten, wie er der Führungsebene der Ghettoverwaltung nach dem Oshmyany-Einsatz erklärt hatte[104], tatsächlich riss sie aber nicht ab und wurde sogar über die schulische Auseinandersetzung mit einem historischen Thema wieder hereingeholt, das frappierende Bezüge zur Gegenwart bot. Auf der Grundlage der Quellenarbeit im Unterrichtsfach jüdische Geschichte wurde von den Schülern ein fiktiver Prozess gegen Herodes entworfen und öffentlich vorgetragen. Darin verhandelten Ankläger, Verteidiger und Richter im Prinzip den Fall des Ghettokommandanten Gens. Rudashevski, der die Rolle des Anklägers übernommen hatte, berichtet, dass er Herodes eine doppelbödige Politik vorwarf, der die Rolle eines römischen Repräsentanten bzw. „Agenten" spielte. Sein Mitschüler, der die Verteidigung übernahm, wies dagegen auf dessen Verdienste zugunsten der jüdischen Bevölkerung hin. Dann wurde die Verhandlung für einen Expertenkreis aus Lehrern und Historikern geöffnet, der klären sollte, ob die Taten des Herodes im Interesse des jüdischen Volkes waren. Rudashevski bezeichnet die auf den Schuldspruch gegen Herodes folgende Diskussion, die bis in die Nacht anhielt, als den interessantesten Teil des Abends.[105] Unter den Zuhörern könnte sich sowohl der Schüler Isaak Komras als auch Efim und Nelli befunden haben, da ja beide Jura studiert hatten und an dem Thema möglicherweise auch interessiert waren.

Stabilität gerät ins Wanken

Im 1. Quartal des Jahres 1943 schwankt die Stimmung im Ghetto zwischen Hoffen und Bangen, zwischen Zuversicht und nackter Angst. Die Nachricht von der Niederlage in Stalingrad, die sich wie ein Lauffeuer im Ghetto verbreitet, nährt die Hoffnung auf eine nationalsozialistische Götterdämmerung. Das in diesem Licht Ende März gefeierte Purimfest, bei dem an den Sieg der Juden über den persischen Minister Haman erinnert wird, der ihnen nach dem Leben trachtete, erscheint wie eine Vorwegnahme oder Prophezeiung des endgültigen Sieges über die Nazis. Beim traditionellen Verzehr der „Hamantaschen" wünscht man sich, im nächsten Jahr „Hitlertaschen" essen zu können.[106]

Ermutigend wird auch das Anwachsen einer litauischen Opposition empfunden, die aus der Enttäuschung resultiert, dass die Deutschen zwar Litauer für die Armee rekrutieren wollen, aber deren Forderung nach Autonomie für Litauen ablehnen. Zudem sehen sich Litauer in östlichen Grenzgebieten von Deportationen als Zwangsarbeiter nach Deutschland bedroht, da die Deutschen auf diese Weise dort operierenden Partisanen die potentielle Unterstützung der einheimischen Bevölkerung entziehen wollen.
Andererseits wirft die wachsende politische Spannung in Litauen, die die Deutschen mit verschärftem Terror parieren, auch auf deren Auftreten im Ghetto zurück. Murer etwa, für seine brutalen Kontrollen am Ghettotor gefürchtet, erwischte am 14.1.43 die bekannte Sängerin L. Levitski, die Erbsen ins Ghetto schmuggelte.[107] Er ließ sie von der jüdischen Polizei auspeitschen und mit ihrem Begleiter ins Lukiszki-Gefängnis abführen, wo sie für die Gefangenen sang und vergeblich auf eine Freilassung infolge der Intervention ihrer Freunde hoffte. Sie und ihr Begleiter wurden wenig später erschossen. Ihr Tod erschütterte das Ghetto[108]. Ihr Mörder wird 1949 von Efim Komras vor Gericht benannt: „Ich habe selbst gehört, wie Weiß dem Kommandanten der

Ghettopolizei Dessler erzählte, er habe die Subliwitzka (fehlerhafte Schreibweise im Gerichtsprotokoll) erschossen."[109]
Doch nicht nur die Deutschen, sondern auch die jüdische Torwache verdüsterte durch ihre Brutalität die Stimmung im Ghetto, wie Y. Rudashevski am Beispiel eines ihm bekannten Jungen beschreibt. Er stammt aus einer großen Familie und schmuggelt zu deren Überleben täglich Kartoffeln, Mehl und andere Lebensmittel ins Ghetto. Die jüdische Polizei erwischt ihn, so Rudashevski am 1.1.43, und verpasst „dem kleinen, zerbrechlich wirkenden E. 25 Peitschenhiebe. Vier Polizisten hielten ihn fest und … der Kommandeur der Torwache persönlich schlug ihn so erbarmungslos, so mörderisch", dass der kleine, schwer geprügelte „Ernährer" der Familie nach Hause gebracht werden musste.[110]
Aufs Engste mit der Frage der Ernährung verknüpft ist die Frage des Arbeitsplatzes, die Anfang des Jahres 1943 in bestimmten Bereichen wieder akut wird, wie Rudashevski am 5.1. in einer bezeichnenden Momentaufnahme verdeutlicht:
„Zuhause breitet sich Unruhe aus, wird vernehmbar. In der Arbeitsgruppe ‚Schneiderstube' werden Leute entlassen. Vater ist auch davon bedroht. Die Arbeiter kommen verzweifelt von der Arbeitsstelle zurück, wo sich die Dinge jetzt in einem Aufruhr befinden. Die Leute rennen umher, betteln, nicht entlassen zu werden, versuchen Einfluss zu nehmen, suchen Protektion, betrügen, intrigieren. Man hört pausenlos nur noch von Entlassungen und Arbeitsbescheinigungen. Die Leute haben die Fähigkeit verloren, an etwas anderes zu denken. Jeder kämpft um seine eigene Existenz. Die Leute sind irgendwie so ‚billig' geworden, sie werfen sich weg. Sie sind zu Sklaven ihrer Arbeitsplätze geworden, und wenn sie entlassen werden, ist das der größte Schlag."[111]
Am 21.1.43 hält Y. Rudashevski lakonisch fest, dass sein Vater aus der Schneiderstube entlassen wurde und nun zu Hilfsarbeiten, zu einer „niederen Tätigkeit" herangezogen wird.
Zu diesem Zeitpunkt denkt noch niemand, dass im März die Arbeitsbescheinigungen durch Nummern und Ausweise ersetzt werden, die zu einer Zählung der Arbeitskräfte des Ghettos beitragen sollten, wobei über 60-jährige unberücksichtigt blieben. Die Verzweiflung der auf diese Weise vom künftigen Arbeitsprozess Ausgeschlossenen ist leicht nachvollziehbar. Wie viele versucht haben mögen, ihr Geburtsdatum

zu ändern, um doch noch eine Arbeitsbescheinigung zu bekommen, wissen wir nicht.

Die Angaben auf den neuen Ausweisen waren detaillierter als die auf den bisherigen Arbeitsbescheinigungen. Sie enthielten Vor- und Nachnamen, den Namen des Vaters, das Geburtsdatum, den Familienstand, die Haar- und Augenfarbe und die Fingerabdrücke. Übertragungen eines Ausweises auf eine andere Person waren dadurch kaum mehr möglich. Die Herabwürdigung zu einer Nummer geschah mittels eines Nummernschildes, das wie eine Hundemarke an einer Kette um den Hals getragen werden musste. Die Nummern standen auf einer runden Plakette mit dem Davidsstern im Zentrum sowie drei lateinischen Buchstaben in den Ecken: „W" für Wilna, „G" für Ghetto sowie die Geschlechtsangabe „M" für männlich und „F" für weiblich[112]. Als die neuen Ausweise und Nummern verteilt wurden, verbreiteten sich im Wilnaer Ghetto Gerüchte von bevorstehenden Liquidierungen der kleinen Ghettos in Wilna-Land sowie von Mordaktionen im Ghetto Grodno und verursachten Panik, erinnerten sie doch an die Berichte eines Augenzeugen aus einer weißrussischen Stadt, der Mitte Januar von den Massakern an den weißrussischen Juden berichtet hatte[113].

Yitzchak Rudashevski zieht seine eigenen Schlüsse aus den Nachrichten und schließt sich Ende Februar einer von einer Gymnasiallehrerin, die Mitglied der FPO ist, und einem Pionierkameraden angeführten illegalen Gruppe von Pionieren an, die aus 15 konspirativ agierenden Schülern besteht[114]. Sie verstehen sich als Vorhut der übrigen Kameraden und erwarten die Rote Armee als Befreier. Die Eltern scheinen bei den selbständigen Entscheidungen des Jugendlichen keine Rolle mehr zu spielen. Wie dieser Reifungsprozess bei dem etwas jüngeren Isaak Komras ablief, wissen wir leider nicht, doch scheint die familiäre Beziehung zu seinem älteren Cousin mindestens bei den späteren Erfahrungen sehr wichtig gewesen zu sein.

Die Endphase des Wilnaer Ghettos

Gens wird getäuscht

Die Ghettoverwaltung versucht, die durch die Gerüchte verunsicherte Ghettobevölkerung zu beruhigen und erklärt, dass zwar die kleinen Ghettos der Provinz Wilna-Land aufgelöst und deren Bewohner unter Mithilfe der Wilnaer Ghettopolizei auf die großen städtischen Ghettos sowie einige Arbeitslager verteilt würden, für das Weiterbestehen des Ghettos Wilna aber keine Gefahr bestehe. Rudashevski vermerkt am 25.3. in seinem Tagebuch, dass die ersten Juden aus den kleinen Ghettos mit ihren Familien in Wilna eintreffen und untergebracht werden müssen. Daher werde eine Schule als Unterkunft für die Neuankömmlinge geräumt. Deren Schüler würden nun in seiner Schule unterrichtet, die daher auf Schichtbetrieb umstellen musste, was den bisherigen Lernrhythmus gehörig durcheinander brachte und alle Beteiligten deprimierte. In den folgenden Tagen trafen insgesamt mehr als 1.000 Personen, überwiegend jüdische Facharbeiter und Judenratsfamilien, in Wilna ein. Synagogen und öffentliche Einrichtungen mussten als weitere Notunterkünfte dienen. Die Überfüllung des Ghettos wurde von dessen Bewohnern als Alarmzeichen interpretiert. Rudashevski hält am 28.3. fest: „Die Leute gehen grau und bedrückt umher. Gefahr liegt in der Luft." Und er kündigt mindestens für sich und seine Freunde eine Verhaltensänderung an, eine Bereitschaft zum Widerstand: „Diesmal lassen wir nicht zu, dass wir wie Hunde zum Schlachter geführt werden! Wir ... sind ... vorbereitet. Dieser Gedanke stärkt unsere Nerven, gibt uns Mut und Durchhaltevermögen."[115]
Der Judenrat von Kaunas wurde von den Deutschen informiert, dass aus den aufzulösenden Kleinstadtghettos Anfang April Züge mit 5.000 Personen für die Unterbringung in ihrem Ghetto eintreffen würden. Im ersten Zug, der über Wilna fuhr, sollten Juden, die Verwandte in Kaunas hatten, zusteigen können. Etwa 340 Personen machten davon Gebrauch. Gens begleitete den Zug persönlich. Die Viehwaggons, in denen sich die Evakuierten befanden, wurden nach Anweisung der Deutschen von außen durch seine Ghettopolizisten verschlossen – mit Ausnahme des Wagens für die Zugbegleiter selbst. Während der Fahrt erfuhr Gens von einem polnischen Eisenbahner, dass der Zug in Wahrheit nicht nach Kaunas, sondern nach Ponar fahre. Dort wurde

Gens von litauischen Polizisten aus dem Zug geholt und zur Sipo nach Wilna gebracht, wo er bis zum folgenden Tag festgehalten wurde, an dem ein weiterer Zug aus den Kleinstadtghettos Wilna auf dem Weg nach Kaunas passierte. Dem getäuschten Gens gelang es, seinen Polizeichef, der diesen Zug begleitete, über das Geschehen zu informieren, während ein paar Waggons abgekoppelt wurden, die für die Arbeitslager vorgesehen waren. Gens erreichte, dass die Judenratsfamilien dieses Zuges in Wilna bleiben durften und konnte auch ein paar Flüchtenden helfen. Der mehrere Stunden dauernde Zwischenstopp in Wilna war notwendig geworden, da ein anderer Zug mittlerweile in Ponar ausgeladen und die Insassen vor dem nächsten Transport ermordet werden sollten. Als schließlich der letzte Zug in Ponar ankam und die misstrauisch gewordenen Juden merkten, dass sie getäuscht worden waren, begann eine Massenflucht. Deutsche und Litauer schossen in die Menge und wurden zum Teil von Juden mit Fäusten, Messern und Pistolen angegriffen. Ca. 600 Juden kamen bei dem Aufruhr um, 4.000 wurden in Ponar erschossen.[116] Die Nachricht über das Massaker löste im Wilnaer Ghetto Entsetzen aus. Y. Rudashevski schreibt: „Eine Schlachthausatmosphäre hat die Leute ergriffen. Es hat wieder begonnen ... Wieder überschattet der Alptraum von Ponar die kleinen Ghettostraßen von Wilna."[117] Und Grigorij Schur urteilt: „In der Geschichte der Menschenvernichtung hat es wohl noch nie einen so hinterhältig inszenierten Massenmord gegeben."[118]

Am Tag nach dem Massaker das von Martin Weiss organisierte „Nachspiel": Er fordert 25 Ghettopolizisten an, die ihn nach Ponar begleiten sollen, wo sie auf dem Weg zur Grube überall Leichen und Leichenteile verstreut liegen sehen, an denen sich einheimische Bauern zu schaffen machten und sie fledderten. Die jüdischen Polizisten müssen die Leichen einsammeln, in die Grube werfen und mit Erde bedecken. Dabei werden sie von Deutschen fotografiert und gefilmt. Anschließend führt der völlig gefühlskalte, schamlose, ja perverse SS-Mann Weiss die jüdischen Polizisten zu den übrigen Massengräbern, die die jüdischen Opfer der Aktionen seit 1941 bergen. Arad zitiert einen beteiligten Polizisten: „Er führte uns durch das Gelände und gab Erklärungen ab als wäre er ein Führer durch eine Ausstellung."[119]

Wenig später erläutert Gens der Führungsebene im Ghetto, was er über die Hintergründe des Massakers in Erfahrung brachte. Die deutschen Behörden und der Gebietskommissar in Kaunas hatten die Aufnahme der 5.000 für Kaunas vorgesehenen Juden abgelehnt, worauf die Sipo kurzerhand deren Ermordung in Ponar anberaumt habe. Das Massaker an tausenden gesunden Juden erschütterte im Wilnaer Ghetto sowohl die gern gepflegte Überzeugung, dass die eigene Arbeitskraft das Überleben sichern kann, als auch den Glauben an die Einflussmöglichkeiten des Ghettorepräsentanten Gens auf das Vorgehen der Deutschen. Illusionslos hält Y. Rudashevski in seinem letzten Tagebucheintrag am 7.4.43 fest: „Wir müssen auf das Schlimmste gefasst sein."[120]

Bis Mitte Juli 1943 richtete die Sipo ihr Augenmerk auf die Arbeitslager in der Grenzregion, die aufgelöst und deren Arbeiter ins Ghetto Wilna zurückgebracht wurden. Aus einigen Arbeitslagern flohen kleine Gruppen zu den Partisanen in die Wälder. Dagegen schritt der Sipo-Offizier Kittel brutal ein und ließ in mehreren Arbeitslagern die versammelten Arbeiter erschießen. Der Überraschungseffekt bei seinem Vorgehen war so groß, dass die Widerstandsgruppe, die sich in einem Lager formiert hatte, keine Gelegenheit fand, die Waffenverstecke aufzusuchen. Im Ghetto Wilna wuchs infolge dieser Ereignisse die Angst vor einer Auslöschung des Ghettos rapide an, doch die Ghetto-Administration versicherte, dass keine Gefahr drohe, wenn keine Verbindungen nach außen aufgenommen und alle ihrer Arbeit nachgehen würden.

Der Machtkampf zwischen Gens und dem Untergrund

Als Isaak Komras am 10.6.43 seinen 15. Geburtstag beging, war er sich wohl kaum bewusst, dass es sein letzter im Ghetto Wilna sein sollte. Dafür sorgte eine Verordnung Himmlers 11 Tage später, die als Folge des Warschauer Ghettoaufstandes die Anweisung der Auflösung der Ghettos im Ostland enthielt und ausschließlich an seine Statthalter im Ostland und das WVHA gerichtet war.

Ob Isaak wie Rudashevski an diesem Geburtstag eine Bilanz zog und versuchte, seine Chancen für die Zukunft einzuschätzen, ist ungewiss. Trotz der bereits erwähnten, knapp einen Monat zurückliegenden Erklärung von Gens, dass die Kindheit im Ghetto mit dem 13. Lebensjahr zu enden hat, war er doch mit 15 Jahren noch ein Minderjähriger. War er sich der Gefahr, die dieser Status barg, bewusst? Zeichnete sich schon ab, dass er eine kräftige Statur haben würde oder ließ ihn die mangelhafte Ghettoernährung schmächtig erscheinen? Fragte er sich, welche Arbeitseinsätze ihm bevorstehen würden? Oder ließ er sich von der optimistischen Stimmung im Ghetto anstecken, die die deutsche Niederlage bei Stalingrad Anfang des Jahres und weitere gute Nachrichten von der Front ebenso wie die vom Widerstand im Warschauer Ghetto ausgelöst hatte? Von den Anstrengungen der Untergrundbewegung im Ghetto, ihren Einfluss durch die Verbindungen nach außen zu festigen, konnte er wahrscheinlich nichts mitbekommen. Eher könnte er von einem Zusammenrücken der großen Untergrundorganisation FPO mit der Splittergruppe von Yechiel Scheinbaum im April/Mai 1943 gehört haben. Die Verbindung zum kommunistischen Untergrund der Stadt Wilna dagegen, die von den kommunistischen Aktivisten der FPO geknüpft wurde, war streng geheim und nicht einmal den anderen FPO-Führern bekannt, was sich noch als Fehler erweisen sollte. Der städtische Untergrund sollte für eventuell von FPO-Mitgliedern benötigte Verstecke in der Stadt sorgen und bei der Beschaffung von Waffen helfen.

Die wachsenden Anstrengungen, Waffen zu besorgen, waren eine der Ursachen, die zum Konflikt des Untergrunds mit Gens führten. Bei mehreren Zwischenfällen im Mai wurden Ghettojuden von der Gestapo wegen Waffenbesitzes festgenommen und eine Anzahl von Litauern und Polen denunzierten Juden, die von ihnen Waffen erwerben wollten. Die Gestapo warnte Gens vor Konsequenzen für das gesamte Ghetto, sollten sich die Vorkommnisse fortsetzen. Gens gab die Warnung mit größter Besorgnis an die Brigadiers und die Ghettopolizei weiter, die vergeblich versuchte, Waffenlager des Untergrunds aufzuspüren.

Das andere Problem ergab sich aus den Aktivitäten der Partisanenbewegung. Seit dem Frühjahr 1943 kamen immer wieder Kuriere der Partisanen ins Ghetto und schleusten junge Leute, die sich ihnen anschließen wollten, in die Wälder. Im Juni traten Kuriere des Partisanenführers Markov an die FPO heran mit dem Vorschlag, Untergrundkämpfer in die Wälder zu bringen. Die FPO-Führung lehnte Markovs Vorschlag ab und erklärte, ihr Vorsatz sei, im Ghetto zu kämpfen, sollte es vernichtet werden. In der gleichen Weise argumentierte Gens und machte den Kurieren klar, dass er auf körperlich kräftige Leute nicht verzichten könne, sonst würden nur Alte, Schwache und Kinder zurückbleiben, die für die Deutschen nutzlos wären. Auf diese Weise würde nur die Existenz des Ghettos gefährdet. Deshalb brauche er die FPO-Kämpfer. Er erlaubte den Kurieren allerdings eine Gruppe von 25 Kameraden, die aus ihrer Heimatstadt nach Wilna geflohen oder umgesiedelt worden waren, zu den Partisanen in die Wälder mitzunehmen. Am 12.6.43, dem Tag eines tragischen Zwischenfalls, bei dem Gens einen Jugendlichen erschoss, der zuvor am Ghettotor einen Polizisten tötete, der ihn am Verlassen des Ghettos hindern wollte, und sich nicht entwaffnen ließ, brach die Gruppe in die Wälder auf. Sicher wurde der Aufbruch der jungen Leute zu den Partisanen auch in den Komrasfamilien diskutiert, aber wohl kaum als Option für sie selbst angesehen. Der Tod des jüdischen Jugendlichen am Ghettotor, der seine persönliche Freiheit, nicht nur von den Deutschen, sondern von seinen jüdischen Brüdern bedroht sah, wird sie erschüttert haben.

Große Aufmerksamkeit wird allgemein der Weggang eines zwar kleinen, aus zehn Anhängern von Yechiels Kampfgruppe bestehenden Kreises, der von einem Ghettopolizeioffizier angeführt wurde, gefunden haben. Diese Vorhut sollte in den Wäldern eine Basis für weitere Abteilungen vorbereiten. Gens, einen schleichenden Exodus befürchtend, rief die Polizisten zusammen und stellte klar, dass er die Abtrünnigen als Verräter betrachtete und dass die Gestapo ein Partisanennest in ihrem Machtbereich nicht dulden und das ganze Ghetto auslöschen würde. Um das zu verhindern, wollte er gegen Personen vorgehen, die seine Linie nicht unterstützten. Das bereits erwähnte FPO-Mitglied Glazman, der der Flucht junger Leute aus dem Ghetto nicht entgegentrat, wurde am 25.6. verhaftet und sollte am nächsten Morgen in ein Arbeitslager gebracht werden. Doch seine FPO-Kameraden, unter ihnen auch Ghettopolizisten, konnten ihn befreien und seinen gewaltsamen Abtransport verhindern. Nach dieser Niederlage sah sich Gens zu einer Aussprache mit dem FPO-Kommando genötigt. Er drohte mit seinem Rücktritt, falls sich Glazman einer vorübergehenden Abordnung in ein Arbeitslager widersetze, aus dem er in Kürze wieder ins Ghetto zurückkommen könne. Die FPO gab nach. In der Folge wurden bei einer „Säuberung" der Polizei elf Angehörige der FPO entlassen. Dennoch bedeutete der Fall Glazman einen Prestigeverlust für Gens im Ghetto.

Die Witenberg-Affäre und ihre Folgen

Ende Juni 1943 gelang es der Gestapo, durch Einschleusung eines Agenten das kommunistische Untergrundkomitee der Stadt zu enttarnen. Deren Verbindungsmann zum kommunistischen FPO-Kommandanten Witenberg im Ghetto verriet unter Folter dessen Namen, gab aber keinen Hinweis auf die Existenz der Untergrundorganisation FPO. Anfang Juli forderte der eben als Leiter des Referats für Judenfragen bei der Gestapo eingesetzte Bruno Kittel, der Weiss und Murer ablöste, bei der Ghettoverwaltung die Auslieferung von Witenberg. Erst jetzt erfuhren die FPO-Führer von der Verbindung der kommunistischen FPO-Mitglieder mit dem städtischen kommunistischen Untergrund. Gens lud die FPO-Führer zu einem Treffen, an dem auch Witenberg teilnahm, ein. Ein FPO-Polizist konnte die Vorbereitung einer Verhaftung Witenbergs durch den Polizeichef beobachten und alarmierte eine FPO-Einheit, der es gelang, den verhafteten Witenberg zu befreien. Die FPO-Führung beschloss, dass Witenberg sich in ein Versteck begeben und die FPO sich seiner Verhaftung notfalls mit Gewalt widersetzen würde. Gens bot dagegen die Polizei, die Brigadiers und eine Gruppe kräftiger Transportarbeiter auf und erklärte, dass die Gestapo auf der Verhaftung und Auslieferung Witenbergs bestehe, andernfalls werde das ganze Ghetto liquidiert. Gens' Aufgebot, verstärkt durch eine Menge aufgebrachter Arbeiter, brach mit Steinen und Stöcken bewaffnet zum FPO-Quartier auf. Außerdem schickte Gens, der wusste, dass er ohne die FPO, die bewaffnet war, keine Möglichkeit hatte, Witenberg festzunehmen, eine Abordnung der Ghettoführung und bekannter Persönlichkeiten zur FPO-Führung. Diese erklärte der FPO-Führung die Forderung der Gestapo und stellte sie damit vor eine schwierige Entscheidung, entweder das ganze Ghetto gegen sich aufzubringen und die Waffen, die gegen die Deutschen eingesetzt werden sollten, gegen ihre jüdischen Brüder einzusetzen oder Witenberg auszuliefern. Sie kamen überein, dass Witenberg sich selbst stellen müsse. Dieser argumentierte jedoch, dass das Ghetto sowieso liquidiert werde und die Deutschen nur als vorläufige Maßnahme die Untergrundführer verhaften wollten und daher der Zeitpunkt für den bewaffneten Widerstand jetzt gekommen sei. Erst als er überzeugt wurde, dass die Ghettobewohner nicht dazu bereit wären und die FPO ihre Waffen zuerst gegen die Ghettoinsassen richten müsste, bot Witenberg an aufzugeben und Selbstmord zu begehen, damit sie seinen Leichnam den Deutschen ausliefern könnten. Seine kommunistischen Kameraden legten ihm jedoch nahe, er müsse sich selbst stellen, da die Gestapo ihn lebend fassen wolle. Bei einem letzten Treffen mit Gens bekam er eine Giftkapsel zugesteckt, um sich im Falle von Folter vor dem Verrat seiner Kameraden bewahren zu können. Am 17.7.43 wird Witenberg tot in seiner Zelle aufgefunden. Schur beschreibt die Reaktion der Bevölkerung: „Dieses Ereignis wühlte das gesamte Ghetto auf. Die Mehrheit ... sprach ... von Witenberg als einem Helden, der sein Leben gegeben habe für alle Juden ..."[121]

Nach dem Verlust von Witenberg wurde die FPO von der Frage umgetrieben, ob die Prämisse ihrer Untergrundarbeit überhaupt noch gegeben sei und die Ghettobevölkerung am Tag der zu erwartenden Ghettoliquidierung dem Aufruf zum Widerstand folgen würde. Wenn dies nicht der Fall wäre, sei es besser, gleich in die Wälder zu fliehen. Für diese Option sprach sich auch Glazman aus. Man einigte sich schließlich auf einen Kompromiss und entschied, dass eine kleine Gruppe um Glazman in den Wäldern eine Partisanenbasis aufbauen sollte, die der Mehrheit der im Ghetto zurückbleibenden Kämpfer zu Hilfe kommen und ihnen nach dem Aufstand Unterschlupf bieten konnte. Die aus 21 Personen bestehende Gruppe, nach Witenbergs Decknamen „Leon-Gruppe" genannt, verließ am 24.7.43 mit Wissen von Gens das Ghetto, nahm unterwegs noch weitere junge Leute aus einem Arbeitslager auf, geriet danach in einen deutschen Hinterhalt, bei dem neun FPO-Männer ihr Leben verloren. Den übrigen gelang die Flucht. Am nächsten Tag kam die Gestapo ins Wilnaer Ghetto und verlangte die Auslieferung aller Familienangehörigen der „Leon-Gruppe" und der Brigadiers, denen die Geflüchteten zuvor bei der Arbeit unterstanden. Sie alle wurden in Ponar erschossen, ebenso die Insassen des Arbeitslagers, durch das die „Leon-Gruppe" kam. Kittel etablierte das System der kollektiven Verantwortung. Diese lieferte jeden einzelnen Ghettobewohner der Überwachung durch die anderen aus. Die Leute fürchteten zurecht, mit ihrem Leben für die Flucht eines Familienmitglieds, eines Hausbewohners oder Arbeitskollegen zahlen zu müssen. Außerhalb des Ghettos Arbeitende würden der Übersicht halber in Zehnergruppen aufgeteilt. Wenn einer nicht ins Ghetto zurückkehrte, würden die anderen neun umgebracht. Gens verlangte, dass jeder, der verdächtigt wurde, eine Flucht zu planen, gemeldet werden müsse. Die Ghettobehörden verdoppelten ihre Überwachung der FPO-Mitglieder und die Suche nach Waffen wurde intensiviert. Schur bilanziert: „Die Flucht in die Wälder ist jetzt nicht mehr möglich."[122]

Die Deportationen nach Estland

Erster Transport am 6.8.1943

Die Ghettobewohner hatten keine Zeit, sich von den Schrecken der vergangenen Tage zu erholen, als neue Maßnahmen, deren Hintergrund sie nicht kannten, für Verunsicherung und Aufregung sorgten. Das zu Beginn des letzten Kapitels erwähnte Dekret Himmlers vom 21.6.43 forderte die Einschließung aller Ghettojuden des Ostlands in Konzentrationslager, wo sie vom 1.8. an auch zur Arbeit eingesetzt werden müssten. Die Reorganisation dürfe allerdings die Produktion für die Wehrmacht nicht beeinträchtigen. Diesen Passus machte sich die deutsche Zivilverwaltung im Ostland zunutze, die aus finanziellen Gründen kein Interesse an der Abgabe aller jüdischen Kräfte an die großen dem WVHA der SS unterstellten Konzentrationslager hatte. Sie beschloss unter anderem die Ghettos, die eine wichtige Einnahmequelle für sie darstellten, als kleine Zweiglager weiterhin zu nutzen. Da außerhalb der Lager keine jüdischen Arbeitskräfte mehr beschäftigt werden durften, wurden am 1.8.43 etwa 3.000 jüdische Arbeiter, die an 100 verschiedenen Arbeitsstellen in Wilna tätig waren, entlassen. Gleichzeitig wurde aus taktischen Gründen die Zahl der von der Organisation Todt bei der Eisenbahn und beim Flughafen Porobanek Beschäftigten kräftig erhöht.
Hätten die Juden den weiteren Inhalt des Dekrets von Himmler gekannt, wäre ihnen der Sinn der Maßnahmen klar geworden. Es gab zwar Gerüchte, dass am 5.8. Tausende Arbeiter und ihre Familien nach Riga zur Arbeit geschickt würden, weshalb an diesem Tag niemand zur Arbeit ging, aber keiner ahnte, dass Himmler befohlen hatte, den größten Teil der männlichen Juden zum Abbau von Ölschiefer in das KZ des Abbaugebiets zu deportieren. Der Name Estland fiel nicht. In der Nacht zum 6.8. wurden Hunderte, die der Arbeit ferngeblieben

waren, festgenommen und ins Ghettogefängnis eingeliefert. Viele Angehörige versammelten sich daraufhin vor dem Ghettogefängnis und drohten, es zu stürmen. Um dies zu verhindern, wurden die Gefangenen mit einer Verwarnung und der Mahnung entlassen, wieder zur Arbeit zu gehen, was sie auch befolgten.
Als die jüdischen Arbeiter am 6.8. dann den Flughafen Porobanek erreichten, wurden sie plötzlich von estnischen Truppen umstellt und gegen einen hohen Stacheldrahtzaun gedrängt. Als die ersten Arbeiter versuchten, über den Zaun zu klettern, eröffneten die Soldaten das Feuer. Etwa 20 wurden getötet, viele verwundet. Einigen gelang die Flucht, die meisten aber wurden zur Bahn gebracht und in Güterzüge verladen.[123] Auch eine andere Gruppe von 100 kräftigen Arbeitern wurde auf dem Weg zu ihrem Arbeitsplatz, einem Munitionslager, von Gestapo und Militärpolizei auf einer Brücke, wo sie nicht entrinnen konnten, gefasst und zur Bahn gebracht. Ähnlich ging es den Arbeitern eines Sägewerks. Auch an der Bahnstation versuchten noch manche zu fliehen, weil sie nicht glaubten, dass sie, wie ihnen gesagt, zur Arbeit gebracht würden. Einige wurden dabei erschossen oder verwundet. Ungefähr 1.000 Menschen wurden nach Estland deportiert. Gens fand sich an der Bahnstation ein und brachte etwas Verpflegung und die Zusicherung, dass sie sich tatsächlich auf einem Arbeitstransport befänden. Die geflüchteten Arbeiter wurden z.T. vor dem Ghetto von deutschen und estnischen Kräften abgefangen. Die anderen brachten die Neuigkeiten ins Ghetto, das sich daraufhin in einen brodelnden Hexenkessel verwandelte.[124] Man glaubte, dass das Ende gekommen sei. Als Gens ins Ghetto zurückkehrte, gab er bekannt, dass die Betroffenen nach Estland gebracht und von ihren Brigadiers begleitet würden, die in Kürze wieder ins Ghetto zurückkämen und über die Lage der Deportierten berichten würden. Er erklärte zudem, dass er zuvor eine Aufforderung der Deutschen, Arbeiter für Riga und Estland bereitzustellen, abgelehnt habe, und diese nun stattdessen die Arbeiter außerhalb des Ghettos selbst gefasst hätten. Am nächsten Tag sollte Gens Ersatzarbeitskräfte für die Deportierten aus dem Ghetto schicken, doch die Leute hatten Angst, das Ghetto zu verlassen. Auf allen Familien, auch den Komrasses und Rudashevskis lasteten die bedrückenden Nachrichten, verunsicherten und verängstigten sie.
Am Abend des 9.8. versuchte der Gestapochef Neugebauer persönlich, mit einer Abordnung seiner Leute durch eine Ansprache an die Briga-

diers die Lage etwas zu entspannen. Er versprach, dass ihre Kollegen von Estland zurückkehren und Briefe der Arbeiter von dort mitbringen würden. Bis dahin müssten sie aber ihrer kriegswichtigen Arbeit nachgehen und er versprach, dass es keine weiteren Festnahmen geben würde. Gens wiederholte in einer Bekanntmachung die Versprechungen Neugebauers und ergänzte, dass es im Ghetto keine unbeschäftigten Bewohner mehr geben dürfe und daher am 10.8. eine Zählung aller unbeschäftigten Frauen und Männer zwischen 16 und 60 Jahren durchgeführt werde. Noch sind Yitzchak Rudashevski und Isaak Komras nicht betroffen. Doch wenig später wird sich Isaak überlegen, ob sein jugendliches Alter ihm etwa von Nachteil werden könnte. Mindestens in Stutthof ist Ende 1944 belegt, dass er sein Geburtsjahr von 1928 auf 1926 vorverlegt.

Mit den im Zensus erfassten Unbeschäftigten wollte man die durch den Estlandtransport geschaffene Lücke in der Arbeiterschaft wieder schließen. Brigadier Heyman, der den Estlandtransport begleitet hatte, kam am 11.8. ins Ghetto zurück und berichtete, dass die Arbeiter ins Lager Vaivara gebracht wurden. In den Briefen, die er mitbrachte, baten die Arbeiter ihre Angehörigen um warme Kleidung und Lebensmittel. Sie erwähnten, so Schur[125], dass sie in riesigen Baracken in der Nähe des Meeres untergebracht seien, wo sie in großem Elend lebten, aber die Hoffnung hätten, am Leben zu bleiben. Die Nähe zur Front unterstützte die Hoffnung auf baldige Befreiung. Insbesondere die Briefe, die die Brigadiers aus Estland mitbrachten, aber auch Neugebauers Ansprache und Gens' Appell bauten die Skepsis der Ghettobewohner ab und ermöglichten danach noch weitere Verschickungen nach Estland. Denn die Zahl der Deportierten war wesentlich kleiner als ursprünglich von den Deutschen geplant. Jüdischer Widerstand und Flucht hatten die Planungen durcheinander gebracht.

Der 2. Transport nach Estland

erfolgte wenig später am 24.8. und wurde anders organisiert als der erste. Die deutsche Verwaltung forderte weitere 4.000 bis 5.000 Personen zur Arbeit in Estland an, die Gens bereitstellen sollte. Bei der Registrierung für den Transport griff er in erster Linie auf Familienangehörige der bereits im ersten Transport Verschickten zurück. Betrof-

fen waren nach Angaben von Schur[126] auch solche, die sich in der Zeit der „Säuberungen" im Herbst 1941 zum Schein auf den Ausweisen von Arbeitern als Ehepartner oder deren Kinder hatten eintragen lassen, um damals dem Abtransport nach Ponar zu entgehen. Des weiteren wurden für den zweiten Transport Menschen, die erst Anfang 1943 aus der umliegenden Provinz ins Wilnaer Ghetto gebracht worden waren, aufgelistet. Hinzu kamen noch Personen, die keine Beschäftigung nachweisen konnten. Jedem Betroffenen wurde eine Benachrichtigung zugestellt, auf der Ort und Zeit ihrer Einberufung vermerkt war. Da sich nur wenige freiwillig am Sammelpunkt einfanden, brachte die jüdische Polizei sie gewaltsam dorthin. Hielten sie sich versteckt, nahm die jüdische Polizei Nachbarn fest, die schnell den Unterschlupf verrieten, um ihre Haut zu retten. Schur veranschaulicht die brutale Vorgehensweise u.a. an folgendem Fall: Eine „Frau, deren Kind schwer krank ist und im Krankenhaus liegt, ... will es nicht zurücklassen. Aber die Polizei schleppt sie ohne jedes Mitgefühl zum Sammelpunkt."[127] Abgesehen von solchen besonderen Härtefällen erklärt sich die mangelnde Bereitschaft, das Ghetto für ein estnisches Arbeitslager einzutauschen, auch aus den Einzelheiten über die dortigen Bedingungen, die aufgrund weiterer Briefe von Deportierten ins Ghetto durchsickern. Vierzehnstündiger Arbeitstag in dunklen, sumpfigen Wäldern, Stiefel und Kleidung von der Arbeit im Moor ständig durchweicht, durchdringende Kälte, krank werden lebensbedrohlich, brutale Wachen, keine Fluchtmöglichkeiten, schlechtes Essen, Unterbringung in ungeheizten Baracken, ausgestattet mit dreistöckigen Holzpritschen, einem kleinen Strohkissen und einer Pferdedecke zum Schlafen.[128]
Statt der von den Deutschen geforderten Anzahl führte die Ghettopolizei ca. 1.400 bis 1.500 Personen – zum Verdruss der Gestapo z. T. auch ältere Menschen und Kinder – unter scharfer Bewachung zur Bahn, wo sie in Güterwaggons eingeschlossen wurden. Der Transport wurde von der SS begleitet, die jüdischen Polizisten ins Ghetto zurückgeschickt. Gens war seiner bisherigen politischen Linie gefolgt, wollte seine Kooperationsbereitschaft unter Beweis stellen, angesichts der militärischen Lage Zeit gewinnen und so wenig Leute wie möglich für die Deportationen bereitstellen. Im Ghetto baute er die Werkstätten aus und ließ z. T. in drei Schichten für die Wehrmacht arbeiten.[129]
Die FPO betrachtete die Estlandtransporte nicht als Liquidierung des Ghettos und akzeptierte das Vorgehen von Gens. Fluchtwilligen aus

den kleinen Ghettos des Umlandes half sie zwar, lehnte aber selbst die Flucht in die Wälder trotz der wiederauflebenden Kontakte zum kommunistischen städtischen Untergrund und den Partisanen ab.

Die Aktion vom 1. bis 4. September 1943

Am 1.9.1943 wurde das Ghetto von deutschen und estnischen Polizisten umstellt und die außerhalb arbeitenden Ghettobewohner am Verlassen des Ghettos gehindert. Als estnische Soldaten mit Festnahmen begannen, zogen sich viele in ihre längst vorbereiteten Verstecke, die sogenannten Malinen, zurück. Gens wurde aufgefordert, 3.000 Männer und 2.000 Frauen als Arbeitskräfte für Estland bereitzustellen. Das FPO-Kommando, gewillt sich der überraschenden Deportation, deren Ziel sie in Zweifel zog, zu widersetzen, rief ihre Kämpfer an zwei Stellen zusammen. Das 1. Bataillon sammelte sich in der Straszuna Straße 6, das 2. in der Nähe des Waffendepots in der Spitalnastraße 6, wo die mehrfach erwähnte Sima und ihr Freund Lolka, beide FPO-Mitglieder, wohnten. Doch bevor sich das 2. Bataillon bewaffnen konnte, wurde es von Deutschen und Esten aufgrund einer Denunzierung durch den Brigadier Heyman (s. S. ...) und einen Ghettopolizisten eingeschlossen. Etwa ein Viertel der Kämpfer konnte sich zum 1. Bataillon durchschlagen, der größte Teil wurde festgenommen für den Transport nach Estland. Nach diesem Schlag entschloss sich die FPO, alle Kräfte in der Straszuna-Straße als Verteidigungsbasis zusammenzuziehen. Dorthin konnten sie ihre Waffen schleusen und machten sich kampfbereit. Simas Gruppe hatte „Molotowcocktails" hergestellt, die sie als Brandbomben gegen die Nazis einsetzen wollten, gemäß ihres Credos: „Wenn wir schon sterben müssten, dann sollte dies mit Würde geschehen."[130] In einem Manifest rief die FPO alle Ghettobewohner zum bewaffneten Widerstand gegen die Deportation auf. Sie argumentierten, Ziel der Deutschen sei, wie bei zahlreichen vorausgegangenen Aktionen, die Ermordung der Juden in Ponar. Sie hätten nichts zu verlieren, sollten den Lügen ihrer Mörder keinen Glauben schenken und sich nicht wie Schafe ihren Schlächtern ausliefern. Nur der bewaffnete Widerstand könne ihr Leben und ihre Ehre retten. Es gebe eine bewaffnete jüdische Organisation im Ghetto, die es zu unterstützen gelte.

Wer keine Waffe besitze, solle mit einer Keule, einem Knüppel oder Beil den Feinden entgegentreten und sich nicht feige in ein Versteck zurückziehen. Außer einer Gruppe Jugendlicher leistete niemand dem Aufruf Folge. Es ist anzunehmen, dass Yitzchak Rudashevski, dessen Untergrundgruppe dem kommunistischen FPO-Mitglied Mire Bernstein unterstand, dazu gehörte. Ob Isaak Komras die Aufständischen unterstützte oder in ein Versteck auswich, ist unbekannt. Obwohl die Ghettomassen dem Aufruf nicht Folge leisteten, hielt die FPO ihre Verteidigungsposition in der Straszuna-Straße aufrecht. Währenddessen setzten deutsche und estnische Soldaten in Begleitung von jüdischen Polizisten die Festnahmen von männlichen Juden fort. Gens versuchte die Entwicklung in seinem Sinn zu steuern und bat die Gestapobeamten um Rückzug aus dem Ghetto bei gleichzeitiger Zusicherung, dass er die gewünschte Anzahl mit Hilfe der jüdischen Polizei liefern würde. Da die Gestapo darauf einging, konnte er das Alter der Festzunehmenden festlegen, und zwar auf eine Gruppe bis zu 20 Jahren und eine weitere von über 40-jährigen. Auf diese Weise wollte er die Facharbeiter im besten Alter, die zudem vielfach kleine Kinder hatten, für den weiteren Bestand des Arbeitsghettos sichern. (Efim und Isaak Komras wurden so vom Transport noch verschont.) Außerdem hoffte der Ghettorepräsentant, auf diese Weise den Zusammenstoß der Deutschen mit der FPO verhindern zu können.

Die Festnahmen erreichten bis zum Abend allerdings nur einen Bruchteil der geforderten Anzahl, so dass die Deutschen und Esten zurückkamen und per Lautsprecher die Ghettobewohner aufforderten, aus ihren Verstecken/Malinen herauszukommen, andernfalls würden ihre Häuser in die Luft gesprengt. Als sie sich dem FPO-Quartier in der Straszunastraße näherten, eröffnete die FPO das Feuer auf die Deutschen, die es mit Maschinengewehren erwiderten und das Haus sprengten. Der FPO-Kommandant Y. Scheinbaum wurde tödlich getroffen, die übrigen Kämpfer zogen sich zurück. Die Deutschen sprengten weitere Häuser und viele in den Malinen Versteckte wurden unter dem Schutt begraben. 1.300 bis 1.500 Männer wurden am 1. September für den Transport nach Estland festgenommen, u.a. das FPO-Mitglied Yitzhak Zohar. Gens erreichte, dass die Gestapo ihm die Festnahme der übrigen geforderten Personen in den folgenden Tagen überließ. Er rekrutierte zur Unterstützung der regulären jüdischen Polizei Hilfskräfte, die sich an der Festnahme der Estlandarbeiter beteili-

gen und bei einem eventuellen Zusammenstoß mit der FPO Hilfe leisten sollten. An die Ghettobevölkerung appellierte Gens, sich freiwillig für Estland zu melden. Hunderte folgten dem Aufruf, die anderen begaben sich in die Malinen. Schur berichtet[131], wie die jüdische Polizei, um das geforderte Kontingent zusammenzubringen, die 300 Arbeiter der von Major Plagge geleiteten Autowerkstätten durch betrügerisches Vorgehen den Deutschen auslieferte. Plagge, der seine Juden bis dahin schützen konnte, wollte sie noch aus dem Eisenbahnwaggon zurückholen, scheiterte aber am Widerstand von Gestapochef Neugebauer.
Wie Efim Komras' Schwester Basia in die Fänge der jüdischen Polizisten gelangte, ist unbekannt. Kaum vorstellbar, dass sie sich freiwillig von ihrer Familie getrennt und einem Transport zugestimmt hätte. Auf einem Fragebogen des amerikanischen Militärs für Displaced Persons hält sie nach dem Krieg nur fest, dass sie am 2.9.1943 in das Lager Mitawa in Lettland weggeschickt wurde.[132]

Am 4. September wurden die Frauen aufgefordert, deren Männer bereits abtransportiert worden waren, sich freiwillig zum Transport zu melden. Insgesamt 2.200 Frauen wurden für Estland registriert. Auch Sima und ihr Freund Lolka meldeten sich zur Arbeit in Estland, da sie nach dem missglückten Aufstand kein Versteck mehr im Ghetto fanden. Die FPO-Spitze entschied, zunächst mit den verbliebenen FPO-Kämpfern im Ghetto das Ende der gegenwärtigen Aktion abzuwarten, zumal Gens, der einen erneuten gewaltsamen Zusammenstoß mit den Deutschen verhindern wollte, ihnen die Weiterexistenz des Ghettos zusicherte. Zu einem späteren geeigneten Zeitpunkt zog die FPO eine geordnete Flucht zu den Partisanen in die Wälder in Erwägung. Gens erfüllte die Quote der Estlandarbeiter schließlich mit einem beträchtlichen Teil der Hilfspolizei, den er am Ghettotor der litauischen Polizei auslieferte. Dass die Gestapo auf Gens' Vorschläge einging und einer Auseinandersetzung mit bewaffneten Gruppen im Ghetto ihrerseits aus dem Weg gehen wollte, führte Arad auf die Erfahrungen beim Warschauer Aufstand zurück, der den dortigen HSSPF seinen Posten kostete. Von diesen Hintergründen wussten die Betroffenen natürlich nichts.

Die Ermordung von Gens

Nach dem Abschluss der Estlandtransporte vom 1. bis 4. September wurde das Ghetto von der Außenwelt vollständig abgeschlossen. Auf Arbeitseinsätze, die Juden vom Ghetto nach draußen führten, wurde verzichtet und statt dessen vier kleinere Lager bei den verbliebenen Arbeitsstätten eingerichtet. Im Ghetto blieben ungefähr 9.000 Juden zurück. Circa 150 FPO-Mitglieder verließen unter den nun erschwerten Umständen auf abenteuerliche Weise in kleinen Gruppen zwischen dem 8. und 13. September das Ghetto und flohen in die Wälder. Gens nahm den Exodus stillschweigend hin, schwächte dieser doch den verbliebenen Kern der Untergrundorganisation im Ghetto zugunsten der Partisanen außerhalb. Das Risiko, dass ihm diese Haltung zum Verhängnis werden könnte, nahm er in Kauf. Trotz einer Warnung und dem Rat zu fliehen, stellte er sich der Aufforderung der Gestapo, sich am 14.9. mit seinem Polizeichef Dessler im Gestapohauptquartier in der Miczkiewicz Straße 36 einzufinden. Während Dessler ins Ghetto zurückgeschickt wurde, wurde Gens in ein kleines Gefängnis gebracht und von Gestapochef Neugebauer persönlich erschossen. Die Ghettobevölkerung stand unter Schock, als Kittel am nächsten Tag die Erschießung von Gens wegen Nichtbefolgung von deutschen Anordnungen bekanntgab. Verschiedene Versionen über den Grund der Ermordung kursierten alsbald im Ghetto. Dessler berichtete von Neugebauers Vorwurf, Gens habe ein Nest jüdischer Partisanen, die die Deutschen bekämpften, im Ghetto geduldet, ohne sie der Gestapo auszuliefern. Eine andere Quelle vermutete, dass auf der Flucht gefasste Juden beim Verhör eingestanden, von Gens unterstützt worden zu sein. Wieder andere, so Schur, sahen den Grund für sein tragisches Ende darin, dass „er sich kategorisch gegen die Liquidierung des gesamten Ghettos gestellt habe."[133]

Gerade die Einsicht, dass er seine persönliche Sicherheit zugunsten des Überlebens möglichst vieler Ghettobewohner zurückstellte, verdeutlichte allen, welchen Verlust sie zu beklagen hatten. Dessler, der von Kittel zum Nachfolger von Gens eingesetzt wurde, sollte wenige Tage später, am 18.9. erneut ein paar hundert Männer zum Arbeitseinsatz bereitstellen. Er ließ unter einem Vorwand Handwerker registrieren und floh anschließend mit seiner Familie in ein außerhalb des Ghettos vorbereitetes Versteck. Nachdem er sich noch Gold und öffentliche Gelder in beträchtlicher Höhe angeeignet hatte, überließ er das Ghetto seinem Schicksal.[134] Da sich die registrierten Handwerker daraufhin versteckten und von der jüdischen Polizei Kittel nicht ausgeliefert werden konnten, schickte dieser deutsche Kräfte ins Ghetto. Auch deren Suche blieb im Wesentlichen ergebnislos. Kittel zog seine Leute zurück und setzte einen neuen Judenrat ein, der am 23.9. über die unmittelbar bevorstehende Liquidierung des Ghettos und den Abtransport aller Ghettobewohner teils in die estnischen, teils in die lettischen Arbeitslager informiert wurde.

Die Auflösung des Wilnaer Ghettos und die Deportation seiner Bewohner

Bis zur Mittagszeit des 23.9. mussten die Ghettobewohner ihre Sachen packen und sich zum Abtransport bereithalten. Kittel gab über Lautsprecher noch bekannt, dass die Häuser von Zurückbleibenden in die Luft gesprengt würden. Die meisten Bewohner folgten der Aufforderung. Hunderte andere jedoch, unter ihnen Yitchok Rudashevskis Familie, suchten ihre Malinen auf. Efim erklärt: „Ich versteckte mich mit meinen Angehörigen im Dachboden des Hauses Rudnicka 2."[135] Die zum Transport Bereiten näherten sich zu Tausenden mit ihren Bündeln dem Ghettotor. Schoschana und ihre Familie sind unter den Letzten, zu denen auch die Familien des Judenrats, der jüdischen Polizisten, Brigadiers usw. zählten. Sie erzählt, wie sie mit ihren Segeltuchrucksäcken, in denen sich ihre letzte Habe befand, auf den Treppenstufen des Judenratsgebäudes in der Rudnickastraße 6 auf das Aufbruchzeichen der SS warteten. Manche beteten, manche haderten mit sich, dass sie nicht zuvor zu den Partisanen geflohen waren. „Und alle hatten Angst. Eine schleichende Angst, die das Blut in den Adern erstarren ließ."[136] Offenbar waren die Komrasses nicht allein auf dem Dachboden versteckt. Efim fährt fort: „Wir wurden von Weiß und anderen Gestapoleuten aufgestöbert, wobei Weiß den alten Rechtsanwalt Rubischow erschoss."[137] Dann erfolgte die Aufstellung in Dreierreihen zum Abmarsch hinaus durch das Tor, das einmal den Haupteingang zum ehemaligen jüdischen Realgymnasium bildete. Was mag Isaak gedacht haben, als er durch das Tor ging? Dachte er mit Sehnsucht an die ersten unbeschwerten Schultage oder beschäftigte ihn ausschließlich die ungewisse Zukunft? Das Brüllen der SS-Männer, die Schläge ihrer Knüppel und das Bellen der Hunde holte die Menge unbarmherzig in die Gegenwart zurück. Der Marsch aus der Stadt hinaus führte Richtung Rossa – auf den großen dortigen christlichen Friedhof zu, in dem u.a. Pilsudskis Mutter begraben war. Auf der Subotschstraße, die durch LKWs unterteilt wurde, erfolgte die erste Selektion durch die Gestapo, die die jungen, gesunden Männer von den Frauen, Kindern und Alten trennte. Bis dahin waren Efim, Nelli und ihr Bruder, Cilla und Isaak gemeinsam gezogen, jetzt musste Efim seine Frau, die das eineinhalbjährige Töchterchen auf dem Arm trug, und seine Schwester zurücklassen. Sie wurden mit etwa 6.000 Frauen nach links abgedrängt. Bevor Efim mit Isaak, seinem Schwager und den übrigen Männern nach rechts weitergetrieben wurde, sah er noch die Erhängung mehrerer FPO-Mitglieder in der Rossastraße durch die Gestapo, die er teils namentlich kannte: „Levin, [dessen Seil] … abriss und [der] Weiß um sein Leben bat, wurde von diesem erschossen. Dabei war Kittel und Neugebauer. Letzterer gab laut bekannt, dass die vier Opfer wegen eines Angriffs auf einen Deutschen hingerichtet worden seien und dass noch weitere hundert Geiseln dafür erschossen würden."[138] Dann ging es für Efim, seinen Schwager und Isaak unerbittlich weiter. Die ukrainischen Transportbegleiter versuchten sich auf Kosten der ihnen ausgelieferten Opfer an deren Uhren, Geld oder Kleidung zu bereichern, bevor sie diese in der nahe gelegenen Bahnstation in Gruppen zu 70 Personen in die Güterzüge einwaggonierten. Laut Arad fuhr der erste Zug am Abend des 24. September mit 1.600 Personen nach Estland ab, wo er am 29.9. ankam[139]. Efim gibt nach dem Krieg an, bereits am 27.9. in Narwa angekommen zu sein, der Bibliothekar Herman Kruk nennt ebenfalls den 27.9. als Ankunftstag der Männer im Lager Vaivara[140].

Von Sima und anderen zuvor Deportierten wissen wir etwas über die Route nach Estland. Zunächst ging es in Richtung Ponar, wo sich das Tempo des Zuges verlangsamte und in allen die Erinnerung an die vorausgegangenen Massaker weckte und Todesangst auslöste, wie ihre Leidensgenossen getäuscht und nicht zur Arbeit nach Estland transportiert zu werden. Doch der Zug fuhr weiter Richtung Norden über Schaulen. Durch das kleine Güterwaggonfenster erkannten die ersten Deportierten, dass sie Riga, Tartu und Daugavpils passierten[141]. Efims Gedanken kehrten sicher sorgenvoll zu Nelli, seinem Kind und Cilla zurück, und die Ungewissheit über ihr Ergehen und die Verantwortung für den jungen Isaak wird ihn mehr belastet haben als der Hunger und die zunehmende Kälte. Doch erst nach dem Krieg konnten ihm seine Frau und seine Schwester von ihrem weiteren Schicksal berichten. Die abgedrängten Frauen, Kinder und Alten wurden, wie wir von Schoschana wissen, auf den Friedhof, der von einer breiten, hohen Mauer umgeben war, getrieben. Dort wurden ca. 6.000 Menschen zusammengepfercht und mussten bei Regen und nächtlicher Kälte ohne Verpflegung zwei Tage auf dem nackten, aufgeweichten Boden ausharren[142], bis über Lautsprecher zum Aufbruch aufgerufen wurde. Am Friedhofstor standen bewaffnete Soldaten, die erneut eine Selektion durchführten. Als Schoschanas Mutter erkannte, dass Alte und Mütter mit Kindern nach links gedrängt bzw. mit Gewehrkolben gestoßen, jüngere Frauen aber nach rechts befohlen wurden, versuchte sie auf die rechte Seite zu kommen. Es gelang ihr erst nach mehreren Anläufen, nachdem sie die 11-jährige Schoschana in ihrem Rucksack versteckte, alle Habseligkeiten auf dem Friedhof zurückließ und den selektierenden Soldaten mit Schmuckstücken, die sie bei sich trug, bestechen konnte. Zusammen mit den jungen Frauen, zu denen Nelli und Cilla gehörten, auf LKWs verladen, fuhren Schoschana und ihre Mutter zur Bahnstation. Dort quetschte man ca. 80 Personen in einen Güterwaggon und verriegelte den Waggon von außen. Dann rollte der Zug einem ihnen unbekannten Ziel entgegen. So wurden etwa 1.700 Frauen nach Kaiserwald bei Riga gebracht. Aus der Gruppe der am Friedhofstor nach links abgeschobenen Personen wurden 4.300 bis 5.000 Frauen und Kinder in die Gaskammern von Maidanek verschickt, während ein paar hundert ältere und kranke Leute in Ponar erschossen wurden.

Die bei Christen versteckte Jüdin Ruth Leumenzon hatte einen Tag vor der Auflösung des Ghettos einen Zettel von Ghettojuden zugespielt bekommen, in dem sie um Hilfe für ein Versteck außerhalb des Ghettos baten. Ruth sollte am Abend des 23.9. am vereinbarten Treffpunkt, wo sie einst selbst das Ghetto verlassen hatte, die Fluchtwilligen in Empfang nehmen und zu einem sicheren Unterschlupf bringen. Sie erzählt: „Von weitem sah ich schon, dass alles zu spät war. Viele Fenster … waren weit geöffnet, in einigen Häusern brannte elektrisches Licht und nirgendwo war verdunkelt. Es war zu erkennen, dass die Häuser leer waren. Dennoch bin ich weiter zum Treffpunkt gegangen und habe laut das verabredete Signal gerufen; umsonst, niemand antwortete … Man möchte zum Himmel schreien …"[143] Kurz darauf kamen die deutschen, litauischen und ukrainischen Wachmannschaften ins Ghetto zurück und begannen die verlassenen Wohnungen zu plündern. Die wenigen noch in ihren Malinen ausharrenden Juden müssen sie gehört haben. Y. Rudashevski und seine Familie sowie die seines Onkels und ein halb Dutzend weiterer Personen hatten sich am 23.9. in ihre Maline auf dem Dachboden ihres Hauses in der Disnestraße begeben. Dort harrten sie bis Anfang Oktober aus. Dann wurden sie von den Deutschen entdeckt, ins Gestapohauptquartier und von dort nach Ponar gebracht, wo alle außer einer Cousine Yitzchaks ermordet wurden. Dieser Cousine, Sore Voloshin, gelang es zu entfliehen und zu den Partisanen zu entkommen. Nach der Befreiung Wilnas im Juli 1944 kehrte sie zurück und fand in den Trümmern der Maline Yitzchaks Tagebuch[144].

TEIL II: ESTLAND

Ausbeutung in den Lagern des estnischen Ölschiefergebiets

Im Gegensatz zu den meisten Zeitzeugenberichten, die das Transitlager Vaivara als Ankunftsort in Estland angeben, nennt Efim 1962 bei seiner Befragung in Montreal hierzu den Umschlagplatz von Ereda. Er erinnert sich, dass zunächst eine Kontrolle von Helmut Schnabel und anderen SS-Leuten durchgeführt wurde und den Ankömmlingen alle Privatsachen abgenommen wurden:[145] „Bei dem Ingenieur Kroszkin, einem Bankier aus Wilna, wurde in der Mütze Gold gefunden. Herr Kroszkin wurde darauf von zwei SS-Leuten gehalten und von Schnabel fürchterlich mit einer Peitsche geschlagen."[146] Danach wurden die Wilnaer Juden in ein Übergangslager gebracht, über dessen Namen Efim sich zu diesem Zeitpunkt (1962) nicht mehr ganz sicher ist. Anfang Oktober musste er mit einer Gruppe von sechzig Mann nach Narwa marschieren. Zu diesen müssen wir, ohne dass Efim sie im Zusammenhang mit den 1962 durchgeführten Zeugenvernehmungen ausdrücklich erwähnt, seinen Schwager und natürlich Isaak rechnen.

Narwa

Lager Narwa (siehe Pfeil)

Man kann sich vorstellen, dass Isaak nach seiner Ankunft in Narwa von der Frage umgetrieben wurde, warum er mit Efim und vielen anderen Wilnaer Juden ausgerechnet an diesen Ort im äußersten Norden nahe der deutsch-sowjetischen Front und ca. 80 km von Leningrad entfernt verschleppt worden war. Doch konnte er darauf vermutlich keine befriedigende Antwort finden. Wohl war die Arbeit an Verteidigungsanlagen, dem Aushub von Panzerabwehrgräben und dem Bau von Bunkern, an denen die meisten Juden in Narwa beschäftigt waren, ein Hinweis darauf, dass die Deutschen vor Ort nicht genügend Arbeitskräfte zur Verfügung hatten, zumal die estnischen Juden zuvor größtenteils ausgelöscht worden waren, doch konnte Isaak kaum eine Vorstellung von Hitlers im März 1943 entworfenem Plan und den Ausmaßen eines Ostwalls haben, der hier an der Ostsee beginnen und sich bis zum Schwarzen Meer erstrecken sollte, ein Plan, der nur lückenhaft umgesetzt werden konnte. Von der Hauptaufgabe, die die Wilnaer Juden und andere Zwangsarbeiter in Estland erfüllen sollten, hatte er sicher keine Kenntnis. Nachdem sich die deutschen Truppen aus der kaspischen Ölregion zurückziehen mussten, wurde das estnische Ölschiefergebiet immer wichtiger für die Energiegewinnung. Eine geheime Anordnung Hermann Görings vom 16.3.43 hält fest, dass „die Entwicklung und Nutzung der estnischen Ölschieferindustrie die wichtigste kriegswirtschaftliche Aufgabe in den ehemaligen baltischen Staaten" ist[147]. Nach der deutschen Besetzung wurde die ansässige Ölschieferindustrie zu einer Gesellschaft fusioniert. Zwei Drittel der Arbeitskräfte dieser Baltöl-Gesellschaft, einer Tochter der IG-Farben, bildeten Kriegsgefangene und Zwangsarbeiter. Um diese Ressourcen aufzufüllen, befahl Himmler in der bereits zweimal erwähnten Anordnung vom 21.6.43, soviel männliche Juden wie möglich für den Ölschieferabbau bereitzustellen. Unmittelbar darauf trafen sich die deutschen Besatzungsorgane unter Führung der Geheimpolizei und des SD in Reval/Tallinn zur Planung entsprechender Zwangsarbeitslager für die Baltöl.
Die Zahl der ursprünglich von der OT ab August 1943 angelegten Lager wuchs von 11 auf schließlich 21 an. Sie alle unterstanden dem neben einer Bahnstation gelegenen Hauptlager Vaivara, nicht weit von Narwa entfernt. Es wurde auf Himmlers Befehl am 15.9.43 eingerichtet.[148] Der Kommandant des KZ Vaivara, Hans Aumeier, brachte dort seine Erfahrungen als Lagerleiter von Auschwitz ein. Hstf Kurt Pani-

cke übernahm das Nebenlager Narwa Ende September, als der Transport mit den Komrasses ankam.[149] Das Lager lag am Stadtrand am Fluss Narwa und war in der Werkshalle der örtlichen Flachsfabrik bei der Strickfabrik untergebracht, wie der Wilnaer Bibliothekar und Schriftsteller Herman Kruk in seinen Tagebuchaufzeichnungen vermerkt. Er, der im gleichen Transport wie die Komrasses von Wilna nach Estland gekommen war, wurde zuerst einem anderen Außenlager von Vaivara zugeteilt und kam zusammen mit etwa 750 jüdischen Häftlingen am 7. Oktober ins Lager Narwa, wo sich bereits 500 Personen, darunter auch Frauen, befanden. Neben Arbeitseinsätzen beim Bau von Verteidigungsanlagen erwähnt er solche bei Wehrmachtseinheiten und Holzfällarbeiten in den Wäldern. Die hygienischen Bedingungen während seines viermonatigen Aufenthalts in Narwa beschreibt er als katastrophal. Er konnte nie baden, war von Läusen übersät und schlief auf dem blanken Boden[150].

Sima und ihr Freund Lolka kamen wie Kruk aus einem anderen Lager – allerdings erst im November – nach Narwa, wo Frauen und Männer von einander getrennt wurden. Die Frauen wurden „in einem riesigen, feuchten, fensterlosen Keller" mit hölzernen Stockbetten untergebracht, die Männer in ehemaligen Fabrikhütten. Die Kälte setzte den Häftlingen sehr zu, denn so Sima, „Keiner von uns hatte warme Kleidung"[151]. Sowohl Kruk als auch Sima beklagen die schlechte Behandlung der Häftlinge im Lager. Kruk erwähnt, dass jeder, ob jung, alt oder krank, arbeiten musste; dass als Strafmaßnahmen 25 Peitschenhiebe ausgeteilt bzw. Essensentzug angeordnet wurde. Die lang andauernden Zählappelle, in der Regel 1½ Stunden, bei jedem Wetter im Freien waren gefürchtet. Nach dem eigentlichen Abzählen begannen die Schikanen, wie Sima berichtet: „Mützen auf! Mützen ab!" Der Befehl wurde unzählige Male erteilt … Dann gab es weitere Befehle: „Schneller! Langsamer! Nach rechts! Nach links!" … eine Art Ausdauerselektion"[152] vor und nach einem langen Arbeitstag. Die tägliche Essensration bestand aus einem Teller dünner Fischsuppe, erinnert sich Sima. Wie sollte ein Heranwachsender wie Isaak davon satt werden, wie ein Erwachsener wie Efim? Sima und andere Frauen arbeiteten für die OT, sie putzte deren Unterkünfte und kümmerte sich um die Wäsche der OT-Männer. Dabei kamen die Frauen des Öfteren mit der estnischen Zivilbevölkerung in Verbindung, die ihnen freundlich begegnete. Die estnischen Dorfbewohner halfen den Frauen und steckten ihnen Lebensmittel zu, so dass Sima auch etwas für ihre Freunde ins Lager schmuggeln konnte.

Die mangelhafte Ernährung, die schlechten hygienischen Verhältnisse und die Kälte begünstigten den Ausbruch einer Typhus- und Choleraepidemie, die von November 43 bis Januar 44 im Lager grassierte und täglich 8 bis 10 Todesopfer forderte. Die Angst der Deutschen vor der Krankheit führte zu einer strengen Kontrolle der Unterkünfte durch Dr. Bodmann, der die Kranken unbarmherzig für die Erschießung selektierte.[153]

Kruk schreibt[154], dass um Neujahr in Narwa wegen der Typhusepidemie eine Quarantäne für sechs Wochen und noch einmal für sechs Tage verhängt wurde. Insgesamt habe es 400 Todesopfer gegeben. Ob Bekannte oder Freunde der Komrasses darunter waren, wissen wir nicht. Doch berichtet Efim von seinen eigenen Erfahrungen während der Quarantänezeit, als er mit ein paar Kameraden in der Nähe des Lagers Kohlen holen musste: „In dem Kohlenhaufen fanden wir oft Lebensmittel, die die estnische Bevölkerung dort für uns versteckte. Auch ich fand an diesem Tag in den Kohlen ein in Zeitungspapier eingewickeltes Brot, das ich schnell in meinem Kohleneimer versteckte. Ich ahnte nicht, dass [Lagerführer] Schnabel mich vom Lager aus beobachtet hatte. Als ich in das Lager zurückkam, empfing mich Schnabel und befahl mir, mit dem Kohleneimer in die Badestube zu gehen. Zwei weitere SS-Leute kamen dazu. Ich musste die Kohlen ausschütten und dabei sahen alle das in Zeitung gewickelte Brot. Unglücklicherweise war das Brot in eine deutsche Soldatenzeitung gewickelt. Schnabel schrie mich an, ich hätte Verbindung mit den Esten, um Nachrichten von der Front zu erfahren und schlug mich mit seiner Peitsche. Dann musste ich mich ausziehen, die zwei SS-Leute hielten mich fest und Schnabel versetzte mir 25 Peitschenhiebe, die ich mitzählen musste. Ich bin dann ohnmächtig geworden und zwei Häftlinge haben mich in die Baracke gebracht. Ich konnte tagelang weder sitzen noch liegen. Mein Glück war, dass wir in dieser Zeit nicht zur Arbeit geschickt wurden, denn ich hätte unter diesen Umständen nicht arbeiten können und wäre sicherlich erschossen worden."[155] Welche Angst mag sich Isaaks bemächtigt haben, als Efim ohnmächtig wurde und er fürchten musste, dass er den einzigen Menschen seiner Familie, der ihn hier zu beschützen suchte, verlieren könnte?

Neben den Krankheiten forderte der Sadismus der deutschen Lageraufseher weitere Opfer. Kruk berichtet, dass an einem Feiertag im Dezember Freunde des Lagerführers das Lager besuchten und ihnen ein grausames Schauspiel geboten wurde: zwei alte Männer, einer von ihnen ein bekannter Platzanweiser des Wilnaer Theaters, wurden vor aller Augen geschlagen, bis sie zu Boden fielen und dort zu Tode getrampelt. Ein ähnlicher, vielleicht auch derselbe Vorfall muss Efim im Sinn gewesen sein, wenn er von einem Abendappell berichtet, den der betrunkene Schnabel mit zwei ebenfalls betrunkenen SS-Leuten durchführte: „Schnabel ließ uns zwei Stunden angetreten stehen, bis es bald dunkel wurde. Zwei ältere und schwache Männer hielten dies … nicht aus und brachen zusammen. Schnabel ging zu einem von ihnen und schrie: „Aufstehen!" Dann trat er mit den Füßen auf ihm herum. Die beiden jungen SS-Leute kamen dazu und traten zusammen mit Schnabel erst auf dem einen dann auf dem anderen Mann herum, bis beide tot waren. … Die Leichen wurden … fortgebracht und im Heizungsofen verbrannt. Eines der Opfer soll ein Ingenieur Marcus gewesen sein, der von Warschau nach Wilna geflüchtet war."[156] Sima erinnert sich, dass an Heiligabend 1943 eine schreckliche Selektion durchgeführt wurde, deren Ende sie bei ihrer späten Rückkehr ins Lager nach einem verlängerten Arbeitseinsatz noch beobachten konnte, ohne selbst betroffen zu sein: „Alle standen auf dem Hof. Sie standen schon die ganze Nacht, seit sie von ihrer Arbeit zurückgekehrt waren. Der Platz war von Scheinwerferlicht hell erleuchtet. Die Deutschen umkreisten die Stehenden und verprügelten und ermordeten willkürlich Menschen, die ihnen in den Weg kamen. Die Leichen wurden wie wertlose Bündel in den Fluss geworfen. Lagerführer Panike und seine Henker hatten den Befehl erhalten, diese sogenannte ‚Stille Nacht' zu nutzen, um die Lagerbevölkerung … zu reduzieren. Diese Arbeit verschaffte ihnen enorme Genugtuung."[157] An einen ähnlich makabren Vorfall an Silvester erinnert sich Yitzhak Zohar, der ebenfalls nach Narwa gebracht worden war: Panike, Schnabel und weitere Personen, unter ihnen auch betrunkene Offiziere, befahlen alle Häftlinge einschließlich der Kranken zum Appell. Jeder, der nicht für eine längere Zeit stehen konnte, wurde auf den Schnee und das Eis gelegt. Das schreckliche Schauspiel zog sich eine ziemlich lange Zeit hin und hatte entsprechend erwartbare Konsequenzen.[158]

Über die Umstände, unter denen der berühmte Philologe Zelig H. Kalmanovitch, der auch den Komrasses bekannt gewesen sein dürfte, in Narwa Anfang 1944 ermordet wurde, ist nichts Näheres bekannt.[159] Dagegen gibt es von den Umständen des Todes von Dr. Katz, einem Wilnaer Zahnarzt, dessen Tochter eine Schulfreundin von Efim war, außer Efim einen weiteren Zeugen, den Schneider Tsipuk, der bestätigt, dass Dr. Katz mit einem Pulver, Efim spricht von Kalk, vergiftet worden ist. Der Lagerleiter Schnabel zwang einen jungen Mann, Katz das Pulver in den Mund zu schütten.[160] Dem für alle estnischen Lager zuständigen Lagerarzt Dr. v. Bodmann legt Efim ebenfalls in Narwa begangene Verbrechen zur Last, die auch von Isaak angesehen worden sein müssen: Von Bodmann ließ bei einer seiner Visiten 15 bis 20 Kranke zur Vernichtung abtransportieren. Bei einer anderen Inspektion entdeckte er ein Kind unter den Häftlingen. Die Mutter konnte den 4 bis 5-jährigen Jungen längere Zeit verstecken, muss aber laut Efim „verraten worden sein, denn eines Abends trat sie beim Appell mit dem Kind zusammen an. An dem Tag … stand [Dr. v. Bodmann] auf dem Appellplatz. Er ging auf die Frau zu, riss ihr das Kind fort, hob es mit dem linken Arm hoch, zog mit der rechten Hand seine Pistole, warf das Kind mit dem linken Arm hoch und erschoss es im Fallen."[161] Fassungslos werden die Häftlinge das brutale Geschehen beim Appell verfolgt haben. Ob und wie die Mutter des getöteten Kindes weiterleben und weiterarbeiten konnte, wissen wir nicht. Sicher wird sich Efims Herz in ohnmächtiger Wut zusammengekrampft haben in erneuter Sorge um seine eigene Frau und sein Kind. Ein weiteres Verbrechen von Dr. v. Bodmann betraf einen jungen Arzt aus Wilna, Dr. Abramovitch: „Den jüdischen Ärzten war es verboten, sich als Arzt zu bezeichnen, sie durften nur angeben, ‚Pfleger' zu sein. Eines Tages hielt Dr. v. Bodmann den Dr. Abramovitch an und fragte ihn: ‚Was bist Du von Beruf?' – ‚Ich bin Arzt', antwortete Dr. Abramovitch, ohne zu überlegen. ‚Was bist Du, Du verfluchter Hund?' schrie Dr. v. Bodmann ihn an, zog seinen Dolch und stach drei Mal auf Dr. Abramovitch ein. Dr. Abramovitch brach zusammen und wurde in das Revier gebracht. Einige Tage später ist er im Revier gestorben."[162]
An Flucht oder Widerstand war in Narwa laut Sima nicht zu denken. Die Häftlinge waren zu geschwächt, es gab außerhalb keine Unterstützung. Ein junger Flüchtling namens Sascha Rosenberg versuchte es mehrfach, wurde aber immer wieder gefasst und bestraft. Kruk erfuhr

später, dass einige FPO-Mitglieder für Straßenarbeiten an der Strecke von Soski nach Vask-Narwa am Peipussee eingesetzt wurden und von dort aus nach einiger Zeit Kontakt zu Partisanen auf dem anderen Ufer des Narwa-Flusses aufnehmen konnten. Wegen des russischen Vormarsches wurde das Lager dieser FPO-Mitglieder Anfang Februar 1944 überraschend evakuiert, so dass die für die nächsten Tage anberaumte Flucht zu den Partisanen ins Wasser fiel.[163]

Sima sah unter den gegebenen Umständen die einzige Möglichkeit, sich von den deutschen Unterdrückern nicht brechen zu lassen, in einer Art geistigem Widerstand und mit anderen Künstlern aus Wilna gegen die Besatzer mit alten und neuen Liedern anzusingen.

Für die Frauen besonders schwer zu ertragen war die Anordnung, die Lagerführer Panike eines Tages dem Frisör des Männerlagers übermittelte, alle Frauen – angeblich wegen Läusen – kahl zu scheren. Frisör Motke aus der Wilnaer Kalvariskastraße, in der auch Efims Familie gewohnt hatte und der ihm sicher schon aus Wilnaer Zeiten bekannt war, versuchte die entsetzten Mädchen damit zu trösten, dass ihre Haare doch wieder wachsen würden. Aber deren Schmerz war tief. Sima sah in dem Scheren der Haare „eine Methode, jüdische Frauen zu beleidigen und zu demütigen. Außerdem waren wir im Falle eines Fluchtversuchs sofort erkennbar"[164].

Ob Efim und Isaak vor ihrer Evakuierung aus Narwa noch mitbekommen haben, dass auch Motke ermordet wurde, ist unklar. Efim gibt auf einem Fragebogen der amerikanischen DP-Behörde an, bis zum 7.1.44 in Narwa gewesen zu sein. Wenn er das Datum richtig erinnert, wünschte man, dass er und Isaak zu diesem Zeitpunkt nicht oder nicht mehr von der Typhusepidemie betroffen waren.[165] Efim vermerkt den 10.1. als Ankunftstag im Lager Kivıöli.

Herman Kruk berichtet ebenfalls von der Evakuierung des Lagers Narwa, notiert aber, dass zuerst die Kranken und Schwachen nach Vaivara geschickt wurden und die übrigen gut 800 Männer am 1. Februar zu Fuß nach Vaivara marschieren mussten, wo sie am 2. Februar ankamen. Sie hielten sich zwei Tage dort auf und landeten nach verschiedenen Zwischenstationen schließlich am 7.2. in Kivıöli. Sima erinnert sich dagegen, erst Ende Februar mitten in der Nacht zum Appell gerufen und informiert worden zu sein, dass sie das Lager, das schon in Flammen stand, schnellstens verlassen müssten. Während sie von den Wachen angetrieben wurden, waren schon Schüsse und Bom-

beneinschläge der herannahenden russischen Front zu hören.¹⁶⁶ Simas Aussage wird vom Wilnaer Schneider Tsipuk bestätigt, der in einem Interview Kruk gegenüber äußerte: „Die Evakuierung von Vaivara geschah Ende Februar 1944. Hier sammelten sie die Juden von Narwa, Vivikoni 2 ... und weitere. Die Reise dauerte drei Tage; sie marschierten bei Nacht. Alte und schwache Leute wurden auf Wagen transportiert. So legten sie 60 km zurück ... Wer zurückfiel, wurde ins Meer geworfen ... Die Gruppen von Narwa sind nun in Kiviöli."¹⁶⁷.
Eine etappenweise Räumung des Lagers ist durchaus vorstellbar und hängt mit der militärischen Entwicklung an diesem Frontabschnitt zusammen, an dem die deutsche Heeresgruppe Nord und die sowjetische Leningrader Front monatelang erbittert um den Brückenkopf von Narwa kämpften. Am 14.1.44 begannen die Sowjets einen Angriff mit dem Ziel, die Deutschen aus ihrer Verteidigungsstellung Nordwall zu vertreiben und nach Estland vorzustoßen. Generaloberst Jodl zog die deutsche Armee an das Westufer der Narwa zurück, legte aber einen starken Brückenkopf am Ostufer des Flusses an. Am 3.2. gelang es einer sowjetischen Division, die deutschen Linien zu durchbrechen und einen Brückenkopf am Westufer zu errichten. Am 24.2. brachte die Rote Armee die Haupt-Eisenbahnlinie, die die Versorgung Narwas sicherte, unter ihre Kontrolle und startete immer neue Offensiven entlang der Narwa-Linie. In der Nacht vom 6.3. auf den 7.3. erfolgten mehrere Bombenangriffe auf die Stadt Narwa und die Artillerie begann die Stadt zu beschießen, worauf die Zivilisten die Stadt in Richtung Westen verließen. Auf Anordnung Hitlers wurde Narwa am 23.3.44 zur „Festung" erklärt und sollte unbedingt gehalten werden. Die Kämpfe zogen sich hin. Erst am 23.7. ordnete SS-Obergruppenführer Steiner entgegen der ausdrücklichen Weisung Hitlers den Rückzug in die Tannenberg-Stellung an.¹⁶⁸
Mittlerweile ging die Ausbeutung der Häftlinge in den Außenlagern von Vaivara ungehindert weiter.

Kiviöli

Mit der Zeit konnten Efim und Isaak herausfinden, wohin sie gebracht wurden. Ihr Lager gehörte zu einer kleinen Stadt, deren Wahrzeichen zwei Ascheberge sind, die sich im Laufe des jahrelangen Ölschieferabbaus angehäuft haben. Diesem Industriezweig verdankt der Ort seine Entstehung und seinen Namen, der auf Deutsch Steinöl heißt. Schon 1922 wurde mit dem Tagebau, ab 1933 auch mit dem Abbau unter Tage begonnen. In den 30er Jahren wurden zwei große Öl- und Benzinfabriken gebaut, die den Zuzug in die Arbeitersiedlung des Orts verstärkten. Die verkehrsgünstige Lage an der Bahnlinie zwischen der Hauptstadt Tallinn und der Grenzstadt Narwa begünstigte den Abtransport der Produkte.[169]

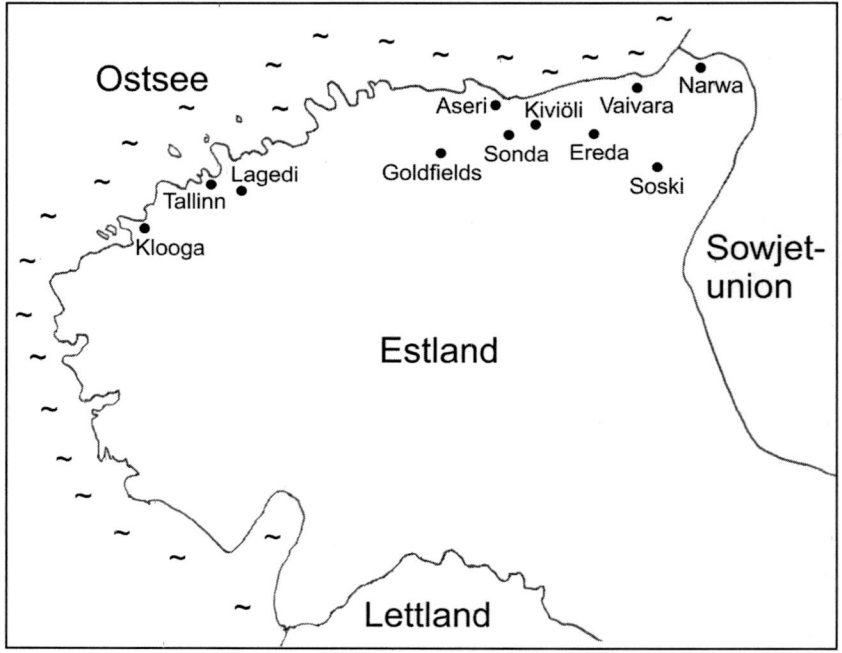

Lager in Estland

Während der deutschen Besatzung hatte die Fa. Baltöl hier ihren Hauptsitz. Auch das Mineralölkommando, der Generalarbeitsführer des OT Werkschutzes, ein deutscher Gendarmerieposten und die Standortkommandantur der deutschen Wehrmacht waren in Kiviöli stationiert. Zudem unterhielt der Führer der Sipo Estlands hier ein Zweigbüro.

Die Zwangsarbeit leistenden Häftlinge waren in verschiedenen Lagern untergebracht. Wegen der wachsenden Zahl der Gefangenen, die von 448 im Oktober 1943 auf 1.300 im Februar 1944 anstieg, wurde zwei Kilometer vom 1. Lager ein zweites für die jüdischen Häftlinge eingerichtet[170]. Außerdem gab es ein Lager für russische Kriegsgefangene. Die jüdischen Lager wurden gemeinsam verwaltet, hatten aber verschiedene Lagerführer. H. Kruk, Y. Zohar, Sima und wohl auch Efim und Isaak befanden sich im Lager II. Kruk bezeichnet es als Ostländerlager für die OT, das sich bei einer Seifenfabrik befand[171].

Die sanitären Verhältnisse in den Lagern waren ursprünglich sehr schlecht, verbesserten sich aber, als die Baltöl aus Sicherheitsgründen, um Fluchtversuche einzudämmen und die jüdischen Häftlinge von der übrigen Belegschaft abschotten zu können, den Brunnen, Wasserquelle für die Allgemeinheit, durch eine Wasserleitung ins Lager ersetzte. Nach Simas Erfahrung gab es zwischen den Häftlingen beider Lager keine Kontakte. Y. Zohar dagegen erklärt, dass er auf dem Weg zur Arbeit Häftlinge aus dem Lager I traf und viele vom Wilnaer Ghetto her kannte. Unter ihnen entdeckte er plötzlich seinen jüngeren Bruder Chaim. Das unverhoffte Wiedersehen war sehr bewegend. Von Chaim erfuhr er, was seiner Familie widerfahren war: Die Eltern wurden ermordet, seine ältesten Brüder und seine Freundin konnten zu den Partisanen entkommen. In Kiviöli arbeiteten sie in einer Fabrik, in der aus gelbem, bitumenhaltigem Gestein Öl extrahiert wurde. Die Arbeitsbedingungen waren sehr schwer.[172] Die Belegschaft des zweiten Lagers bestand überwiegend aus Wilnaer Juden, die sich gegenseitig unterstützten. Offenbar gab es auch hier wie in den anderen Lagern Funktionshäftlinge. So wird für Lager I der Wilnaer Jude Cypelewicz als Lagerältester genannt, der später von Dr. Bodman zur Erschießung beim Lager Ereda selektiert wurde. Funktionshäftlinge im Lager Kiviöli II sind mir namentlich nicht bekannt.

Allerdings berichtet Sima, dass sie selbst zunächst als Blockälteste oder, wie sie sagt, „Hausvorsteherin" eingesetzt wurde. Sie musste sicherstellen, dass alle Frauen, inklusive der Kranken, zum Appell erschienen. Außerdem musste sie für die Sauberkeit in der Baracke und die gerechte Verteilung der täglichen Essensration, bestehend aus Brot und Suppe, sorgen. Der Stellvertreter des Lagerkommandanten I, Erich Runde, an dessen Schikanen beim Appell sich die Häftlinge aus Kiviöli I leidvoll erinnern[173], trieb auch in Lager II sein Unwesen. Sima nennt als Beispiel seinen „Sauberkeitsfimmel". Nach dem Abzählen mussten die Häftlinge ihre Decken aus den Baracken holen, sie ausschütteln und ausklopfen und in die Baracken zurückbringen. Dann musste die Prozedur wiederholt werden, um durch diese sinnlose Maßnahme das Gefühl des Ausgeliefertseins bei den Häftlingen zu verfestigen. Als Runde bei einem Kontrollgang durch die Baracken ein paar sehr kranke Mädchen, die Sima unter den Decken versteckt hielt, mit einem Stock aufspürte, wurde Sima angeschrien, geschlagen und getreten und verlor ihren Posten. Zunächst sollte sie in den verschneiten Wäldern „lernen, was harte Arbeit war"[174]. Auch andere Häftlinge belasteten Runde sowie dessen Kollegen Oscar Helbig schwer. Beide hätten schwache Häftlinge auf große Meiler heißer Schlacke geworfen und lebendig verbrannt. Der Lagerkommandant II, Wirker, fiel den Häftlingen durch Überprüfungen des Krankenreviers und sonntägliche Appelle auf, bei denen zahlreiche Grausamkeiten verübt wurden. Fortlaufend wurden Selektionen durchgeführt, die u.a. viele Opfer unter schwangeren ungarischen Jüdinnen forderten, die nach Kiviöli gebracht worden waren.[175] Yitzhak Zohar machte eine interessante Beobachtung hinsichtlich der beiden Lagerleiter. Er schreibt, dass es noch erträglich zuging, wenn nur einer von beiden ins Lager kam. Waren sie aber beide anwesend, so versuchte einer den anderen zu übertrumpfen mit gnadenlosen Schlägen und „Übungen", die Ältere und Kranke nicht überstanden. Yitzhaks Überlebenswille trieb ihn an, sich nach der Arbeit durch Schuhreparaturen zusätzliche Lebensmittelzuwendungen zu verdienen. Eines Nachts wurde er von Lagerleiter Wirker überrascht, der sich unerwarteterweise von einer anderen Seite zeigte. Yitzhak sollte nun als Schuhmacher arbeiten und Reparaturen u.a. für Angehörige einer Luftwaffeneinheit ausführen. Nicht nur wurde Yitzhak von da an besser behandelt und verpflegt, sondern auch sein Bruder, der auf Veranlassung Wirkers ins Lager II zu Yitzhak überstellt wurde. Für Sima entwickelte sich die Lage nicht so günstig. Eine Zeitlang musste sie in einer Zementfabrik arbeiten, in der riesige Zementblöcke hergestellt wurden. Dann wurde sie beim Be- und Entladen von Zügen mit Sägespänen eingesetzt, woran sie eine besondere Erinnerung hat. In den Sägespänen versteckt fand sie und ihre Kollegen kurze Nachrichten von Häftlingen aus anderen estnischen Lagern, auf denen sie ihre Namen und ihren Aufenthaltsort vermerkten. Diese Entdeckung gab den voneinander abgeschnittenen

Häftlingen der estnischen Lager ebenso Hoffnung wie die Bombardierungen als Zeichen der herannahenden Front. Um sich gegenseitig zu ermutigen und aufzubauen, wurden literarische Abende veranstaltet, an denen Sima u.a. Gedichte rezitierte. Natürlich wurde auch gesungen. Ein besonderer Anlass dafür war Simas 19. Geburtstag im April 1944, an dem ihre Freunde ein „Festessen" mit einer eingelegten grünen Tomate, einigen Knoblauchzehen und einer Zwiebel organisierten. Aufmerksamkeiten in Form von kleinen Lebensmittelzuwendungen bekamen die jüdischen Häftlinge auch von jenseits ihres Stacheldrahts untergebrachten holländischen Widerständlern, deren Essensrationen entsprechend ihrer von den Nazis zugewiesenen „Rassenzugehörigkeit" größer waren.

Es ist anzunehmen, dass die kulturellen Veranstaltungen der Häftlinge im Lager auch für Efim und Isaak ein kleiner Lichtblick waren. Leider wissen wir nicht, welche Arbeiten sie hier zu verrichten hatten und wie sich ihr Gesundheitszustand unter den gegebenen Bedingungen entwickelte.[176]

Sima erwähnt, dass die ständig überfüllte Krankenbaracke, mit richtigen Betten ausgestattet, „eine Oase der Ruhe und Sauberkeit inmitten des Chaos und Drecks war, in dem wir lebten"[177]. Doch eines Nachts wurde das Revier, von den schlafenden und gesunden Häftlingen unbemerkt, geräumt. Vermutlich spielt Sima hier auf eine Vorläuferaktion der „10%"-Selektion an, die Dr. Bodman in beiden Lagern von Kiviöli durchführte. Wie in anderen Lagern auch, fand der Häftling, der für die Wartung der Fahrzeuge verantwortlich war, im Lkw, in dem die Opfer weggebracht wurden, Hinweise in mehreren Sprachen, dass die Selektierten bei Ereda erschossen wurden. Interessanterweise mussten sich die Opfer gegen ihre Mörder gewehrt haben, wie ein SS-Fahrer, der mit verwundetem Arm und zerbrochenem Gewehr zurückkehrte, beklagte. Die SS-Offiziere kamen mit blutverschmierten Uniformen und Stiefeln zurück, ein SS-Zahnarzt mit einer Schachtel Goldzähnen[178].

Wann Efim und Isaak ins nächste Lager verlegt wurden, ist nicht nachweisbar. Einen Anhaltspunkt kann uns möglicherweise Simas Bericht über das überraschende Auftauchen des Lagerführers von Narwa, Kurt Panike, im Frühjahr 1944 in Kiviöli geben. Er suchte Freiwillige für das Lager Klooga und Aseri. Gerüchten zufolge gehörte Klooga, wo die intellektuelle Elite der Wilnaer Juden inhaftiert war, zu den besseren Lagern. Ob Kruk sich damals den Volontären für Klooga anschloss oder ob er bereits früher deportiert wurde, ist unklar. Sima und ihr Freund Lolka hatten sich schon in die Warteschlange für Klooga eingereiht, aber im letzten Moment ihre Entscheidung revidiert und sich in die Reihe für das Lager Aseri begeben, die richtige Entscheidung, wie sie im Nachhinein erkennt, „eine Entscheidung für das Leben"[179], die so auch Efim und Isaak getroffen haben werden.

Von Kruk und Nisan Anolik wissen wir, dass das etwa 40 km von Tallinn entfernte Lager Klooga eines der schlimmsten war. Dort musste bis zu 16 Stunden täglich schwere Arbeit geleistet werden, z.B. mussten 3 m lange Deckenbalken und Zementsäcke mit einem Gewicht von ½ Zentner getragen werden. Zudem wurden die Häftlinge mit sadistischen Strafen gequält[180]. So schreibt Kruk z.B. am 14.7.44 in sein Tagebuch, dass er für seine Unterstützung des Lagerbeirats bestraft und der Abteilung zugeteilt wurde, die Stahlbeton produzierte: „Die Arbeit ist hart und qualvoll. Meine Arme schwellen, die Adern an Armen und Beinen treten hervor. Die Haut ist rissig und hängt in Fetzen von meinen Armen. Meine Arme und Beine sind schwer wie Blei und ich bin völlig erschöpft und kann mich vor Müdigkeit kaum aufrecht halten."[181]

Nur die Nachrichten vom Vorrücken der Roten Armee und vom wenn auch missglückten Attentat auf Hitler, das erstaunlicherweise schon am 21.7.44 in Klooga bekannt wird, geben den Häftlingen Hoffnung.

Aseri

Sima erzählt, dass Panike 200 Personen in Kiviöli für das Lager Aseri aussuchte. Dass er sie für seine persönlichen Leibeigenen hielt, über deren Leben er selbstherrlich verfügen konnte, geht aus seiner zynischen Bemerkung hervor, die von Sima überliefert ist: „Meine Juden erschieße ich selbst."[182]

Die Lage des ehemaligen Fischerdorfes Aseri am Finnischen Meerbusen war idyllisch. Doch hatten sich hier um die Wende zum 20. Jahrhundert die ersten Zementfabriken Estlands entwickelt, die allerdings Ende der 20er Jahre geschlossen wurden. Arbeitsplätze boten nun Ziegeleien. Mittels einer 1939 gebauten Hafenmole konnten die Baumaterialien leichter über die Ostsee nach Skandinavien exportiert werden.

Zudem führte eine kleine Schmalspurbahn vom Bahnhof Sonda zum Hafen. Das von den Nazis am 8. Mai 1944 eingerichtete KZ-Außenlager lag im Wald versteckt. Die 225 Gefangenen, zu denen Efim und Isaak nun gehörten, wurden von 23 estnischen Wachleuten beaufsichtigt, die dem Lagerkommandanten Panike und dem SS-Sanitäter Erich Scharfetter unterstanden. Aus „seinen Juden" suchte sich Panike einen persönlichen Häftlingsstab aus, der sich ausschließlich um sein Wohlbefinden kümmern musste. Dazu gehörte ein Koch, ein Hausmädchen und ein Friseur[183]. Wie Reuven Wajner erzählt, wurde er für letztere Aufgabe und allerlei Putzdienste bei einem Appell erkoren, wodurch er von der körperlich schweren Häftlingsarbeit im Freien ausgenommen wurde. Er hatte es somit etwas besser als andere Häftlinge, war aber nicht weniger von Panikes Launen und Wohlwollen abhängig. Er charakterisiert ihn als einen bösartigen und niederträchtigen Menschen[184].

Auch in diesem kleinen Lager gab es Funktionshäftlinge, die für die innere Ordnung sorgen mussten. So ist mindestens der Lagerälteste namentlich bekannt. Wie dieser Diller seine Funktion ausübte, wissen wir allerdings nicht.[185]

Offenbar mussten die Häftlinge den Weg von Kiviöli nach Aseri zu Fuß zurücklegen.[186] Die vier Holzbaracken waren von einem elektrischen Stacheldrahtzaun[187] umschlossen, der die jüdischen Häftlinge von dem OT-Ostländerlager abgrenzte, in dem seit September 1943 westeuropäische Zwangsarbeiter untergebracht waren. Sima berichtet von Holländern, die für die SS als Fahrer, aber auch im Steinbruch arbeiteten. Einer war besonders freundlich zu ihr und hinterlegte ihr bei der Arbeit immer wieder ein belegtes Brot, da die Versorgung der Holländer besser war als die der Juden. Von Sima wissen wir, dass für die schwere Arbeit im Steinbruch nicht nur Männer, sondern auch Frauen und Kinder eingesetzt wurden. Sie mussten Kalk abbauen und ihn auf Schubkarren laden. Zohar erwähnt, dass alle im Tagebau arbeiteten. „Wir schafften Gesteinsbrocken, die für den Straßenbau und Armeeeinrichtungen verwendet wurden, auf eine Schmalspurbahn zum Abtransport."[188] Ein Holländer nahm die gefüllten Schubkarren entgegen und ließ sich mit dem Abladen Zeit, um den jüdischen Häftlingen eine Verschnaufpause zu geben. Er flüsterte ihnen zu, langsam zu arbeiten. Eines Tages erschien der bei den Häftlingen berüchtigte SS-Lagerarzt Dr. Bodman, begutachtete die Arbeit im Steinbruch und erklärte sie als für Frauen und Kinder ungeeignet. Diese befürchteten, dass sie nun selektiert würden. Sima wandte sich im Namen der Betroffenen daher an den Lagerkommandanten Panike und bat darum, dass alle dort weiter arbeiten dürften. Panike beließ es bei der bisherigen Arbeitseinteilung, gab jedoch Sima einen leichteren Arbeitsplatz. Dr. Bodman bezog auch die hygienischen Verhältnisse und die Lagerverpflegung in seinen Inspektionsbericht ein. Beide bezeichnete selbst er als unzureichend.[189]

Anstelle der Arbeit im Steinbruch sollte Sima sich um die Wäsche der SS und der Holländer kümmern und für die SS die Sauna in einem kleinen Badehäuschen vorbereiten. Dieses befand sich außerhalb des Lagers in der Nähe eines estländischen Bauernhofes. Von den Bauern bekam Sima für Hemden und Unterwäsche, die die Gefangenen noch besaßen, Kartoffeln, die die unzureichende Verpflegung aufbessern sollten. Unglücklicherweise wurden die Kartoffeln von dem sadistischen SS-Mann Gent im Badehaus entdeckt, der im nahegelegenen Wald eine kleine Gruppe jüdischer Männer, die als Holzfäller arbeiteten, beaufsichtigte. Simas entwaffnende Offenheit schien Gent zu imponieren, sein Zorn schlug um und er bot ihr sogar ein wenig Speck zu den Kartoffeln an.

Zohar gelang es, im Lager wieder als Schuhmacher insbesondere für den stellvertretenden Lagerleiter mit dem Spitznamen „Giraffe" zu arbeiten, wodurch er mehr Lebensmittel bekam, die er mit seinem Bruder teilte.

Nach Efims Einschätzung wurden die Häftlinge in diesem Lager „einigermaßen gut behandelt", was seiner Meinung nach auf das in der Nähe liegende deutsche Militär zurückzuführen war, „das mit der SS auf gespanntem Fuß stand und Übergriffe im Lager nicht geduldet hätte." Er berichtet von einer absolut ungewöhnlichen Erfahrung mit einem Oberst der deutschen Wehrmacht, der offenbar im Rahmen seiner Möglichkeiten der Unterversorgung der Häftlinge entgegenwirken wollte: Er forderte täglich eine Arbeitskolonne von 20 Häftlingen an zu dem einzigen Zweck, ihnen Lebensmittel zukommen zu lassen. Hören wir Efim: „Ich war auch einmal bei einer dieser Gruppen und zu meiner größten Überraschung wurden wir von dem Oberst an einen Tisch mit Lebensmitteln aller Art geführt. „So meine Kinder", sagte er, „esst nur ordentlich, ich glaube, ihr habt es nötig." Darin bestand unsere ganze „Arbeit" bei dem Oberst."[190] Falls Isaak keine Gelegen-

heit hatte, einer solchen „Arbeitsgruppe" zugeteilt zu werden, wird Efim ihm sicher etwas mitgebracht haben, half ihnen doch jede zusätzliche Nahrungsergänzung zum Überleben. Ein weiterer Besuch des Lagerarztes Dr. v. Bodmann in Aseri stellte durch eine Selektion die Frage des Überlebens ganz konkret. Efim erinnert sich sehr genau daran: „Nach dem 20. Juli 1944, es war Ende Juli oder Anfang August 1944, kam Dr. v. Bodmann in das Lager. Er hielt uns einen großen Vortrag über das misslungene Attentat auf Hitler, an dem natürlich die Juden schuld wären. Er hätte infolgedessen den Befehl, dafür zu sorgen, dass 10% aller Lagerinsassen in Estland umgebracht würden und zwar zuerst die älteren und kranken Leute. Dann fing er an, aus den etwa 60 bis 120 Häftlingen des Lagers 30 Opfer auszusuchen. Als erstes suchte er Dr. Rucznik [einen Wilnaer Augenspezialisten, der einem deutschen General erfolgreich einen Splitter aus dem Auge entfernen konnte] heraus und sagte: ‚Du bist ein guter Arzt, aber schon etwas zu alt.' Dann folgte Rechtsanwalt Srolowicz aus Wilna und dann kam mein Schwager, der Bruder meiner Frau, an die Reihe. Mein Schwager war damals erst 22 Jahre alt, aber er trug eine Brille. Dann holte Dr. v. Bodmann mich heraus, aber unser Lagerführer rief: ‚Den brauche ich, der ist Lokführer.' Darauf schrie Dr. v. Bodmann: ‚Weg, du Hund!' und versetzte mir einen Fußtritt."[191]
Isaak wird in diesen Augenblicken zitternd die Luft angehalten haben. Auch an ihm ging das Damoklesschwert vorbei.
Auf der Liste der Opfer befanden sich auch Kinder, die die Häftlinge bis dahin hatten schützen können. Dass Sima nicht auf der Liste stand, glaubt sie ausgerechnet der Fürsprache des psychopathischen Gent zu verdanken. Trotz seiner Bitten, bei seinem Bruder bleiben zu dürfen, setzte Dr. Bodman Yitzhak Zohar auf die Liste. Ein anderes Bruderpaar sollte ebenfalls getrennt werden und der jüngere wollte auf die Liste gesetzt werden. Er tauschte im Einverständnis vom stellvertretenden Lagerleiter („Giraffe") mit Yitzhak. Zwei Tage nach Dr. Bodmans Selektion wurden die auf der Liste Stehenden auf Lkws abtransportiert. „Giraffe" bestätigte Yitzhak danach, dass er nicht mehr am Leben wäre, wenn er mit den anderen weggebracht worden wäre.[192]
Durch einen Zeugen wurde bekannt, dass die selektierten Opfer bei Ereda erschossen wurden. Panike erschoss gemäß seiner Ankündigung zu Beginn dieses Abschnittes eigenhändig „seine" Juden mit seinem Maschinengewehr. Eine Gruppe tödlich verwundeter junger Burschen

griff mit bloßen Händen Panike noch an und ruinierte mit ihrem Blut die makellose Uniform des Lagerkommandanten. (Auch Zohar bestätigt, dass Panike blutbedeckt zurückkehrte.) Er brachte sie Sima zum Waschen und scherzte, er habe sich duelliert.
Durch ein von einem Häftling gebasteltes Radio wurden die überlebenden Häftlinge in Aseri vom Näherrücken der Front und von der Befreiung von Wilna informiert. Der Jubel darüber drückte sich auch im gemeinsamen Singen ihrer jiddischen Lieder aus. Unterdessen verbreitete sich das Gerücht, dass die Häftlinge erneut verlegt würden. Das Außenlager Aseri sollte Anfang August aufgelöst werden.
Für die Klärung des weiteren Verlaufs von Isaaks und Efims Schicksal ergeben die vorhandenen Quellen unterschiedliche Anhaltspunkte. Zum einen können sie wie Sima der Hauptgruppe angehört haben, die nach Goldfields verlegt wird, zum anderen können sie auch mit einer kleinen Gruppe von Aseri per Schiff nach Stutthof deportiert worden sein.[193]
Der Weg in der Hauptgruppe wäre wie folgt verlaufen:

Goldfields

Sima schreibt: „Anfang August 1944 verlegte man uns von Aseri in das estländische „Lager Goldfilz."[194] Wie alle jüdischen Quellen verballhornt sie den Namen „Goldfields", der auf eine britische Firma der Zwischenkriegszeit zurückgeht. Die Beibehaltung des Namens durch die Baltöl, zu der die Schieferminen gehören, deutet auf die großen Erwartungen hin, die man mit diesen „Goldminen" verband. Das kilometerweit von jeder Zivilisation entfernte Lager befand sich im Wald. Zum Entsetzen der Ankömmlinge waren „alle Baracken leer", doch war das Lager „schwerer bewacht als alle anderen und hatte überall Wachtürme, bespickt mit SS-Männern."[195] Die gespenstische Stimmung, die über dem Lager lag, rief die Frage nach dem Verbleib der hiesigen Häftlinge und die Angst vor der eigenen Zukunft hervor. Der mit 15 Jahren im gleichen Alter wie Isaak Komras stehende Wilnaer Jude Yisroel Kaplan, der kurz vor der eigentlichen Eröffnung des Lagers im Februar 1944 nach „Goldfilz" kam, berichtet nach seiner Verlegung nach Klooga im April Herman Kruk von seinen Erfahrungen in „Goldfilz": Mitte Januar fand er dort noch „ein leeres Gelände vor. Es gab acht Baracken, in denen 170 Menschen untergebracht waren, Männer und Frauen. Später kamen Häftlinge aus verschiedenen Lagern hinzu. Mitte März erreichte die Lagerbevölkerung 1.700 Personen. Sie kamen aus den Lagern, die infolge des sowjetischen Ansturms aufgelöst wurden." Die Überbevölkerung im Lager verschlechterte die hygienischen Verhältnisse rapide. Alle Häftlinge wurden von Läusen infiziert. Kaplan weiter: „In Goldfilz war die Todesrate hoch, drei bis vier Personen täglich. Man arbeitete beim Bau von Baracken und bei der Eisenbahn, beim Transport und in Minen, in denen weißer Stein anstelle von Kohle benützt wurde, um Gas zu extrahieren."[196] Wegen der Überbelegung des Lagers werden im April 150 Häftlinge nach Klooga überstellt, unter ihnen Kaplan. Ein Vierteljahr später weist die Baltöl-Statistik nur noch 405 jüdische Arbeiter von „Goldfilz" aus. Herman Kruk hält in einem Tagebucheintrag vom 30.7. in Klooga die Zuspitzung der Lage fest, vermittelt einen Eindruck von der Anspannung der Häftlinge, von der Beobachtung, dass ihresgleichen in einem vagabundierenden Häftlingszug wie Treibsand umhergewirbelt wurden, was zu einer weiteren Verunsicherung die eigene Zukunft betreffend führte. „Alles ist befreit, sogar Warschau, alles außer uns. Hier bemerken wir nichts davon … die OT-Leute erledigen ihren Job, als ob nichts geschehen wäre … wieder leben wir in Angst, was unser Schicksal angeht. … Ein Zug mit 15 Waggons, in denen sich Juden aus Goldfilz und Ereda befinden, … wird in Klooga erwartet. Doch braucht man in Klooga keine Arbeiter mehr … sie sollen nach Tallinn gebracht werden … der Feind steht nur 100 km von der Stadt entfernt. Warum werden die Juden … hin und hergeschickt? Es bedeutet, sie suchen nach Arbeit, sie suchen einen Ausweg. … Die Leute hier sind alarmiert. Alles wird genau beobachtet. Kein Anzeichen von Ruhe. …"[197]

Die selbe Anspannung, wie sie Kruk für Klooga beschrieb, erfasste unsere aus Azeri nach „Goldfilz" gebrachten Häftlinge. Den Gefangenen war klar, dass das Ende unmittelbar bevorstand. An ihrem neuen Aufenthaltsort gab es nicht mehr die alltägliche Arbeitsroutine, da die Produktion inzwischen eingestellt war. Das Warten auf das Unbekannte zehrte an den Nerven. Eine Gruppe von 40 Gefangenen wollte sich dem widersetzen und plante eine gewagte Flucht. In der Nähe der Toiletten gruben sie einen Tunnel unter dem Stacheldrahtzaun hindurch. Angeführt von dem bekannten Dichter Hirshke Glik[198] robbte sich die

Gruppe erfolgreich durch den Tunnel. Doch als Lagerkommandant Panike beim Appell das Fehlen der Gruppe bemerkte, befahl er die Jagd auf die Flüchtenden mit Spürhunden. Man kann sich vorstellen, wie Isaak, Efim, Sima und die übrigen Häftlinge nicht nur um die Flüchtenden zitterten, sondern auch um ihr Leben bangten. Sima berichtet: „Die Flucht war hoffnungslos. Die Gefangenen liefen von einem fremden Ort weg, ohne Karten und ohne Kompass. Sie kannten weder die Gegend, noch sprachen sie die estländische Sprache. Die Hunde spürten sie auf wie die Hasen. Die meisten wurden auf der Stelle ermordet."[199] Danach begann die Evakuierung des Lagers Goldfilz. Die überlebenden etwa 180 Gefangenen wurden von 50 SS-Männern schwer bewacht auf Lkws verladen und Richtung Ereda abtransportiert. Das war ein schlechtes Omen, galt doch Ereda als Ort der Vernichtung, ähnlich wie Ponar zuvor in Wilna. Doch unterwegs erhielt Panike durch einen Kradmelder den Befehl, die Fahrtrichtung zu ändern. Offenbar, so Simas Eindruck, war die russische Armee den Deutschen so dicht auf den Fersen, dass sie Estland verlassen mussten. Unter den Gefangenen brach Panik aus. Einige sprangen von den Lkws und suchten sich vergeblich zu verstecken; ein paar wurden erschossen, dann ging der Transport weiter.[200] Die Gefangenen wurden nach Tallinn gebracht und eilig auf ein Schiff verladen, auf dem sich schon „hunderte Juden" befanden. Kommandant Panike prophezeite „seinen Juden", dass sie sich an ihrem nächsten Ziel noch nach den estnischen Lagern zurücksehnen würden. Nach den gegenüber dem Wilnaer Ghetto ungleich schwierigeren Verhältnissen in Estland noch eine weitere Verschlechterung?

TEIL III: DEUTSCHLAND

Das Transitlager Stutthof

Die Bedingungen auf dem Evakuierungsschiff waren katastrophal. Sima berichtet: „Es war eine schreckliche Reise. Wir hatten nichts zu essen und nicht einmal Toiletten oder Waschmöglichkeiten. Wir waren so eng zusammengepfercht, dass wir uns kaum bewegen konnten und nicht einmal die Möglichkeit hatten das Erbrochene der Seekranken aufzuwischen."[201] Das Schiff fuhr über die Ostsee nach Danzig, wo die Gefangenen auf ein anderes Schiff umgeladen wurden, das sie nach Stutthof brachte.

Noch während Isaak, Efim, Sima, ihr Freund Lolka u.a. auf die Danziger Bucht zusteuerten, wurden in Estland der Schriftsteller Kruk, der ehemalige Wilnaer Ghettopolizist Anolik und andere am 22.8. vom Lager Klooga ins Lager Lagedi verlegt. Am 17.9.44, dem Feiertag Rosch Haschana, begräbt Kruk mit sechs Freunden als Zeugen seine gesamten Manuskripte in einer Baracke von Lagedi. Am 18.9. werden sämtliche Häftlinge sowohl in Lagedi als auch in Klooga in großer Eile ausgelöscht. Zu ihrer Evakuierung auf dem Landweg gab es keine Möglichkeit mehr, da die Rote Armee längst nach Litauen und Lettland vorgedrungen und Estland abgeschnitten hatte, für eine Evakuierung zur See gab es nicht genügend Schiffe. Die Häftlinge wurden angewiesen, eine Lage Holzbalken für einen Scheiterhaufen vorzubereiten. Sie mussten sich nackt auf die Balken legen und wurden erschossen. Dann folgte die nächste Häftlingsgruppe und bildete eine weitere Lage des Scheiterhaufens. Am Ende wurde der Scheiterhaufen angezündet. Als einzigem von den sechs Freunden Kruks, die Zeugen des Verbleibs seiner Manuskripte waren, gelang es Anolik, vom Ort des Verbrechens zu fliehen. Am nächsten Morgen (19.9.) erreichte die Rote Armee das Lager. Anolik grub die Manuskripte Kruks aus und brachte sie schließlich nach Wilna.[202]

Während die Scheiterhaufen in Klooga und Lagedi brennen, befinden sich Isaak und Efim im Lager Stutthof. Wir wissen nicht, wann sie von dieser Tragödie ihrer Leidensgenossen, der sie selbst nur knapp entgingen, hörten, aber auch nicht, welcher Verbrechen sie in Stutthof Zeugen wurden.

Lagereingang Stutthof 2010

Als Isaak und Efim aus den verhältnismäßig kleinen estnischen Lagern nach Stutthof kamen, werden sie allein von der Größe des im Wald verborgenen, von zwei Reihen Stacheldraht und mehreren Wachtürmen umschlossenen Lagers überrascht gewesen sein. Dieses wurde in der zweiten Hälfte des Jahres 1944 aufgrund der explodierenden Häftlingszugänge von 36 ha (noch Mitte 1943) auf 120 ha (Ende 1944) erweitert, doch der Baufortschritt war nicht schnell genug, um die Zugänge angemessen aufzufangen und unterzubringen. So mussten Gefangene auch in unfertige Unterkünfte eingewiesen werden. Für Juden war ein sog. Judenlager, bestehend aus den Baracken 21 bis 30[203], von den übrigen Lagerteilen abgetrennt und mit elektrisch geladenem Stacheldraht umgeben worden, ein Teil für Frauen, ein Teil für Männer.

Mit der massenhaften Belegung änderte sich auch der Charakter des am 2.9.39 als Schutzhaftlager für widerständige Polen im Raum Danzig – Westpreußen errichteten und 1942 in die IKL (Inspektion der Konzentrationslager der SS) übernommenen Komplexes. Zwar wurden hier auch Juden, die den Einsatz-Kommandos entgehen konnten, eingeliefert, doch ihre Zahl war gering. Noch bis Ende Juni 1944 befanden sich unter den 37.600 Häftlingen von Stutthof nur etwa 3% Juden. In der zweiten Hälfte des Jahres 1944 wuchs ihre Zahl auf etwa 49.000 Juden an. Damit stellten sie weit mehr als zwei Drittel aller inzwischen über 60.000 Häftlinge[204].

Das zusätzlich zum Auffanglager gewordene Konzentrations- und Vernichtungslager mit einer Vielzahl von eigenen Außenlagern musste durch den Weitertransport eines Teils der ankommenden Juden entlastet werden. Diese wurden als Arbeitskräfte überall dorthin ins Reich weitervermittelt, wo das WVHA vorrangig Bedarf und entsprechende Einrichtungen als gegeben ansah. Dr. Drywa konstatiert hierzu: „Dieses System wurde geschaffen, um den Bedarf der Rüstungsindustrie zu decken, die ganz bewusst damit an der ‚Endlösung der Judenfrage' teilnahm."[205]

Möglicherweise wurden Efim und Isaak gleich nach ihrer Ankunft auch mit dem Charakter des Vernichtungslagers – nicht nur durch Arbeit oder mangelhafte Ernährung und mangelnde Gesundheitsvorsorge – bekannt, sondern auch durch direkte physische Vernichtung mit Zyklon B oder Phenolspritzen usw. Denn das Schicksal von 77 russischen Kriegsinvaliden, die am Vortag der Ankunft der Komrasses von der Sipo Riga zur „Sonderbehandlung" nach Stutthof eingeliefert und sofort vergast wurden, beschäftigte die schockierten Häftlinge noch zu sehr, als dass sie es vor den Neuzugängen verbergen konnten.

Schon beim Aufnahmeverfahren erhielten sie einen ersten Eindruck von den Lagerbedingungen und dem ausdifferenzierten Kaposystem. Bei der Registrierung gab Isaak an, am 10.6.26 geboren und damit 18 Jahre alt zu sein. So entging er nicht nur der Gefahr, in den Kinder- und Jugendblock eingewiesen und von Efim getrennt zu werden, sondern auch der Gefahr, als „unproduktives Element" zur Vernichtung in Auschwitz selektiert zu werden.[206]

Auch Efim machte sich älter, vielleicht um seine Betreuerrolle für Isaak glaubwürdiger vertreten zu können. Isaak wurde mit der Häftlingsnummer 73390, Efim mit der Häftlingsnummer 73391 registriert. Kahl geschoren, mit Stern und Häftlingsnummer auf der Sträflingskleidung wurden sie in die Zugangsbaracke geschickt, dessen Blockältester für seine langen Zählappelle und Exerzierübungen bei Regen und Kälte berüchtigt war.

*Registrierung der Häftlinge Isaak und Efim Komras in Stutthof
(Einweisung und Überstellung nach Dautmergen)*

Die Baracken der Männer, ursprünglich für 200 Insassen geplant, mussten 1.200 Personen aufnehmen. Jede Pritsche wurde mit vier Männern belegt, dennoch mussten manche auf dem nackten Boden schlafen, in den Waschräumen, teils sogar in den Toiletten[207]. Unter den gegebenen Umständen konnten die Häftlinge ihre Kleidung und Unterwäsche nicht wechseln. Nachts mussten sie gewärtig sein, von der SS aus dem Block gejagt zu werden und innerhalb von zwei Minuten draußen Aufstellung zu nehmen. Jeden Morgen wurden 500 Häftlinge auf einmal mit Peitschen und Knüppeln in den Waschraum gedrängt, vom Blockältesten mit einem Gummischlauch abgespritzt und mit Peitschen ins Freie hinausgetrieben, wo die eisige Morgenluft die Körper und die nasse Kleidung trocknete[208]. Der Appell fand um halb vier oder fünf Uhr statt[209]. Danach wurden die Häftlinge einem Arbeitskommando zugeteilt oder mussten sich bis zur Nachtruhe außerhalb der Baracken auf den Lagerstraßen aufhalten bzw. wurden von den Kapos hin- und hergetrieben und schikaniert.

Lagerstraße Stutthof 1945

Wachturm und Baracken in Stutthof 1945

Den Frauen erging es nicht besser. Auch Sima hatte unter unbarmherzigen Schlägen ihrer Kapo zu leiden. Doch berichtet sie zudem vom Zusammenhalt der Wilnaer Gruppe, etwa wenn ihre hungrigen Kameradinnen ihr eine kleine Margarineportion (2g) anboten, um ihre stark geschwollene Hand nach den Kaposchlägen damit zu behandeln. Die Lagerverpflegung war unzureichend; für die Jüdinnen waren 250 bis 300 g Brot täglich vorgesehen, doch wurde die Ration von den Kapos gekürzt. Auf den halben Liter dünner Wassersuppe stürzten sich die Häftlinge gierig. Nicht selten wurde bei der Verteilung etwas davon verschüttet. Nur wer eine Arbeit hatte, konnte eventuell eine Zusatzration bekommen. Bei den Frauen waren Tätigkeiten in der Küche wie Kartoffelschälen oder Gemüseputzen daher sehr begehrt. Einige arbeiteten in der Lagerwäscherei oder besserten Unterwäsche in den Schneiderwerkstätten aus, halfen bei der Produktion von Strohschuhen oder säuberten die Baracken und Latrinen[210]. Wenige wurden außerhalb des Lagers, etwa als Erntehelfer, eingesetzt. Sima berichtet nichts von einem Arbeitseinsatz.

Die Männer konnten in den DAW-Werkstätten, in der Schneiderei, beim Bau und in der Produktion umliegender Fabriken, bei Wald- und Entladungsarbeiten eingesetzt werden. Überall mussten sie gewärtig sein, von SS-Aufsehern und Kapos grundlos geschlagen und angetrieben zu werden.

Auf dem Prügelbock Stutthof

Ein besonders tragischer Fall eines 17-jährigen Juden aus Block 13 zeigt die Gefahren auf, denen auch Isaak ausgesetzt gewesen sein mag: Der Junge wurde bei der Arbeit von einem Kapo so unglücklich mit einem hölzernen Spatenstiel auf den Kopf geschlagen, dass ein Loch in der Schädeldecke entstand und ein größeres Blutgefäß beschädigt wurde. Als Jude wurde der lebensgefährlich Verletzte im Krankenhaus nicht behandelt, sondern, mit einem Pflaster abgefertigt, seinem Schicksal überlassen.[211]

Wer keine Arbeit hatte, auf den lauerten in den Lagerstraßen die grünen Kapos, sogenannte Berufsverbrecher, die sadistischen Spaß daran hatten, Hunde auf die Häftlinge zu hetzen, die sie bissen, ihnen Fleischwunden zufügten und ihre Kleidung zerrissen. Selbst erfahrene Häftlinge, die verschiedene Lager durchlaufen hatten, empfanden Stutthof als das schlimmste Lager und sahen im Abtransport in ein anderes KZ oder ein Außenarbeitslager die einzige Rettung.

Sima dachte an die Prophezeiung von Lagerkommandant Panike zurück und war froh, dass sie nach drei Wochen Lagerhaft in Stutthof, die sich wie drei Jahre anfühlten, einem Transport in ein Arbeitslager von Neuengamme zugeteilt wurde. Zur Vorbereitung auf den Transport wurden die Frauen wieder kahl geschoren, neu eingekleidet und einer unangenehmen gynäkologischen Untersuchung unterzogen, mit der die Nazis sicherstellen wollten, dass die Frauen keine Wertsachen im Körper versteckten. Viele Frauen wie Sima hatten auf der anderen Seite des Stacheldrahtzauns im Männerlager einen Freund oder Partner, von dem sie sich nun durch den Zaun verabschieden mussten. Simas Freund Lolka Kantarovitch war ebenfalls einem Transport, und zwar in die südlichen Wüstelager, vermutlich demselben wie Efim und Isaak, zugeteilt worden. Bei ihrem Abschied ahnte Sima nicht, dass sie Lolka nie mehr wiedersehen würde. Bei den Abschiedsszenen mag Efim wehmütig daran gedacht haben, dass seit seiner brutalen Trennung von Nelli und seinen Schwestern bei der Evakuierung aus Wilna gerade ein Jahr vergangen war und er vermutlich von anderen Häftlingen nichts über ihren Verbleib in Erfahrung bringen konnte. Wie hätte er ahnen können, dass er die Ankunft von Nelli und Cilla am 1.10.44 aus dem KZ Riga-Kaiserwald in Stutthof um zwei Tage verpasste, da sein Transport mit Isaak am 29.9. von Stutthof abging? Ihr Aufenthalt im Transitlager Stutthof sollte nur wenig kürzer als der von Efim und Isaak sein. Bevor die große Typhusepidemie Stutthof im November überrollte, wurden sie am 3.11.44 einem Transport mit 500 Juden und 300 Jüdinnen dem KL Buchenwald überstellt und zur Arbeit in die Polte-Werke nach Magdeburg gebracht.[212]

Für den Transport, dem Efim und Isaak und ziemlich sicher auch Lolka angehörten, wurden wohl bewusst Häftlinge aus dem estnischen Ölschiefergebiet ausgewählt, um ihre Erfahrungen beim süddeutschen Ölschieferabbau einbringen zu können. Dafür spricht nicht zuletzt die Aussage von Y. Zohar, dass den Häftlingen beim Abtransport gesagt wurde, dass sie in Minen für die Baltische [Öl] Gesellschaft arbeiten müssten, um Öl aus dem Gestein zu gewinnen, ähnlich wie in deren Fabrik in Kiviöli. Außer 1.000 Juden umfasste dieser am 29.9. abgehende große Transport in das Natzweiler Außenlager Dormettingen (tatsächlich Schömberg/Dautmergen) auch 1.500 Häftlinge anderer Nationalitäten. Nach den Vorgaben des WVHA hätte der Transport eigentlich schon am 14. September ausschließlich mit Facharbeitern von Stutthof abgehen sollen, doch konnte Lagerkommandant Hoppe keine so große Anzahl von Facharbeitern bereitstellen und musste auch auf 500 Hilfsarbeiter zurückgreifen. Zudem bereitete ihm die Aufstellung einer entsprechend großen Begleitmannschaft aus SS-Leuten Schwierigkeiten. Nach einer Erfahrung mit einem Dachau-Transport, bei dem ein jüdischer Häftling entwich und ein SS-Mann dafür streng bestraft wurde, wollte Hoppe auf keinen Fall dem Transport mit einer unterbesetzten Begleitmannschaft zustimmen.

Transportliste nach Dautmergen – Ausschnitt (zweiteilig: Kopf mit Buchstabe A und 2. Teil mit Buchstabe K Komras)

Schließlich ordnete der zuständige Behördenchef im WVHA, Maurer, an, dass 20 Wachleute vom KZ Natzweiler, 50 vom KZ Auschwitz und 20 von der Polizei Danzig die Stutthofer Wachleute beim Transport, für den Hoppe drei bis vier Tage veranschlagte, unterstützen sollten.[213] Tatsächlich traf der Transport am 2. Oktober 1944 im Natzweiler Außenlager Schömberg/Dautmergen ein.[214]

Das Natzweiler Außenlager Dautmergen

Verschiedene Häftlinge hielten ihre Eindrücke bei ihrer Ankunft zwischen August und Ende September 1944 fest. Alle wurden am Bahnhof Schömberg entladen und mussten zu Fuß zu ihrem neuen Lager marschieren. Während sich der polnische Häftling J. Zieliniewicz, der zu dem ersten Großtransport aus Auschwitz Ende August gehörte, der in das neu eingerichtete Lager Dautmergen kam, an „die von Apfelbäumen gesäumte Straße" erinnert, kann der norwegische Häftling H. Norseth, dessen Transport etwa 15 Tage vor Ankunft der Komrasses bei Dunkelheit in Schömberg ankam, nichts von der Umgebung erkennen: „Steif von der langen Fahrt stolpern wir vorwärts durch die Nacht. Nach 4 km [tatsächlich 1,5 km[215]] Fußmarsch sehen wir die Lichter des Lagers."[216]

Wir wissen nicht, zu welcher Tageszeit Efim und Isaak eintrafen und wer ihre Marschkolonne befehligte. Aber immerhin war es noch hell genug, dass die zu Boden gefallenen Äpfel zu sehen waren. Vielleicht hatten sie Glück und konnten das Fallobst am Wegesrand auflesen, ohne dass die Wachmänner einschritten; vielleicht aber wurden sie Zeugen der brutalen Erschießung zweier Häftlinge, die Äpfel aufhoben, durch einen SS-Unterscharführer (Beide Fälle sind für den Marsch von Schömberg nach Dautmergen, an denen die Komrasses teilnahmen, belegt[217]), was einer furchtbaren Einstimmung auf die Lagerbedingungen gleichgekommen wäre.

Die „Wüste"-Lager

Eingang zum ehemaligen Lager Dautmergen

Schon beim Näherkommen müssen Efim und Isaak erkannt haben, dass das Ende August in Betrieb genommene Lager noch nicht vollständig ausgebaut war.

Auf einer Wiese errichtet, wurde das Lager von einem doppelten, 2 m hohen Stacheldrahtzaun, der auch nachts beleuchtet werden konnte, auf einer Länge von 250 m und einer Breite von 150 m eingefasst. Herausragend waren die Wachtürme an den Enden und in der Mitte der Außenseiten. Um den großen schlammigen Appellplatz im Zentrum des Lagers sind viele Zelte gruppiert, die erst im Laufe der Zeit durch Baracken, die die Häftlinge aufbauten, ersetzt wurden. Norseth hält fest: „Durchnässt werden wir auf die verschiedenen Zelte verteilt. Wir suchen uns zwischen den schlafenden Körpern einen Platz, wo wir uns auf dem feuchten Stroh ausstrecken können, stehlen uns einen Zipfel von einer Wolldecke und schlafen in den Kleidern."[218] Isaak und Efim muss es ebenso ergangen sein[219] Man möchte nur hoffen, dass es ihnen nicht wie einem norwegischen Kollegen von Norseth geht, der vor dem Schlafengehen die Schuhe ausgezogen hatte. „Am nächsten Morgen findet Sigurd seine Schuhe nicht mehr, eine teuer erkaufte Erfahrung. Barfuß muss er zum Appell erscheinen, hinaus in den Schlamm, der über die Knöchel geht."[220]

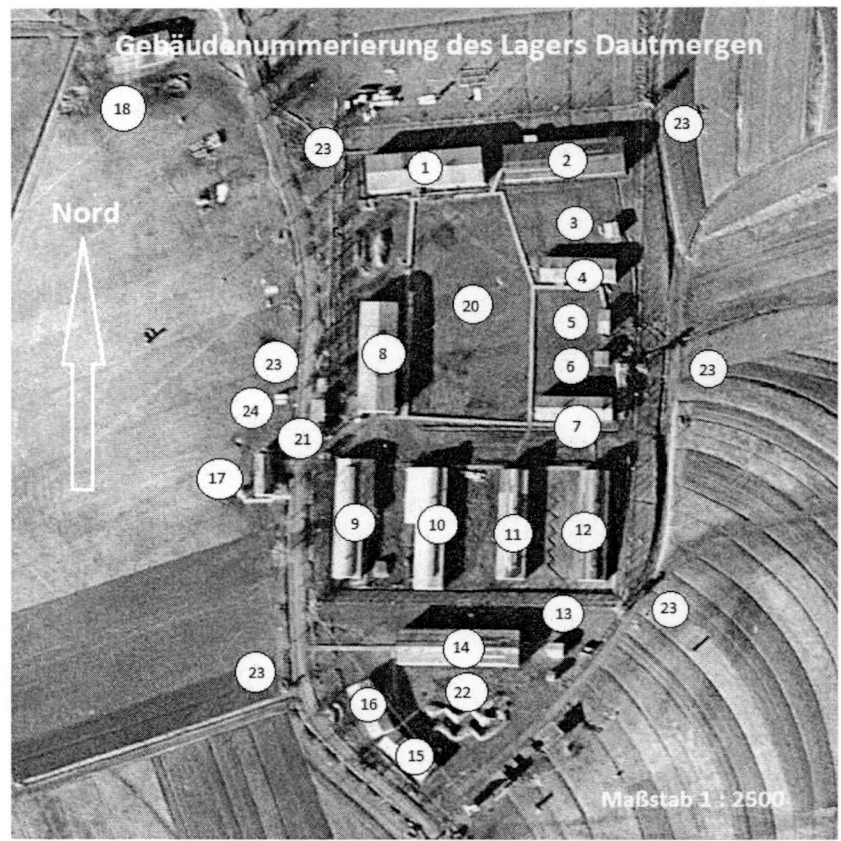

Legende Gebäude KZ Dautmergen
1 Block IV
2 Krankenrevier
3 ?
4 Lagerwerkstätten: Schneiderei und Schuster
5 Latrine
6 Abfall
7 Waschraumbaracke: Bad und Heizraum
8? Lagerschreibstube / Büro und Schonungsblock
9 Küche
10 Häftlingsbaracke Block I
11 Häftlingsbaracke Block II
12 Häftlingsbaracke III („Judenblock")

13 ? Latrine SS? / Wirtschaftsbaracke?
14 SS-Unterkunft / Wirtschaftsbaracke
15 SS-Unterkunft?
16 SS-Unterkunft?
17 Büro der übergeordneten Lagerleitung und Unterkunft
18 Entlausungsbaracke
19 Hundehütte und Trainingsplatz für Hunde
20 Appellplatz von Holzstegen umgeben / Galgen neben oder vor dem Schonungsblock (8)??
21 Eingangstor
22 Splitterschutzgräben
23 Wachtürme
24 Torwache

Der in Dautmergen eingesetzte SS-Unterscharführer Stefan Kruth berichtete in einem Nachkriegsprozess, dass 30 bis 40 Zelte im Lager standen, die mit ca. 30 Häftlingen belegt waren[221]. Der polnische Häftling Noiszewski, der über Auschwitz-Birkenau nach Dautmergen gekommen und ein Jahr jünger als Isaak war, gibt dagegen an, dass in den Zelten jeweils 50 bis 100 Häftlinge lebten: „Es war eng und die sanitären Einrichtungen waren schrecklich. Man konnte sich nicht waschen und in der Nacht herrschte quälende Kälte. Ich wurde in das Zelt Nr. 8 eingewiesen. In diesem Zelt befanden sich zum größten Teil Intellektuelle. Der [polnische] Blockwart ... behandelte uns alle sehr kameradschaftlich."[222] Noiszewskis Aussage deutet schon darauf hin, dass die verschiedenen Nationalitäten sich im Lager gruppenweise zusammenschlossen. Durch die Rassenideologie der SS wurden sie in eine Hierarchie gepresst mit entsprechender Auswirkung auf ihre Ernährung und Behandlung und gegeneinander ausgespielt. Während einerseits das Vorhandensein antisemitischer Vorurteile bei nicht wenigen Häftlingen bestätigt wird, ist bei Noiszewski nichts davon zu spüren. Er berichtet von einem Transport von 300 Juden, die Ende Oktober ins Lager kamen. (Vielleicht bezieht er sich auf den Transport vom 8. November, der 250 jüdische Häftlinge von Vaihingen/Enz nach Dautmergen brachte.[223]): „Sie wurden von Anfang an grausam misshandelt. Alle SS-Männer verbrachten jede freie Minute bei ihren Zelten. Kapo Fred dachte sich immer neue ‚Übungen' für sie aus. Zum Beispiel Laufen, wobei jeder, der zu Boden fiel, brutal geschlagen wurde. Der ganze Appellplatz war mit Blut besudelt und die Leichen der ermordeten Häftlinge lagen überall. Das wiederholte sich Tag für Tag, so dass Anfang November nur wenige Überlebende dieses Transports noch im Lager waren."[224] Unglücklicherweise war auch der politische Lagerälteste Mundek ein Schläger und ein Antisemit. So erinnert sich Y. Zohar an dessen ersten Appell, den er erlebte. Mundek wandte sich an die jüdischen Häftlinge: „Ihr Juden, hier wird Euer Ende sein, keiner von Euch wird hier lebendig herauskommen."[225]

Kapo prügelt Häftling (Zeichnung von Rudolf Naess, ehemaliger norwegischer Häftling in Dautmergen)

Wann die anfänglich nicht gesondert untergebrachten Juden in einer speziellen Baracke, dem Block III, zusammengepfercht wurden, ist nicht bekannt. Jedenfalls waren hier die Verhältnisse noch beengter als in den übrigen Baracken. Zekorn geht davon aus, dass sich ca. 600 Juden darin zurechtfinden mussten und jedem Häftling nur 1,75 qm zur Verfügung stand. Er vergleicht mit dem KZ Majdanek, wo sich in derselben Barackengröße nur 220 Häftlinge aufhalten mussten[226]. Bis zu 6 Häftlinge mussten in einer 1 x 1,5 m großen Box Platz finden.

Ein Häftling gibt an: „Die Schlafgelegenheiten bestanden aus drei übereinander angeordneten Brettern ..., die mit Stroh bedeckt waren. Decken waren eine Seltenheit, sie wurden fortwährend im nächtlichen Dunkel gestohlen."[227]
Zwischen 4 und 4.30 Uhr am Morgen wurden die Häftlinge unsanft geweckt. Heftige Schläge auf ein Eisenstück erinnerten weniger an die klangvollen Schwingungen eines Gongs als an die Schläge der Funktionshäftlinge, die alsbald auf nicht schnell genug zu sich kommende Häftlinge niedergehen würden. Die Art, wie SS-Uschaf Stefan Kruth, Vertreter des Lagerführers, den Appell auf dem versumpften Appellplatz abnahm, unterschied sich in keiner Weise von den in Stutthof üblichen Schikanen. Vermutlich wurde der ganze Transport aus Stutthof, dem Isaak und Efim angehörten, auf dem Dautmerger Appellplatz registriert. Isaak erhielt die Häftlingsnummer 34977, Efim die Nr. 34978. Möglicherweise wurden die Neuankömmlinge beim Appell am 5.10. Zeugen der Übergabe ihres neuen Lagers an den Lagerleiter Hubert Lisken. Vielleicht wurden sie von ihm daraufhin „vergattert" und über ihre neue Zugehörigkeit zum Natzweiler Außenlager Dautmergen informiert. Übergeordneter Lagerführer für Dautmergen und Bisingen wurde kurz darauf, um den 17. bis 20. Oktober, SS-Hstuf Franz J. Hofmann, der zuvor in Dachau als stellvertretender Schutzhaftlagerführer und in Auschwitz-Birkenau als Schutzhaftlagerführer des Zigeunerlagers gefürchtet war. Ihm unterstand auch der um dieselbe Zeit als Lagerführer von Schömberg eingesetzte Helmut Schnabel, den Isaak und Efim noch aus den estnischen Lagern kannten. Von den dort eingesetzten Wachmannschaften wurde ebenso SS-Uschaf Hans Becker nach Dautmergen abgeordnet, der hier Rapportführer und Blockführer von Block 2 wurde[228]. Ob unter seinen Schlägen auch Isaak und Efim Komras zu leiden hatten, wissen wir nicht. Efim wird sicher versucht haben, mehr über den Zusammenhang zwischen der Ausbeutung des estnischen und des süddeutschen Ölschiefergebiets herauszufinden, um die eigene Situation als Arbeitssklave an den jeweiligen Standorten besser verstehen zu können. Inwieweit ihm das gelang, wissen wir leider nicht.
Über die Kriegslage waren die Häftlinge in Estland noch relativ gut informiert, ob dies hier in Süddeutschland auch so sein würde, müsste sich erst noch zeigen. Auf ihrer Fahrt von Stutthof, die sie durch das ganze Reichsgebiet führte, mögen sie durch die Luken des Viehwag-

gons einen Eindruck von den Zerstörungen der Städte durch Bombenangriffe, denen sie selbst im Zug ebenfalls ausgesetzt gewesen sein könnten, bekommen haben. Wie prekär aber die Rohstofflage beim Öl war, von dem die gesamte deutsche Kriegsmaschinerie abhängig war, konnten sie gewiss nichts ahnen. Durch die Bombardierungen war im Mai 1944 fast die Hälfte der Hydrierwerke, die durch Verflüssigung von Kohle ein Drittel des Treibstoffbedarfs des Deutschen Reiches produzierten, getroffen worden. Die Hoffnungen auf Ölimporte aus der Kaukasusregion erwiesen sich nach Stalingrad als illusorisch, die Importe aus rumänischen Ölfeldern gingen aufgrund von deren US-Bombardierungen zurück und schließlich durch das Vordrängen der Roten Armee ganz verloren ebenso wie die Ausbeutung der estnischen Ölschiefervorkommen im August 1944, wie die Häftlinge wiederum aus eigenem Erleben wussten.

In dieser angespannten Situation wurde die südwürttembergische Schieferölgewinnung trotz des geringen Kerogenanteils von 4% bis 6% des dortigen Posidonienschiefers wieder attraktiv und man hoffte nicht zuletzt durch die Erfahrungen bei der Ausbeutung des estnischen Ölschiefers, der allerdings einen wesentlich höheren Kerogenanteil, nämlich bis zu 30%, (Kohlenwasserstoffverbindungen) enthielt, auf zufriedenstellende Ergebnisse. Bereits seit Ende Oktober 1943 operierte die Deutsche Ölschiefer-Forschungsgesellschaft mbH (DÖLF) in Schömberg bei Balingen und setzte auf das von dem Chemiker Dr. Sennewald entwickelte Meilerverfahren. Es sollte in zehn Werken, die unter dem Decknamen „Wüste" firmierten und sich an der Bahnlinie von Bisingen bis Eckerwald aufreihten, Anwendung finden[229]. Den Wüste-Werken wurden sieben Wüste-Konzentrationslager, Außenlager von Natzweiler, zugeordnet, die die billigen Arbeitskräfte liefern sollten. Das größte Lager befand sich in Dautmergen, das am 4.10.44 2.842 Häftlinge zählte.

Die Arbeitseinsatzmöglichkeiten waren vielfältig: Für verschiedene Bauarbeiten, u.a. zum Ausbau der Wüste-Werke und der Lager, wurden Häftlinge von der SS an die OT und DBHG (Deutsche Bergwerks und Hüttenbau GmbH) verliehen. Für die Verarbeitung des Schiefers musste dieser zunächst in den Steinbrüchen von Hand gebrochen werden, Maschinen, sogenannte „Brecher", standen nicht zur Verfügung. Der polnische Häftling Eugeniusz Dabrowski, im gleichen Alter wie Isaak, dessen Familie wegen Hilfe für verfolgte Juden nach Auschwitz eingeliefert wurde, wurde von der Familie getrennt, nach Dautmergen deportiert und dort für Arbeiten eingesetzt, „die über meine Kräfte gingen. In Steinbrüchen mussten wir Schieferplatten brechen, die Bitumen enthielten." Das war „körperliche Schwerstarbeit ... bei schlechter und völlig unzureichender Ernährung, bei Kälte, in Häftlingskleidung und mit Holzpantinen."[230] Damit spricht er Umstände an, die die anstrengende Arbeit, insbesondere für einen Heranwachsenden, zusätzlich erschweren. Ob auch Isaak, eben erst 16 Jahre alt geworden, in einem Steinbruch eingesetzt war oder das gebrochene Gestein auf den Meilern zerkleinern musste, wissen wir nicht.

Arbeit im Steinbruch (Zeichnung von R.Naess)

Häftlinge mussten zudem Gräben entwässern, Rohrleitungen und Gleise verlegen. Der 20-jährige Pole Edward Lecki berichtet über seinen 12-stündigen Arbeitseinsatz außerhalb des Lagers: „Zusammen mit meinem Vater war ich beim Legen und Reparieren von Eisenbahnschwellen tätig. Das Tragen einer solchen Schwelle ging über die Kraft meines Vaters, so dass ich immer bemüht war, ihm bei der schweren Arbeit zu helfen."[231] Solche gegenseitige Unterstützung der

Häftlinge konnte überlebenswichtig sein. Körperlich sehr anstrengend waren auch das Entladen von Eisenbahnwaggons, das Schleppen von Zementsäcken, Einsatz beim Straßen- oder Brückenbau usw. Y. Zohar berichtet, dass seine Arbeitsgruppe Beton anrühren und in Schubkarren über enge Serpentinen den Berg hinaufschieben musste. Außerdem wurden sie zur Errichtung von Stahlkonstruktionen eingesetzt. Sie stellten den Bau der Fabrik fertig, so dass mit der Treibstoffproduktion begonnen werden konnte. Das unerwartete Zusammentreffen mit einem Polen aus seiner Heimatstadt, der in der Lagerküche arbeitete, änderte Yitzhaks Lage. Der Bekannte steckte ihm zusätzlich Lebensmittel zu und er konnte schließlich auch in diesem Lager wieder als Schuhmacher arbeiten[232]. Der Norweger Norseth berichtet von Einsätzen bei der Gasproduktion. Den in den vier bis März 1945 fertiggestellten Schieferproduktionsanlagen[233] beschäftigten Häftlingen wird die geringe wirtschaftliche Ausbeute nicht entgangen sein. Wer Glück hatte, bekam einen weniger anstrengenden Arbeitsplatz, etwa bei der Wartung von Fahrzeugen der OT, in Lagerwerkstätten für Klempner, Schuster und Schneider, als Heizer, Friseur oder in der Lagerküche. Ob Efim und Isaak zu den Privilegierten gehörten, entzieht sich unserer Kenntnis.

Nicht nur die zu verrichtende Tätigkeit, sondern auch das Verhalten der Aufseher spielten eine entscheidende Rolle. Der französische Häftling Lampin, 1944 19 Jahre alt, beschreibt, wie wichtig auch in dieser Hinsicht die Solidarität der Häftlinge war, die die SS durch gemischt nationale Arbeitseinsatzgruppen, die sich schlecht untereinander verständigen konnten, ausschalten wollte. „Meine Fußsohlen sind vom Schiefer zerschnitten und vereitert und ich bin unfähig, zur Arbeit zu gehen. Der Rapportführer sieht mich und peitscht mit seiner Stahlkette gegen meinen Hals. Als ich zusammenbreche, richten mich ... Kameraden auf und bringen mich weg."[234] Riskant ist der Versuch, das Arbeitstempo zu drosseln, um Kräfte zu sparen. Lampin dazu: „Beim Schleppen von Schienen oder Steinen geben wir uns ein Zeichen, halten auf dem Weg mehrfach an und täuschen den Wachhabenden vor, es ginge nicht schneller. Die für die Arbeit verantwortlichen Zivilisten rasen vor Wut, die Kapos prügeln – das hindert uns nicht, solidarisch zu bleiben und so langsam wie möglich weiterzuarbeiten ... Andere, die in einer Grube oder einer Ecke der Baustelle ermüdet ausruhen, werden ins Lager zurückgebracht, in Handschellen gelegt und zusam-

mengebunden stundenlang oder die ganze Nacht am Lagertor aufgestellt. Nach einer Ansprache des Hschaf macht ein Kapo einen roten Kreis auf den Rücken der Gefangenen. Dann werden sie aus dem Lager geführt und „auf der Flucht" erschossen."[235]
Leider können nicht alle Häftlinge von solidarischem Verhalten der Mithäftlinge wie Lampin berichten. Julien Hagenbourger beklagte die mangelnde Solidarität vieler Häftlinge, die ihren misshandelten Kameraden im Wüstelager Schörzingen aus Feigheit und Furcht vor Schikanen nicht zu Hilfe kamen.[236] Der zeitweilig in Schömberg als Lagerschreiber eingesetzte Hanns Grosspeter schreibt 1983: „Die so oft in KZ-Berichten beschworene Solidarität in den Lagern hat es, mit wenigen Ausnahmen, nur innerhalb der einzelnen politischen oder sonstigen Gruppen und Nationalitäten gegeben. Wir waren auch keine Helden – vielleicht, dass der eine seine Angst etwas weniger zeigte als der andere."[237]
Nicht nur in Bezug auf die schwierigen Arbeitsbedingungen, sondern auch im Hinblick auf die Kälte, der sie bei Appellen und Außenarbeit ausgesetzt waren, sowie im Hinblick auf die mangelhafte Ernährung versuchten die Häftlinge verzweifelt, sich selbst zu helfen. Abgesehen von den Funktionshäftlingen und einzelnen besser ausgestatteten Transporten waren sie auch im Winter nur mit den dünnen Häftlingsdrillichen und Holzschuhen ausgerüstet.[238] Der polnische Zeitzeuge Majchrzak berichtet: „Manche Lagerinsassen versuchten, sich Papier oder Gras unter die Drillichanzüge zu stopfen. Das wurde aber hart bestraft. Bei einem Appell berührte ein SS-Mann einen meiner Kollegen mit dem Stock und entdeckte das Papier. Er rief ihn aus der Reihe heraus und zeigte mit dem Stock auf den Galgen. Die Schergen erledigten das Weitere. Man band ihm die Hände nach hinten und zog ihn an den Handgelenken am Galgen hoch (‚Pfahlhängen'). Alle mussten zuschauen. Der Mann brüllte vor Schmerzen, denn seine Arme brachen aus den Schultergelenken. So etwas vergisst man nicht. Darüber kann ich nur mit Tränen berichten."[239] Zur täglichen Verpflegung gibt er an: „Die Essensrationen bestanden aus einer Lagerschnitte Brot, einem Liter Suppe und etwas Flüssigkeit, die man eigentlich nicht Tee nennen konnte."[240] Sein Kollege Jacek Zieliniewicz ergänzt: „Wir waren unsagbar hungrig und wurden zunehmend schwächer … Als man mich wog, waren es noch 38 kg. Beim Verlassen von Birkenau [im August 1944] waren es, dank der Päckchen von Zuhause, 70 kg gewe-

sen."[241] Der Norweger Norseth beobachtet sich selbst und hält fest: „Der Körper ist abgemagert, die Backenknochen stehen vor, die Augen sind eingefallen. Die Haut ist straff gespannt, wie eine gelbe Membran liegt sie über den Knochen. Der Magen tut weh und fühlt sich wie ein Hohlraum an. Die Beine sehen aus wie Stäbe und sind voller Wasser. Der Körper schleppt sich mühsam vorwärts, ich habe ihn nicht mehr völlig unter Kontrolle ... ich fantasiere über das Essen und träume von Frikassee."[242] Und er bemerkt bitter: Die Funktionshäftlinge „stehlen unser Essen, unser Brot, das Dicke in der Suppe."[243] Kein Wunder, dass „hungrige Häftlinge bei der Arbeit und auf dem Weg zur Arbeit Zuckerrüben aufsammelten, was in einem Fall mit Gewehrkolbenschlägen geahndet wurde, die zum Tode führten."[244] Noch kurz vor der Befreiung, im April 1945, wird ein jüngerer Pole wegen Entwendung von Lebensmitteln aus der Küche oder dem Verpflegungsmagazin zur Abschreckung erhängt und, nachdem das Seil riss, im Krankenrevier erschossen[245].

Wie bedrückend musste es für die Häftlinge sein, neben dem furchtbaren Verbrechen mit der Tatsache konfrontiert zu sein, dass dem Hunger nicht zu entkommen war, ob man sich dagegen auflehnte und sich selbst zu helfen suchte oder ob man den Hunger ertrug und wie viele Kameraden schließlich doch von ihm dahingerafft wurde. Einen Funken Hoffnung gab höchstens die gelegentliche Zuwendung von Lebensmitteln durch Einheimische, von der einzelne Häftlinge dankbar berichten[246].

Efim und Isaak waren Zeugen der grausamen Erhängung des polnischen Mithäftlings, bei der alle Häftlinge anwesend sein mussten.

Vielleicht löste das Erlebnis bei beiden Flashbacks aus und sie sahen die vier FPO-Mitglieder, die bei ihrer Flucht anlässlich der Auflösung des Wilnaer Ghettos von der Gestapo gefasst und an deren Galgen die Komrasses auf dem Weg zum Abtransport nach Estland vorbeigetrieben wurden.[247]

Vielleicht ließen sie auch die Erinnerung an die vom Wilnaer Ghettogericht zum Tod durch den Strang verurteilte jüdische Verbrecherbande zu, die aus Habsucht Mitbrüder wie den Jeshivastudenten Gerstein im Ghetto ermordeten. So sollte damals die Schande unter den Ghettojuden und gegenüber den deutschen Besatzern gesühnt werden.[248]

Ludovic de La Chapelle hält die Hinrichtung von Häftlingen fest, der alle Häftlinge beiwohnen müssen. Auf Anordnung der anwesenden SS-Aufseher verliest ein Kapo die Gründe für die Todesstrafe, die Mithäftlinge vollziehen müssen.

Gut möglich, dass der Jurist Efim mit dem inzwischen 16-jährigen Isaak die Unterschiede der erlebten Fälle in Bezug auf Willkür und Gerechtigkeit oder auch auf die Problematik der Todesstrafe behutsam aufzuarbeiten begann. Vielen Häftlingen ist die kurz darauf, wohl am 5.4.45, erfolgte Erschießung von 22 „Russen" auf dem Gelände des Lagers Dautmergen im Sinn. Die Hinrichtungen verdeutlichen den Häftlingen, dass, je näher das Kriegsende kam, desto verbissener die verblendeten Nazis zu Lasten der ihnen Ausgelieferten an der Macht festhielten.

Ludovic de La Chapelle zeichnet die Exekution der russischen Häftlinge im Scheinwerferlicht eines Autos

Besonders schwer wurde die Lage für die Häftlinge, die durch Hunger, Schläge oder Krankheiten so geschwächt waren, dass sie nicht mehr arbeiten konnten. Sie mussten sich bei den Appellen krank melden. Hatten sie das Pech, dass der stellvertretende Lagerleiter Stefan Kruth die Arbeitskommandos einteilte, war dies besonders schwierig. Kruth hatte seine eigene grausame Methode, die Arbeitsfähigkeit zu überprüfen.

Im Schonungsblock von Dautmergen, Ludovic de La Chapelle

Er prügelte auf den Kranken mit seinem Knüppel ein. Nur wer nicht mehr davonlaufen konnte, wurde von ihm als arbeitsunfähig anerkannt und von den Mithäftlingen ins Krankenrevier gebracht. Dort waren die Kranken in der Obhut der Häftlingsärzte, die aber kaum über Medikamente verfügten oder die Entkräfteten mit einer Zusatzverpflegung wieder aufpäppeln konnten. Sie konnten höchstens die Schonzeit verlängern.

Weil das Revier trotz des Drucks auf die Kranken, weiterhin zur Arbeit zu gehen, immer mehr belegt werden musste, wurde Anfang November ein sogenannter „Schonungsblock" für eingeschränkt arbeitsfähige Häftlinge eingerichtet. Doch schnell ging auch hier die Belegung in die Hunderte. Zekorn zitiert einen Häftling über die sanitären Zustände darin[249]: „Ein paar Eimer waren aufgestellt worden, in die 400 Mann ihre Notdurft verrichten sollten. Der Boden war bis in die letzte Ecke von Kot und Urin verdreckt." Dass sich unter diesen Umständen Ungeziefer, das weitere Krankheiten übertrug, ausbreitete und die Sterblichkeit hoch war, versteht sich von selbst. Mit der Zeit wurde sogar der Mangel an Kleidungsstücken so groß, dass Häftlinge, die arbeiten mussten, den Kranken den Drillich auszogen und ihn benutzten.[250] Wegen der Läuseplage im Lager führte die Lagerleitung Ende Dezember 1944 eine Entlausungsaktion durch, die sich als zusätzliche Schikane und Gefährdung der Gesundheit der Häftlinge erwies.

Mitten im Winter mussten die Häftlinge nackt oder notdürftig mit einer Decke umhüllt zur 200 m außerhalb des Lagers gelegenen Entlausungsbaracke marschieren. Vor der Baracke standen der übergeordnete Lagerleiter Hofmann und sein Stellvertreter Kruth und trieben die wartenden Häftlinge mit Schlägen an. Nach einer kochend heißen und anschließend eiskalten Dusche mussten die Häftlinge wieder unbekleidet ins Lager zurückkehren, wo sie stundenlang auf ihre entlauste Kleidung warten mussten. Viele der ohnehin geschwächten Häftlinge überlebten diese Prozedur nicht. „Das Sterbezweitbuch von Schömberg verzeichnet allein vom 26. Dezember bis zum Ende des Monats 127 tote Häftlinge des Lagers Dautmergen. Die Sterbefälle setzten sich im Januar fort."[251] Kurz vor der Entlausungsaktion war der in Wilna bekannte David Kaplan-Kaplanski, in Dautmergen als David Kaplinski registriert, am 16.12.44 gestorben. Efim und Isaak müssen den am 14.11.1899 in Bialystok geborenen Kulturschaffenden des jüdischen Wilna gekannt haben, der im Ghetto als Brigadier des Beutelagers eingesetzt war, in dem für die Deutschen Waffen sortiert und aufbewahrt werden mussten, die von sich zurückziehenden sowjetischen Truppen 1941 erbeutet worden waren.[252] Einen knappen Monat später starb der Isaak Komras vielleicht als aktives Mitglied des Jugendclubs in Wilna bekannte Zelik Kabatschnik, der als junger Hebräischlehrer und Mitglied des „Brit Ivrit" (Hebräischer Bund) Mitglied von Poale Zion und der FPO war.[253]

Zum Tod eines weiteren Prominenten aus Wilna mit derselben Leidensgeschichte wie die der Komrasses, Borukh Lubotsky, gibt es verschiedene Angaben. Die Herausgeber von Rudashevskis Tagebuch vermerken, dass der Lehrer und Mitarbeiter beim Verlag für Erziehungswesen, der als Abgeordneter der Demokratischen Volkspartei im Wilnaer Stadtrat sowie im Rat der jüdischen Gemeinde tätig war, bei der Liquidierung des Ghettos nach Estland geschickt wurde und im Januar 1945 in Dautmergen an Dysenterie starb.[254] In den Sterbebüchern vor Ort wird für den am 26.8.98 geborenen Häftling Boruk Lubotsky mit der Nummer 350092 angegeben, er sei bereits am 25.11.44 verstorben.[255]

Einen weiteren Monat später, am 6.2.45 stirbt Simas Freund Lolka, der in Dautmergen als Lazar Kantorowitz unter der Häftlingsnummer 35010 geführt wird und der am 12.8.15 geboren ist. Den Wilnaern ist das damalige FPO-Mitglied auch als anerkannter Kunstfotograf bekannt. Sima erfährt bei ihren Nachforschungen zu seinem Tod nach dem Krieg von Freunden, „die mit ihm zusammen gewesen waren, dass er ... erschossen worden war."[256] Wer der Schütze war, erwähnt sie nicht.

Neben dem Tod dieser relativ prominenten Wilnaer Juden muss das Schicksal ihres Glaubensgenossen Sloma Feinberg, der ein Opfer von Stephan Kruth wurde, die Komrasses und die gesamten Insassen des Judenblocks erschüttert haben: Nach der Rückkehr von der Arbeit wurde Feinberg von Kruth im Judenblock so geschlagen, dass er zu Boden fiel. „Anschließend trat Kruth mit den Stiefeln auf den am Boden Liegenden und bemerkte schließlich, „man solle den dreckigen Juden rausnehmen, jetzt sei er endlich fertig gemacht worden." Sloma Feinberg erlag kurz darauf seinen Verletzungen."[257]

Erst im Laufe des Monats Februar geht die Sterberate ein wenig zurück. Insgesamt sterben im Lager Dautmergen 1.467 Häftlinge.[258] Zunächst wurden die Toten in den Krematorien von (Villingen-)

Schwenningen, Tuttlingen und Reutlingen verbrannt, doch die wachsende Zahl der Leichen konnte dort nicht mehr bewältigt werden, so dass man sie im „Schönhager Loch" in Gruben, die je 10 bis 15 Leichen aufnahmen, beseitigte, nachdem ihnen die SS die Goldzähne durch einen Mithäftling hatte ziehen lassen. Ein beim Leichentransport beschäftigter Häftling gab nach dem Krieg an: „Sie waren so abgemagert, dass ich als 15-jähriger Junge mühelos zwei Tote tragen konnte."[259] Die Beschäftigung eines so jungen Menschen in solch einem Kommando ist für uns heute einfach unvorstellbar, ebenso wie die Auswirkungen, die der rohe Umgang auf seine Psyche haben musste. Um die Zahl der Toten nicht ausufern zu lassen und das überfüllte Krankenrevier und den Schonungsblock zu entlasten, wurden immer wieder Hunderte von Kranken in andere Lager verbracht, nach Dachau, Vaihingen/Enz und wohl auch nach Bergen-Belsen.

Mahnmal zum Gedenken an die 780 jüdischen Opfer der Stadt Wilna auf dem KZ-Friedhof Schömberg, eingeweiht am 6. Dezember 1970

Der sich rapide verschlechternde körperliche Zustand der Häftlinge, der ihre Leistungsfähigkeit beeinträchtigte, fiel natürlich auch ihren Arbeitgebern bei der DÖLF und der Deutschen Bergwerks- und Hüttenbau AG auf und führte zu einer Besichtigung des Lagers durch den

technischen Leiter der DÖLF zusammen mit dem Geschäftsführer der Deutschen Schieferöl GmbH. Daraufhin wurde Anfang Dezember 1944 der OT befohlen, Laufstege um den Appellplatz zu den Baracken anzulegen, Latrinen und Waschgelegenheiten auszubauen und die Böden in den Baracken zu befestigen[260]. Bei einem kurzen Besuch des Lagers Dautmergen am 22.12.44 durch den Lagerkommandanten von Natzweiler, SS-Ostubaf Hartjenstein, lobte dieser die Anlage der Laufstege und Lagerstraßen. Um die Weiterführung der geplanten Maßnahmen sicherzustellen, veranlasste die Leitung der DÖLF Anfang Januar eine Besichtigung der größeren Wüstelager durch den Chef des WVHA, Pohl, in dessen Interesse der Erfolg des Unternehmens „Wüste" mit Hilfe der effektiven Nutzung der Sklavenarbeit lag. Verbürgt ist Pohls Inspektion des Lagers Bisingen. Ob er auch in Dautmergen war, ist nicht gesichert. In Bisingen griff er vor versammelter Lagermannschaft den verantwortlichen Lagerkommandanten Hofmann heftig an. Daraufhin wurden Hofmann, sein dortiger Stellvertreter und der Lagerarzt im Februar 1945 strafversetzt. Es gab Verbesserungen in Dautmergen im Hinblick auf die Latrinen und Waschräume, sonst änderte sich nicht viel, wie der deutsche Lagerälteste Podam angibt, der im Februar aus einem anderen Lager nach Dautmergen versetzt wurde und den brutalen Polen Sczepaniak in dieser Funktion ablöste:[261]
„Es gab kein Stroh für die Lagerstätten, keine Wäsche, keine Kleidung, keine Medikamente. Der Appellplatz war versumpft ..."[262].
Anstelle von Franz Hofmann wurde am 18./20. Februar Eugen Wurth als übergeordneter Lagerleiter eingesetzt. Wurth war im August 1943 zu einer Totenkopfdivision im Rang eines SS-Oschaf der Reserve berufen und über Berlin, Riga und Bad Tölz im Frühjahr 1944 zum KL Natzweiler abgeordnet[263] worden. Bei seinem kurzzeitigen Aufenthalt in Riga in der zweiten Hälfte des Jahres 1943 könnten Nelli und Cilla Komras unfreiwillig seine Bekanntschaft gemacht haben. Wir wissen nicht, ob Efim das später herausfand. In Dautmergen blieb Stefan Kruth Wurths Stellvertreter als Lagerführer. Offenbar ging Kruths außerordentliche Brutalität selbst seinem neuen Vorgesetzten zu weit, so dass er ihn im März 1945 seines Postens enthob. Kruth wurde nach Dormettingen versetzt. Eine in der lokalen Nachkriegspresse wiedergegebene Zeugenaussage des in Dautmergen inhaftierten Yitzchak Zohar illustriert das Verhalten von Kruth: „Mit leiser Stimme schilderte Zohar, wie Kruth mit einer Schuhmacherzange einem Häftling vor

der Handwerkerbaracke des Lagers die Goldzähne ausbrach. Tränenerstickt sprach er von dem Verbrechen der Angeklagten, vor allem von Kruth und Hofmann. Er warf beiden vor, sie hätten die Latrine über die Küchenabfälle ausgießen lassen, um die Häftlinge abzuschrecken, aus den Abfällen ihren Hunger zu stillen. Trotzdem hätten die Häftlinge die Abfälle aufgeklaubt und verzehrt. Zohar gab, wie schon vor ihm andere Zeugen, an, dass sich die Verhältnisse im Dautmerger Lager entscheidend gebessert hätten, als Kruth seines Postens als Lagerführer enthoben worden sei."[264]

Letzter Lagerleiter in Dautmergen wurde der vormalige Luftwaffenoffizier Erwin Dold, der nach einer Verwundung als SS-Uschaf Verwendung fand. Er hatte bei fast allen Häftlingen einen besseren Ruf als sein Vorgänger. Wenn er auch den Häftlingen nach Möglichkeit zu helfen suchte, sich für bessere Ernährung, bessere medizinische Versorgung einsetzte und die Prügelei einzuschränken versuchte, den jugendlichen Häftlingen sogar einen Fußball besorgte[265], setzte sich doch das Sterben im Lager fort. Auf der anderen Seite machten französische und amerikanische Tiefflieger, die Aufklärungsflüge über die Wüstelager machten, aber auch Bomben abwarfen, den Häftlingen Hoffnung auf ein baldiges Kriegsende.

Als wohl am 21.3.45 die drei norwegischen Häftlinge, zu denen auch der mehrfach erwähnte H. Norseth gehörte, von einem der weißen Busse des schwedischen Roten Kreuzes auf Initiative von dessen Präsidenten, Graf Folke Bernadotte, aus Dautmergen abgeholt und mit den anderen skandinavischen Häftlingen der Wüstelager über Dachau und Neuengamme nach Schweden evakuiert werden konnten, mag die Stimmung unter den zurückbleibenden Häftlingen wehmütig gewesen sein und die bange Frage im Raum gestanden haben: Und was wird aus uns? Ein Anstoß zur Lösung dieser Frage ging überraschenderweise vom Chemiker Dr. Kurt Sennewald aus, der die technische Aufsicht über die DÖLF hatte und mit den Beeinträchtigungen der Arbeit in den „Wüste"-Werken durch die Tieffliegerangriffe unzufrieden war. Der Schiefer hätte von den Häftlingen unter diesen Bedingungen auch nachts gebrochen werden sollen, doch die Gefahr, dass Häftlinge die Dunkelheit zur Flucht nutzen und die Tatsache, dass die Wachmannschaften nicht entsprechend verstärkt werden konnten, um dies zu verhindern, machte den nächtlichen Schieferabbau unmöglich. Daraus folgerte der Wissenschaftler Sennewald, dass die Häftlinge, selbst zu diesem Zeitpunkt des Krieges noch, durch Zivilarbeiter ersetzt werden müssten, um Gewinne bei der Schieferölproduktion einfahren zu können[266]. Auf diese Weise wäre man auch die lästigen Konflikte mit den SS-Posten los, die die Einhaltung einer strengen Distanz zwischen Häftlingen und Zivilarbeitern kontrollierten, um „Häftlingsbegünstigungen" durch Letztere auszuschließen. Tatsächlich wurden die ersten der 1.000 genehmigten ausländischen Zivilarbeiter ab Februar 1945 in den „Wüste"-Werken eingesetzt. Ende März erhielt Sennewald von Pohl im WHVA die Zusage, dass die Häftlinge in dem Maße aus dem Wüste-Komplex abgezogen würden, wie freie Arbeitskräfte zur Verfügung stünden[267]. Er punktete dort nicht zuletzt mit seinen Erfahrungen, die er seit 1941 als Angehöriger des Wirtschaftsrats Ost bei Projekten für Ölschiefer- und Phosphorfabriken in Estland, Mineralölraffinerien in Galizien sowie Treibstofffabriken in Rumänien und Ungarn gewonnen hatte[268]. Pohl hatte bei seiner Inspektion der Wüstelager selbst einen Eindruck von den ausgemergelten Häftlingen bekommen und glaubte offenbar, dass mit ihrem Ersatz durch Zivilarbeitskräfte die Ölausbeute der „Wüste"-Werke doch noch der Kriegswirtschaft von Nutzen sein könnte. Sennewalds Vorhaben kam ein Vorstoß der OT in Balingen entgegen, die in einem Schreiben an die Deutsche Bergwerks- und Hüttenbau Gesellschaft Anfang März 1945 den „Abtransport von 1.000 bis 1.500 schonungskranken Häftlingen" für erforderlich hielt. Auf Widerstand stieß Sennewald allerdings bei Lagerführer SS-Ustuf Wurth, der ihm vorwarf, „er versuche, die SS zu vertreiben"[269], wenn er die zivilen Arbeitskräfte in den zu räumenden KZs unterbringen lasse. Erst auf Weisung seiner Vorgesetzten bemühte sich Wurth, einen Häftlingstransport per Bahn zu organisieren. Es gelang trotz intensiver Bemühungen nicht, geschlossene Bahnwaggons zu bekommen. Am 3. oder 4. April forderte SS-Uschaf Stefan Kruth vom Bahnhofsvorsteher Lehmann in Schömberg die Bereitstellung von 25 bis 28 Waggons für Gefangene der Lager Schömberg und Dautmergen, weitere für die übrigen Wüste-Lager. Lehmann wies mehrmals vergeblich die Reichsbahnoberinspektion darauf hin, dass eine Beförderung in offenen Waggons bei Regen und Schnee unmenschlich sei. Wenigstens für die schwerkranken Häftlinge konnte Lehmann zwei Waggons bekommen, die allerdings von den Begleitmannschaften genutzt wurden. Einer Transportliste zufolge wurden am 7.4.45 etwa 2.500 Häftlinge der „Wüste"-Lager in das Dachauer

Außenlager Allach bei München verschickt, unter ihnen 973 arbeitsunfähige Häftlinge aus Dautmergen. Als der Transport, für den unzureichend Proviant zur Verfügung gestellt worden war, am 12. April in Allach ankam, waren mindestens 144 Häftlinge nicht mehr am Leben. Wir wissen nicht, ob Freunde von Isaak und Efim, die selbst in Dautmergen zurückblieben, unter den Abtransportierten waren. Doch dürften sie zumindest den polnischen Dichter Tadeusz Borowski gekannt haben, der den Transport nach Allach überstand und den sie wahrscheinlich nach der Befreiung in München-Freimann bei der Suche nach ihren Angehörigen aufsuchten.
Borowski hat uns ein Gedicht hinterlassen, aus dem einzelne Strophen hier zitiert werden sollen, die das Lagerleben und den Arbeitsalltag in Dautmergen einfangen:
„Und die ganze Zeit gab es Schnee, Schlamm im Lager und Sport, jeden Tag krochen wir im Dreck wegen schlecht zusammengelegter Bettdecken,
von fernen großen Lagern kamen zu uns neue Transporte
und es brodelte in den Blocks wie in einer Teufelsmühle mit hundert Seelen.

Und wir waren wieder zu viert. Ich, ein Norweger, ein Franzose und ein Belgier,
dieselben spöttischen Posten, dasselbe Ausheben des Grabens.
Die Schaufel, das gute Eisen, hilft beim Schneeschippen.
Und nur die Hände werden steif. Und bei Fieber schmerzt der Kopf.
Die drei Kameraden aus dem Graben hoben ihre Spitzhacken hoch und solange die Kraft reichte, zerhackten sie mit Schwung die Erde.
Wissend schaute ich sie an und den Berg hinter ihnen in den Wolken, und auf die Schaufel gestützt, überlegte ich, ob ich noch weiter kann."[270]

Während Efim und Isaak nach dem Abtransport ihrer Kameraden wie bisher ihrer Arbeit nachgehen mussten, ahnten sie nicht, was sich über ihren Köpfen zusammenbraute.
Während die DÖLF noch auf die für den 19.4. vorgesehene Ankunft von 200 Ostarbeitern wartete, sie anstelle von KZ-Häftlingen in den Wüste-Werken eingesetzt werden sollten, verfügte der Rüstungsbevollmächtigte Südwest bereits am 12.4. die Einstellung der Produktion

in den Wüste-Werke. Auf die Häftlinge hatte die Verfügung zwar keine unmittelbare Auswirkung, doch die örtlichen Lagerführer und Wachmannschaften wurden zunehmend nervös, zumal auch bei ihren Vorgesetzten eine unklare Befehlslage im Hinblick auf die Räumung der Konzentrationslager bei Feindannäherung herrschte. Im KZ Dautmergen kursierten Gerüchte, „dass die Häftlinge ‚umgelegt' werden sollten"[271]. Obwohl Himmler bereits im März die Tötung von Häftlingen verbot, hielt er sie doch für ein Faustpfand bei Verhandlungen mit den Alliierten, waren die Gerüchte keineswegs aus der Luft gegriffen. Der Chemiker Sennewald gab bei Kriegsende an, der übergeordnete Lagerleiter SS-Ustuf Wurth habe Ende März geäußert, dass er „dafür sorgen werde, dass den Häftlingen das gleiche Schicksal zuteil wird, wie er es für sich erwarte"[272], und der Geschäftsführer der DÖLF berichtete, dass Wurth kurz vor dem Einmarsch der Franzosen von ihm 600 l Benzin und 100 kg Sprengstoff verlangt habe. Brand habe sich geweigert, der Forderung nachzukommen. Mitte April befahl Himmler die Evakuierung der Konzentrationslager und ergänzte kurz darauf, dass kein Häftling lebend in Feindeshand fallen dürfe. In Dautmergen gab es diesbezüglich kein schriftliches Dokument und Wurth versuchte sich mehrmals bei seiner vorgesetzten Dienststelle Klarheit darüber zu verschaffen. Währenddessen lotete der Führer der SS-Wachmannschaften die Möglichkeit eines Bahntransports der Häftlinge aus – mit negativem Ergebnis. Wurth kam mit der Anweisung seiner Vorgesetzten zurück, „mit den verbliebenen Häftlingen sofort Richtung Osten aufzubrechen"[273]. Hierbei sollte er von dem früheren übergeordneten Lagerführer Hofmann unterstützt werden. Die DÖLF musste ein Gefährt für den Proviant bereitstellen. Die Räumung von Dautmergen konnte beginnen.

Der Todesmarsch der Häftlinge von Dautmergen und die Befreiung

Am Mittwoch, den 18. April 1945, wurden Isaak und Efim sowie die übrigen Häftlinge wie gewöhnlich zur Arbeit geschickt. Doch kurz darauf wurden die Arbeitskolonnen wieder ins Lager zurückgeführt. Dort erfuhren die überraschten Häftlinge, dass das Lager in sechs Stunden geräumt sein müsste[274]. Kurz vor dem überstürzten Aufbruch bombardierte die US-Luftwaffe die SS-Baracken außerhalb des Lagers

Dautmergen und beschoss die Lagerwachen. Mindestens sechs SS-Männer wurden dabei getötet und mussten von einer 10-köpfigen Häftlingsgruppe, zu der auch Juden sowie der polnische Häftling Majchrzak gehörten, auf dem Friedhof in Schömberg beerdigt werden. Majchrzak berichtet: „Wir mussten die zerstreuten Körperteile der getroffenen SS-Männer vor dem Lager zusammentragen. Ich erinnere mich, dass mir aus Versehen eine Hand eines Getroffenen herabfiel. Der Lagerführer Dold beobachtete das und kam mit gezogener Pistole auf mich zu. Ich schloss die Augen, hob die Hand auf und legte sie mit Achtung auf den mit Trauerflor geschmückten Wagen."[275] Offenbar wurde nicht bemerkt, dass sich einer der zehn Häftlinge, Alfred Maurer, in Schömberg abseilte und sich bis zur Ankunft der Franzosen im Wald versteckt hielt.[276]

Man kann sich die Aufregung der Lager-SS vorstellen, die in höchster Eile noch belastende Schriftstücke verbrannte, an die Häftlinge Brot und etwas Margarine für den Marsch verteilte und sie in zwischen 50 und 150 Personen starke Marschkolonnen einteilte, die vom Lagerpersonal und den Wachmannschaften geführt und begleitet wurden. Am Abend des 18. April brachen die Kolonnen, die etwa 500 Dautmerger Häftlinge umfassten, zwischen 18 und 21 Uhr auf[277].

Im gleichen Zeitraum wie die Dautmerger Häftlinge wurden auch die ca. 2.000 Häftlinge der übrigen Wüste-Lager in Marsch gesetzt. Eine Übersicht (s. Buchdeckelinnenseite) zeigt die bisher erforschten ungefähren Marschrouten der verschiedenen Kolonnen. Zu ihrer Zielrichtung liegen unterschiedliche Aussagen von Überlebenden vor, die das KZ Dachau, das KZ Mauthausen oder die angebliche „Alpenfestung" in Tirol angaben. Der Kollege der Komrasses, Yitzhak Zohar, spricht von dem „Befehl, dass alle Häftlinge zu Fuß in Richtung des KZ Dachau evakuiert werden müssten."[278] () Manche Zeitzeugen erwähnen, dass die Marschroute mehrfach geändert wurde, z.B. zunächst zum Bodensee, dann wegen sich nähernden französischen Truppen Richtung Tirol und schließlich Befreiung bei Altshausen.[279] Andere Gruppen marschierten zeitweise im Kreis. Die Kolonnen, die bis Garmisch und Mittenwald getrieben wurden, hatten unglaubliche 300 km, zumeist in Holzschuhen, sonstigem schlechten Schuhwerk oder gar barfuß zurückzulegen, ohne ausreichende Verpflegung: „Der Hunger war derart groß, dass die Häftlinge Gras ... aßen. Durst war so schlimm, dass die Leidenden mitunter ihren eigenen Urin tranken."[280]

Der polnische Häftling Jerzy Sztanka gehörte einer Kolonne an, die die größte Entfernung zurücklegen musste. Er berichtet: „Wir wurden Tag und Nacht getrieben, mit kleineren Ruhepausen. Das Morden an den nicht marschfähigen Häftlingen dauerte den ganzen Weg nach Garmisch-Partenkirchen … Es ging weiter über die Berge nach Mittenwald … Die Leute warfen uns aus den Fenstern Brot zu. Die SS-Leute sagten nichts … Möglicherweise überlebte ich dank jener mir unbekannten Leute. Schließlich wurden wir weitergetrieben Richtung Innsbruck …" Nach einer Ruhepause blieb Jerzy einfach im Schnee liegen, ohne sich der abmarschierenden Kolonne anzuschließen. Auf dem Rückweg nach Garmisch-Partenkirchen wurde er von den Amerikanern – vermutlich am 29.4.[281] – befreit.

Andere Häftlinge hatten eine weniger lange Strecke zu bewältigen. Der polnische Häftling Stanislaw Majchrzak erzählt: „Man trieb uns in scharfem Tempo und nur nachts. Nicht alle haben diese Anstrengungen überlebt. Nach fünf Tagen trieb man uns in eine Scheune. Später erfuhren wir, dass es darum ging, dass wir in dieser Scheune verbrannt werden sollten. Jedoch war die Mehrheit der SS-Männer dagegen, denn sie sahen schon das Ende des Krieges voraus. Danach führten sie uns aus der Scheune heraus …[282] Auf der Straße trat mir ein Mithäftling auf den Absatz und riss ihn ab. Der im Absatz befindliche Nagel verletzte meine Ferse. Im Bemühen, den verletzten Fuß zu schonen, fiel ich immer mehr zurück. Ein SS-Mann ließ den Hund los, der mit seinen scharfen Zähnen in meinen Fuß biss. Ich schrie auf vor Schmerzen, aber der sechste Sinn befahl mir, den Anschluss an die Kolonne zu suchen. Hüpfend auf einem Bein erreichte ich meine Kollegen. Mich auf einen Mithäftling stützend, konnte ich leidlich das Tempo durchhalten … Am 22. April 1945 gegen 13 Uhr schlug die Stunde der Freiheit."[283] Die Kolonne befand sich bei Altshausen. Kurz zuvor soll der diese Gruppe begleitende Lagerleiter Dold noch Zigaretten an die Häftlinge verteilt haben. Andere wurden von weit radikaleren SS-Männern begleitet, etwa von Franz Hofmann, der erschöpfte Häftlinge entweder erschießen ließ oder eigenhändig erschoss.

Der jüdische Häftling Yitzhak Zohar erlebte die Befreiung durch französische Truppen ebenfalls am 22. April, aber auf einer anderen Route. Er berichtet von seinen Erfahrungen: „Der Marsch war schwierig und sehr gefährlich, weil die deutschen Wachmannschaften sofort auf jeden schossen, der sich nicht an die Regeln hielt. Es ist deshalb kein

Wunder, dass viele unterwegs liegen blieben. Nachdem wir ein paar Tage marschiert waren, fühlte sich mein Bruder Chaim sehr unwohl. Er war sehr schwach ... Deshalb suchten wir nach einem Versteck und fanden es auf dem Dachboden eines kleinen Hauses in der Stadt Sigmaringen. Nachdem wir ein paar Tage dort verbracht hatten, wurden wir am 22. April von den Franzosen befreit."[284]
Wir wissen nicht, welcher Marschkolonne Isaak und Efim angehörten und wo sie befreit wurden. Allerdings könnten sie früher oder später auch in Sigmaringen aufgetaucht sein, denn der Ortsname findet sich am 31.1.46 in einer Registrierungskarte von Nelli Komras, Ehefrau, als DP durch die 284 amerikanische Militärbehörde wieder. Nelli muss im Gespräch Sigmaringen erwähnt haben, doch der Sachbearbeiter schreibt den Ortsnamen versehentlich in die Spalte des Geburtsortes von Nelli, die in Moskau zur Welt kam. Leider konnte ich vom Archiv in Sigmaringen hierzu keinen Nachweis erhalten. Unbekannt ist auch, wie die Komras-Cousins auf die Nachricht von der Befreiung reagiert haben. Von manchen Betroffenen ist überliefert, dass sie außer sich waren vor Glück und Freudentänze aufgeführt haben, andere konnten die lang ersehnte Nachricht noch nicht fassen, waren zu schwach, um ihrer Freude Ausdruck zu verleihen oder hatten nach all dem Leid verlernt sich zu freuen. Yitzhak Zohar und sein jüngerer Bruder Chaim erinnern sich so: „Wir waren sehr glücklich und freudig erregt und sehr schwach. Anfangs konnten wir nicht glauben, dass wir freie Menschen waren."[285] Aber „nach kurzer Zeit" versuchten sie, ihre Zukunft zu planen, gelangten in die Schweiz, wo sie erfuhren, dass ihre beiden ältesten Brüder als Partisanen überlebt und sich der Nakam (=Rache)-Einheit der Jüdischen Brigade angeschlossen hatten. Yitzhak schloss sich ebenfalls an, gelangte 1946 als blinder Passagier nach Palästina und kämpfte 1948 für die Unabhängigkeit Israels. Sein Bruder Chaim entschloss sich, nach USA auszuwandern. Mittlerweile nahte Isaaks 17. Geburtstag, der erste nach der Befreiung. Wo und wie sie diesen Tag begingen, wissen wir nicht, aber die Frage, wo sie sich eine neue Heimat suchen sollten, dürfte auch an diesem Tag eine große Rolle gespielt haben. Efim und Isaak schwankten noch längere Zeit, welchem Land sie den Vorzug geben bzw. wo sie aufgenommen würden. Zuvor aber lag noch eine andere Sorge auf ihrem Herzen.

Auseinandersetzung mit dem Erlebten, Suche nach überlebenden Angehörigen und Neuorientierung im DP-Lager Heidenheim

Wir wissen nicht genau, ob sich Efim und Isaak nach der Befreiung selbst das Nötigste von den betreffenden Ortsbewohnern beschaffen mussten, wie vielfach überliefert, oder ob sie sofort von den französischen Militärbehörden bzw. der UNRRA versorgt werden konnten. Manche Befreite gingen zurück nach Dautmergen. In Schömberg wurde sehr schnell, spätestens Anfang Mai, ein Rückführungslager der Vereinten Nationen im „Zentralwerk der DÖLF" eingerichtet, um Häftlingen, die in ihre Heimatländer zurückkehren wollten, behilflich zu sein. Vielleicht bezog sich der gebürtige Wilnaer Israel Begam, ein Mithäftling der Komrasses in vielen KZs, auf dieses Lager, als er in einem Interview der USC im März 1995 von einem DP-Camp „in der Nähe" seines mutmaßlichen Befreiungsortes Ostrach sprach, das zu 90% mit Polen belegt war und in dem er sich nicht wohl fühlte. Daher suchte sich das frühere Betarmitglied eine andere Unterkunft und fand sie in Sigmaringendorf ausgerechnet bei einer Witwe, deren Mann als Kommunist verhaftet und in einem KZ ermordet worden war. Die mangelnde politische Übereinstimmung spielte keine Rolle und Begam blieb mehrere Monate bei dieser Witwe, bis er sich entschied, in die amerikanische Zone zu gehen. Dort wurde er dem DP-Lager Heidenheim zugeteilt, wo er seine Schicksalsgenossen Isaak und Efim wieder traf.

Glücklicherweise macht Efim aktenkundig, dass er nach der Befreiung von einem deutschen Mithäftling namens Butzbach zu sich nach Laucherthal bei Sigmaringen eingeladen wurde. Ob Isaak dabei war, geht aus den Unterlagen so wenig hervor wie die Dauer des Besuchs (der sich vermutlich nicht übermäßig lang ausdehnte), wohl aber der Zweck des Besuchs. Efim erklärt: „Wir sprachen dort über unsere Erlebnisse und ich erwähnte dabei den Namen von Dr. v. Bottmann [Bodmann]." Es geht den Befreiten also um die Aufarbeitung der traumatischen Erfahrungen. Efim bezieht interessanterweise auch seine Erfahrungen in Estland mit ein, die der deutsche Häftling nicht teilt. Efim findet in ihm einen deutschen Zuhörer, der als KZ-Häftling nachvollziehen kann, was Efim widerfahren ist. Überraschend die plötzliche Erkenntnis, dass es einen Zusammenhang zu Butzbachs Erfahrungsbereich gibt. Efim fährt fort: „Herr Butzbach rief darauf aus: „Aber der [Bodmann] wohnt doch hier ganz in der Nähe. Er soll seinen eigenen Bruder in die Irrenanstalt gebracht haben, um dessen Vermögen an sich zu bringen." Der fanatische Nazi v. Bodmann, der schon Anfang der 30er Jahre der SA, der NSDAP und der SS beigetreten war, scheint demnach aus niederträchtigen Motiven auch vor der Auslieferung eigener Familienangehöriger in die Euthanasie-Mordmaschinerie nicht zurückgeschreckt zu haben. Allerdings konnte ich nicht überprüfen, ob Butzbachs Aussage stimmt. Für uns relevant ist aber Efims Reaktion darauf. „Ich verständigte daraufhin Josef Badanes."[286]

Josef Badanes

Ihm lag offenbar ebensoviel wie Efim an der Aufspürung und Ergreifung der NS-Täter, damit diese sich vor einem ordentlichen Gericht verantworten mussten. Sie sollten nicht einfach untertauchen können und straffrei bleiben. Daraus resultierte auch Efims Bereitschaft, bei der Aufklärung der Verbrechen als Zeuge im Rastatter und Hechinger Prozess mitzuwirken. Über ihr gemeinsames Vorgehen nach dem Gespräch mit Butzbach gibt Efim zu Protokoll: „Wir gingen dann zusammen zur französischen Militärpolizei, erklärten unser Vorhaben und fuhren mit einigen Militärpolizisten nach Scheer bei Sigmaringen. Wir trafen Frau von Bottmann mit ihren drei Kindern an. Die französische Militärpolizei führte eine Hausdurchsuchung durch und fand Aufnahmen, auf denen wir Dr. v. Bottmann wiedererkannten. Frau v. Bottmann behauptete, ihr Mann sei noch nicht zurückgekommen und sie hätte seit Wochen keine Nachricht mehr von ihm bekommen. Seine kleine Tochter zeigte uns jedoch Briefe von ihrem Vater – und soweit ich mich erinnere – war der letzte Brief aus der Schweiz abgesandt worden. Die Bottmanns sollen am Bodensee ein großes Gut gehabt haben und wir nahmen damals an, dass es Dr. v. Bottmann von dort aus gelungen war, in die Schweiz zu entkommen. Die französische Militärpolizei hat uns damals versprochen, die Angelegenheit weiter zu verfolgen."[287]

Dieses Erlebnis muss die beiden befreiten Häftlinge ungeheuer aufgewühlt haben. Nur wenige Häftlinge dürften so unmittelbar in die häusliche Atmosphäre eines NS-Täters Einblick genommen haben wie Efim und Josef, zudem noch zu einem Zeitpunkt, an dem Deutschland vermutlich noch nicht oder gerade eben kapituliert hatte. Welchen Schmerz mag es in Efim ausgelöst haben, Frau und Kinder des Mörders seines Schwagers und vieler anderer in komfortabler Umgebung zu sehen, während er noch im Ungewissen über das Schicksal seiner Frau, seines Töchterchens und der übrigen Familienangehörigen war. Welche persönlichen Erfahrungen Josef Badanes mit Bodmann gemacht hatte, wissen wir leider nicht. Beiden Befreiten konnte das Ausmaß der Schuld, das Bodmann bei seinen Einsätzen in Konzentrationslagern und bei weiteren beruflichen Verantwortlichkeiten auf sich geladen hatte, damals gar nicht bekannt sein.[288]

Efims und Josefs Annahme, Bodmann könnte sich in die Schweiz abgesetzt haben, trifft nicht zu. Bodmann war zuletzt als Truppenarzt bei der 5. SS-Panzer-Division „Wiking" eingesetzt, die um Budapest kämpfte. Hier zogen sich die erbitterten Auseinandersetzungen vom 29. Oktober 44 bis zum 13. Februar 45 hin, da man nach dem Ausscheiden Rumäniens aus dem Kriegsbündnis mit Deutschland im August 44 dringend auf das ungarische Erdöl angewiesen war. (Im gleichen Zeitraum kämpfte die DÖLF vergeblich mit KZ-Häftlingen um eine wirtschaftliche Ausbeute des Ölschiefers im deutschen Südwesten.) Nach dem Scheitern der Plattenseeoffensive im März 45 wurden die deutschen Truppen von der Roten Armee zurückgetrieben und zogen sich über die Tschechoslowakei nach Österreich zurück. Bodmanns Division stellte mit der allgemeinen Kapitulation am 8.5.45 ihre Kampfhandlungen ein und die Soldaten begaben sich im Salzburger Bezirk St. Johann i. Pongau in amerikanische Gefangenschaft. Am 25.5.45 entzog sich Franz v. Bodmann der Verantwortung und verübte in einem Lazarett für Kriegsgefangene in Markt Pongau Selbstmord. Ob er von seiner Frau von den französischen Nachforschungen nach ihm benachrichtigt werden konnte, ist mir nicht bekannt. Leider blieb Efim bis 1962 im Ungewissen darüber, ob Bodmann noch vor ein Gericht gestellt wurde.

Die Beschäftigung mit der gerichtlichen Auseinandersetzung der NS-Verbrechen, die er miterlebt hatte, lässt Efim auch in den folgenden Jahren nicht los. Wie erwähnt, macht er im Zusammenhang mit den Rastatter Ermittlungen gegen NS-Täter in Wilna am 14.7.49 Aussagen gegen Weiß, Kittel und Neugebauer. Efim, zu diesem Zeitpunkt im DP-Camp Heidenheim, nennt drei jüdische Opfer, bei deren Erschießung durch Weiß er Augenzeuge war: Rechtsanwalt Rubischow, Levin und Subliwitzka.[289] Am gleichen Tag wie Efim bezeugt auch der gebürtige Wilnaer Szymon Wojczuk, der ebenfalls im DP-Camp Heidenheim wohnt, die Erschießung eines Arbeitskollegen in Wilna durch Weiß.[290]

Gegen Kittel und Neugebauer führt Efim u.a. die Erhängung von vier FPO-Mitgliedern, die Anordnung weiterer Geiselerschießungen und ihre maßgebliche Beteiligung an der Liquidierung des Ghettos Wilna an.

Im Zusammenhang mit dem Hechinger Prozess wird auf Aussagen Efims vom 19.9.1962 zurückgegriffen, die der inzwischen nach Kanada Emigrierte vor dem deutschen Generalkonsulat in Montreal zu Verbrechen in Estland machte. Es geht um die Taten von Helmut Schnabel, Franz v. Bodmann, Kurt Panike und dessen Stellvertreter Runde (von Efim als „Runde oder Kunze" erinnert). Selbst nach einem zeitlichen Abstand von fast 20 Jahren kann Efim auf verschiedenen Bildern Schnabel sofort identifizieren, von dem er persönlich 25 Peitschenhiebe bekommen hatte, und zählt dessen Mordopfer auf, die bereits bei seinen Erlebnissen in den estnischen Lagern genannt wurden. Von den Opfern des Lagerarztes Dr. v. Bodmann zu berichten, war Efim ein ganz besonderes Anliegen. Detailliert listet er alle Verbrechen auf, die bereits geschildert wurden.

Im Bezug auf Panike, von Efim „Peiniger" genannt, sind Efim zwei Erhängungen von Häftlingen im Sinn. In beiden Fällen war er Augenzeuge. Panikes Stellvertreter Runde legt Efim viele Opfer zur Last, die er getötet habe, ohne sie einzeln benennen zu können.

Auch Sima sagt 1965 in Hechingen als Zeugin aus und kommentiert: „Aus der ganzen Welt kamen Zeugen, aber Schnabel und die anderen Mörder wurden nur leicht bestraft, weil die ermordeten Opfer nicht gegen sie aussagen konnten."[291]

Wie Sima Efims Bemühungen, an der Aufklärung der NS-Verbrechen mitzuwirken, einschätzt, soll hier trotz ihrer subjektiven Überzeichnung angeführt werden: „Nach dem Krieg wurde er [Efim] einer der führenden Nazijäger. Er gönnte sich keinen Frieden, bis er die Mörder aufgespürt und sie vor Gericht gebracht hatte."[292]

Wie sich Efims diesbezügliches Engagement auf Isaak auswirkte, muss offen bleiben. Steckte dessen Rastlosigkeit an oder war sie belastend? Maß Isaak dem Thema, das Efim umtrieb, eine ähnlich große Bedeutung bei oder standen für den Jugendlichen andere Fragen im Vordergrund, etwa die nach überlebenden Angehörigen, nach Möglichkeiten der Rückkehr nach Wilna usw.? Nach Befriedigung der Grundbedürfnisse wie Essen und Schlafen, nach Ruhe und Entspannung, nach Ablenkung im Kino oder auf einem Sportplatz? Wie konnte er unter den gegebenen Umständen zu einem inneren Gleichgewicht finden? Würde er lieber vergessen, das Furchtbare hinter sich lassen wollen?

Natürlich konzentrierte sich Efim nicht nur auf die Tätersuche, sondern versuchte gleichzeitig herauszufinden, ob es Überlebende der Komras-Familien gab und wo sie sich aufhielten. Diese Suche nach Angehörigen war ein Hauptanliegen aller befreiten Häftlinge. Sie hefteten an allen Treffpunkten, ob in DP-Lagern, die nun von den Alliierten eingerichtet wurden, bei der UNRRA oder anderen Hilfsorganisationen Zettel mit den Namen der gesuchten Personen und ihre derzeitige Adresse an. Viele reisten selbst zu anderen DP-Camps von Feldafing und Landsberg, um Informationen mit ihresgleichen auszutauschen. Bekannt ist, dass es in den DP-Camps von Feldafing und Landsberg in der amerikanischen Zone viele Wilnaer Juden gab. Ob Efim und Isaak auch dorthin reisten, wissen wir nicht. Sie hielten sich aber seit Mai 1945 in der US-Zone auf[293]. Vom Ringelblum-Archiv Warschau war zu erfahren, dass sie beide in München-Freimann waren, ohne dass ein Zeitraum angegeben wurde. Das dortige DP-Camp wurde offiziell erst im Januar 1946 eröffnet.[294]

Allerdings ist bekannt[295], dass der Publizist Anatol Girs, mit Tadeusz Borowski in Dautmergen inhaftiert und mit ihm von dort nach Dachau-Allach überstellt, nach der Befreiung „bei München mit Erlaubnis des polnischen Roten Kreuzes einen Familiensuchdienst" aufbaute. Nach Zekorn[296] holte Girs Borowski aus dem Lager Freimann und beschäftigte ihn und zwei weitere ehemalige Häftlinge in diesem Suchdienst. Die Komrasses könnten davon gehört und sie aufgesucht haben, um Auskünfte einzuholen bzw. nach den Angehörigen suchen zu lassen. Vielleicht hörten sie hier auch, dass der Häftling, dem in Dautmergen die Funktion des „Lagerläufers" übertragen worden war, in Freimann von anderen Dautmerger Kameraden aus Rache für sein Fehlverhalten verprügelt wurde[297] Sie könnten sich in dieser Zeit auch an verschiedene Institutionen in München wegen Suchanfragen etwa an die UNRRA, das Central Comitee of Liberated Jews, den Suchdienst Siebertstraße 3 gewandt haben, wie wir das von den Brüdern Badanes wissen. Diese kamen im Juli in die US-Zone und wurden wie die Komrasses und andere in Dautmergen befreite Wilnaer Juden etwa Ruben/Reuven Wagner/Wajner vorübergehend im Schloss Duttenstein bei Heidenheim untergebracht. Die Schlossverwaltung derer von Thurn und Taxis hatte am 3.7.45 gegenüber der Militärregierung ihr Einverständnis erklärt, Duttenstein „zur vorübergehenden Unterbringung von erholungsbedürftigen KL-Gefangenen zu überlassen."[298] Bis Anfang Oktober 1945 werden dort 70 bis 80 Juden und Jüdinnen einquartiert, ihr Sprecher oder Präses wird Josef Badanes, der engen Kontakt mit Efim hat. Anfang Oktober werden die jüdischen Bewohner dann in das von der UNRRA übernommene Heidenheimer Altenheim an der Damaschkestraße verlegt. Der Druck der amerikanischen Militärbehörden auf die deutschen Stadtverwaltungen, den DPs angemessene Quartiere und angemessene Zivilkleidung zur Verfügung zu stellen, ist insbesondere nach dem sogenannten Harrison-Bericht, der nach Inspektionen verschiedener DP-Lager im Auftrag des US-Außenministeriums erstellt wurde, groß. Wenige Tage vor der Verlegung der jüdischen DPs aus Duttenstein war dort eine Inspektion durch einen amerikanischen General angekündigt, bis zu der die Heidenheimer Stadtverwaltung die DPs mit neuer Kleidung aus bestem Material, wie von der UNRRA gewünscht, ausstatten sollte. Allerdings klappt das in der Kürze der Zeit nur eingeschränkt[299]. In der in Heidenheim verbrachten Zeit wechseln die jüdischen DPs mehrfach ihre Unterkunft, wie die Adressen, die sie bei ihren Außenkontakten, insbesondere den Suchdiensten, angeben, zeigen.

Polizeischule Heidenheim nach dem Krieg 1945

Damaschkestraße 19, Efims letzte Wohnadresse in Heidenheim

Zuerst wird das Altenheim,[300] dann [301] das „Jewish Home" in der Polizeischule, schließlich für die Komrasses und die Badanes verschiedene Häuser in der Damaschkestraße der Voith-Siedlung genannt. Bei seiner Zeugenaussage vor Gericht vom 18.7.49 gibt Efim Damaschkestraße 19 an. Sicher hängen die Umzüge innerhalb der Voith-Siedlung auch mit der Fluktuation der Bewohner und dem Zuzug weiterer jüdischer DPs im folgenden Jahr zusammen.

Isaak und Efim tragen auf ihren Ausweisen keine Häftlingskleidung mehr, der Wilnaer Rubin Wajner trägt sie dagegen ganz bewusst noch am 23.1.47 auf seinem UNRRA-Ausweis. Was ihm angetan wurde, soll mindestens im Ausweis sichtbar bleiben.

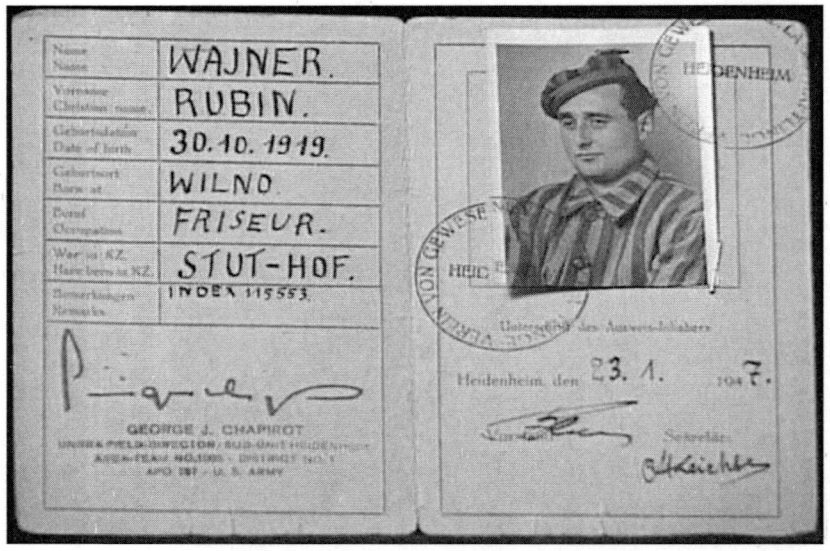

Ausweis von Rubin Wagner/Wajner

Der Wilnaer Israel Begam erinnert sich, dass die Voith-Siedlung, in der zunächst polnische DPs einquartiert waren, Ende Juli 1946 für jüdische DPs geräumt wurde, deren Zahl nun auf über 2.000 anwuchs. Unter den Schicksalsgenossinnen fand Israel Begam seine Frau Ester, die er in Heidenheim heiratete[302]. Die Bewohner/innen der Heidenheimer DP-Enklave waren verhältnismäßig jung, ihr Durchschnittsalter betrug im Oktober 1945 28 Jahre[303] und dürfte auch in den folgenden Jahren, nicht zuletzt wegen der Geburten im Lager, nicht wesentlich höher gewesen sein. Sie organisierten ihr Leben im Lager selbst, richteten laut Rubin Wagner eine jüdische Polizei, eine Krankenstation, ein Gericht, das Streitfälle löste, sowie einen Gemeinschaftsraum ein, in dem man Veranstaltungen abhalten, Schulungen und Weiterbildungsmaßnahmen durchführen, aber auch Klavier, Domino usw. spielen konnte, während im Freien das Fußballspiel am beliebtesten war. So erholte man sich langsam und vertrieb sich die freie Zeit, während man auf Nachrichten von Angehörigen oder Auswanderungsbehörden wartete.

Wilnaer Juden im "Jewish Home" der Polizeischule Heidenheim, vorn Mitte Rubin Wagner mit Frau Sima

Der Monat November 1945 wurde zu einem Schicksalsmonat für die Komrasses. Den amerikanischen Registrierungsakten ist zu entnehmen, dass Efims Frau und seine beiden Schwestern Cilla und Basia Anfang November nach Heidenheim kamen. Die Wiedersehensfreude nach über zweijähriger Trennung und Ungewissheit über das Ergehen der Angehörigen kann sich ein Außenstehender kaum ausmalen. Und doch wurde die Freude durch den Schmerz über den Verlust der übrigen Familienmitglieder, von dem man sich nun überzeugen musste, getrübt. Noch 1949 beklagt Efim in seiner Aussage vor Gericht, dass er seit September 1943 nie mehr etwas von seinem damals eineinhalbjährigen Töchterchen gehört hat. Erst durch seine Frau Nelli erfährt er in Heidenheim, was nach der brutalen Trennung der Männer von ihren Frauen und Kindern am Rossaplatz in Wilna geschah. Während die Männer in den Güterzug nach Estland verfrachtet wurden, wurden die jüngeren Frauen von älteren oder Müttern mit Kindern, wie berichtet, getrennt. Nellis Kind wurde ihr dabei von einer älteren Frau aus den Armen gerissen, die sie schnell aus den Augen verlor. Sie selbst wurde zu der Gruppe der jüngeren Frauen getrieben, in der sich auch Efims Schwester Cilla befand. Für Efim trotz allem ein Trost, außer seinem Kind nicht auch noch seine Frau verloren zu haben. Was es für die junge Mutter bedeutet hat, hilflos von ihrem Kind weggerissen zu werden und dazu noch dessen drohende Vernichtung in Ponar zu ahnen, ist unvorstellbar. Schoschana, die, selbst noch ein Kind, von ihrer Mutter im Rucksack versteckt und mit ihr wie Nelli und Cilla nach Riga-Kaiserwald verschleppt wurde, sah, wie mehrere junge Mütter, die wie Nelli ihrer Kinder beraubt worden waren, nach ihrer Ankunft in Kaiserwald im Massenquartier des Nachts unaufhörlich um ihre Kinder weinten.[304] Vielleicht war es für Nelli ein gewisser Trost, dass es hier im Lager Heidenheim eine Frau gab, die ebenfalls ihr Kind in der Rossastraße in Wilna zurücklassen musste. Reuven/Rubin Wagners Frau Sima suchte 1990 das Massengrab für jüdische Kinder in Ponar auf, wo vielleicht auch Efims und Nellis Kind begraben wurde.

Sima Wagner kniet am Massengrab jüdischer Kinder in Ponar bei Wilna 1990

Auf Nelli wartete in Heidenheim ein neuer Schock. Efim musste ihr berichten, dass ihr jüngerer Bruder, der eine Brille trug, im estnischen Lager Aseri von Dr. Bodmann trotz seines jugendlichen Alters von 22 Jahren zur Vernichtung selektiert wurde und er selbst nur durch Fürsprache seines Arbeitskommandoführers demselben Schicksal entging. Was Efims, Isaaks und Nellis Eltern anbelangt, so ist nichts über ihr Ergehen dokumentiert. Doch ist anzunehmen, dass sie nicht überlebt haben. Nellis und Cillas Erlebnisse in Kaiserwald, Stutthof und bei den Poltewerken in Magdeburg mag Efim und Isaak mit Entsetzen, Wut und Trauer, aber auch mit Dankbarkeit erfüllt haben, dass sie überlebt haben und an eine gemeinsame Zukunft denken konnten.

Weder von Nelli noch von Cilla liegen Aufzeichnungen über ihr Jahr in Kaiserwald vor. Vor dem Krieg befand sich hier ein bei wohlhabenden Rigaern beliebter Erholungsort. Als die Deutschen hier in der Abgeschiedenheit ein KZ errichteten, erinnerte nur noch die Kommandantur außerhalb an diese Vergangenheit. Schoschana, die mit ihrer Mutter ebenfalls aus Wilna in dieses Lager kam, brachte in Erfahrung, dass nur etwa 400 Wilnaer Frauen hier eingewiesen wurden, während die übrigen Frauen des Transports bereits im Durchgangslagerbereich zu Arbeitsplätzen außerhalb des KZs gebracht wurden. So mag es Efims Schwester Basia ergangen sein. Cilla und Nelli teilten dagegen die Erfahrungen Schoschanas. Sie beschreibt die furchtbaren Verhältnisse dort: das Scheren der Haare nach der Ankunft, die Enge in den Baracken, wo man sich zu viert eine Pritsche teilen musste, die schlechten sanitären Verhältnisse, die stundenlangen Appelle, die Schläge der SS-Frauen, die von den Häftlingen „Blitzmädel" genannt wurden, die unzureichende Ernährung und den quälenden Hunger, die Kälte im Winter, die schwere Arbeit, die sich ausbreitenden Epidemien, etwa Bauchtyphus, die sich häufenden Selektionen, die ständige Angst.

Schoschana erzählt auch von den unterschiedlichen Arbeitskolonnen, denen sie zugeteilt wurde: Die Außenarbeiten waren besonders belastend und kräftezehrend. Dauerte der Anmarsch zur Verlegung von Bahngleisen anfangs 20 Minuten, so verlängerte sich die Dauer, je weiter die Verlegung voranschritt. Mehrere Häftlinge mussten hierbei die schweren Gleise von einem Platz zum anderen tragen. Zu den Baustellen, auf denen sie eingesetzt war, wurden die Kolonnen per Lkw befördert. Hier musste sie Backsteine weiterreichen, Kalksäcke schleppen und an einer Betonmischmaschine arbeiten. Bei einer Anodenfabrik mussten gebrauchte Batterien von Zügen abgeladen, sortiert und in die Fabrik gebracht werden, wo sie hauptsächlich von Jüdinnen aus Deutschland in ihre Einzelteile zerlegt werden mussten. Wegen des Kohlestaubs eine extrem schmutzige Arbeit, wie Schoschana erlebte; zudem konnte man sich beim Öffnen der mit einer säurehaltigen Paste gefüllten Anoden leicht die Hände verätzen.

Zu den Aufgaben im Lagerbereich gehörten Putz- und Instandsetzungsarbeiten. In der Kommandantur mussten Fußböden und die Treppe geputzt und die Stiefel poliert werden.

Angenehmer war die Arbeit in der Kleiderkammer, wo es etwas mehr zu essen gab und der Verantwortliche sich humaner verhielt. Von ungarischen Jüdinnen, die im April 1944 von Auschwitz nach Kaiserwald deportiert wurden, hörten Schoschana und ihre Wilnaer Kameradinnen zum ersten Mal von der Vernichtung in Gaskammern und der Leichenverbrennung in Krematorien. Gegen Ende ihrer Gefangenschaft in Kaiserwald operierten Partisanen in der Gegend und einigen Frauen gelang die Flucht zu ihnen. Die SS rächte sich dafür an den Zurückbleibenden. Als die Bombardierung Rigas begann, wurden die weiblichen Häftlinge von nahe gelegenen Arbeitslagern nach Kaiserwald gebracht, vom A.B.A., dem Magazin für Wehrmachtsuniformen, von Filialen der AEG, der IG Farben und anderen Firmen. Ende September erfolgte die Evakuierung von Kaiserwald. Nach einem einstündigen Marsch zu einem entlegenen Bahnhof wurden die Häftlinge in einen kurzen Güterzug gepresst, in dem nicht alle Platz fanden. Jeder wusste, dass nur die Hineinkommenden überleben würden. – Die Fahrt führte zu einem Hafen, wo die weiblichen und männlichen Häftlinge auf verschiedene Decks eines weiß gestrichenen Frachtschiffes gedrängt wurden, das unter der Flagge des Roten Kreuzes fuhr. Die Verhältnisse auf den Häftlingsdecks waren unbeschreiblich und forderten weitere Opfer. Nach vier Tagen erreichten sie Danzig und wurden mehr tot als lebendig auf Barken umgeladen und nach Stutthof gebracht. Hierüber brauchten Nelli und Cilla nichts zu erzählen. Zu gut waren Isaak und Efim die grauenhaften Zustände dort noch im Sinn. Bestimmt aber erklärten Nelli und Cilla, wie enttäuscht sie waren, am Zaun zu stehen, der das jüdische Frauen- von dem jüdischen Männerlager trennte, und weder Efim noch Isaak noch Nellis Bruder zu entdecken, während Frauen desselben Transports, wie z.B.

Schoschanas Mutter, ihren Mann und ihren Bruder, die ebenfalls in estnischen Lagern waren, dort vorfanden. Nicht ganz ausschließen kann man, dass einer der Männer sich auf ihre Nachfrage erinnerte, dass Efim und Isaak vor wenigen Tagen in ein anderes Lager abtransportiert worden waren. Belege haben wir weder für die eine noch für die andere Möglichkeit.

Nelli und Cilla wurden nach gut einem Monat, am 3. November 1944, in ein Außenlager des KZ Buchenwald überstellt, das wie zuvor schon das KZ Ravensbrück seit 1. September 1944 Häftlinge an die Polte-Werke Magdeburg als Arbeitskräfte verlieh. Nelli und Cilla erhielten die Buchenwald-Nr. 39149 und 39198.

Die Polte-Werke in Magdeburg, „schon vor der Zeit des Nationalsozialismus ein Global Player", so die Historikerin Katja Hartmann, entwickelten sich zum wichtigsten Munitionsproduzenten des Deutschen Reiches und zählten zu den „NS-Musterbetrieben", für die die Herstellung von Geschosshülsen und Patronen besonders gewinnträchtig war. Das mit Stacheldraht und Elektrozaun abgesicherte Lager, in das Nelli und Cilla gebracht wurden, befand sich direkt gegenüber dem Polte-Werk in der Poltestraße – heute Liebknechtstraße. Im Lager wurden knapp 3.000 Frauen inhaftiert.[305] Sie wurden in sechs Holzbaracken untergebracht, die nicht heizbar waren.

Die Behandlung durch das SS-Personal war brutal, so sind nicht nur Schläge wegen kleinster Verstöße gegen die Lagerordnung, sondern auch eine öffentliche Erhängung eines weiblichen Häftlings überliefert[306]. Ob Nelli und Cilla mit der Herstellung von Schießpulver oder der „Polte-Patrone", die nun vor allem für die Volkssturm-Gewehre genutzt wurden, oder sonstigen Arbeiten befasst wurden, wissen wir nicht. Erst beim Herannahen der Front wurden die Polte-Lager aufgelöst und am 13.4.45 die knapp 3.000 Frauen Richtung Ravensbrück „evakuiert". Einen halben Tag marschierten sie bis zum „Stadion Neue Welt", als sie unter Granatenbeschuss der Amerikaner gerieten und die SS noch hunderte ermordete, weil sie eine Flucht der in Bombentrichtern Schutz suchenden Häftlinge ausschließen wollte. Ob Nelli und Cilla nach Ravensbrück kamen, das am 30.4.45 befreit wurde, oder ob sie von dort aus am 27.4. einem großen Todesmarsch eingereiht wurden, ist ebenso unklar wie ihre weitere Odyssee nach Heidenheim.

Cilla lässt sich am 14.11.45 von den Amerikanern als Displaced Person registrieren, Nelli am 5.11.45. Ob Efims Schwester Basia vor Nelli und Cilla mit Efim und Isaak in Heidenheim zusammentraf, ist ungewiss. Sie wird jedenfalls bereits am 1.11.45 registriert. Wie sie ihre Familienangehörigen fand, wissen wir nicht. Auf dem Fragebogen der amerikanischen Militärbehörde gibt sie nur an, dass sie bis 1944 in Mitawo in einem Lager und 1945 wieder in Wilna als Krankenschwester arbeitete. Sie könnte in Wilna wie Sima das jüdische Gemeindezentrum in der Zavalnastraße in der alten Chorsynagoge aufgesucht haben, in dem von den Überlebenden ein zentraler Treffpunkt eingerichtet worden war[307]: „Die Wände hingen voll mit Zetteln, auf denen die Menschen Nachrichten geschrieben hatten, um ihre Familien und Freunde wiederzufinden ... Ich erhielt Grüße von Freunden und Bekannten, die unter den 1.000 Männern gewesen waren, die man von Stutthof nach Süddeutschland geschickt hatte."[308] Vielleicht hat Basia hier einen Tipp bekommen. Auf dem amerikanischen Militärfragebogen gibt sie an, freiwillig mit einer organisierten Gruppe, nämlich der polnisch-jüdischen Palästina-Organisation, nach Deutschland gekommen zu sein.

Isaak wird sich über die Ankunft von Basia, Cilla und Nelli sicher ebenso gefreut haben wie Efim. Einerseits verringerten sie seine Einsamkeit und er fühlte sich wieder als Teil einer großen Familie, andererseits erinnerte ihre Anwesenheit gleichzeitig an den Verlust der eigenen Familienangehörigen, insbesondere der Eltern. Hatten Efim und Isaak schon vor der Ankunft der Angehörigen Pläne für die Zukunft geschmiedet, so wurden diese nun gemeinsam vertieft. Dass sie nicht nach Wilna zurückkehren wollten, war nach allem, was man sich über die sowjetische Besatzungspolitik erzählte, kein Wunder. Dass sie so bald wie möglich das Land der Täter, Deutschland, verlassen wollten, ist ebenfalls naheliegend. Sowohl Isaak als auch Efim geben auf ihrer Registrierungskarte als DP am 10.9.45 an, nach Palästina oder USA auswandern zu wollen, und Isaak präzisiert im Falle der USA den Bundesstaat Kalifornien, wo Verwandte leben. Auch Nelli schließt sich am 5.11., Basia am 1.11., dieser Option an, nur Cilla beschränkt sich am 14.11.45 ausschließlich auf die USA als Auswanderungsziel. Ob sie sich da schon mit ihrem späteren Ehemann Joel angefreundet hatte, wissen wir nicht.

Isaaks Tod

In die Euphorie und Aufbruchsstimmung der zusammengeführten Komras-Familienmitglieder fiel jedoch bald ein dunkler Schatten. Wann die ersten Anzeichen einer ernsthaften Erkrankung bei Isaak einsetzten, ein allgemeines Unwohlsein, ein zunehmendes Schwächegefühl, Kopfschmerzen oder Fieber, so dass er sich schließlich genötigt sah, die Krankenstation im DP-Camp aufzusuchen, ist nicht bekannt. Vielleicht schickten ihn seine Verwandten zunächst dorthin. Jemand muss den Ernst der Lage erkannt und Isaak ins Kreiskrankenhaus von Heidenheim eingewiesen haben. Wie lange er dort behandelt wurde, wissen wir nicht, auch nicht, wann eine Hirnhautentzündung diagnostiziert wurde und ob entsprechende Medikamente zur Verfügung standen. Offenbar verschlechterte sich sein Zustand rapide. Am 23.11. gab sein geschwächter Körper den Kampf auf und der junge Mann, der so unsagbar viel durchlitten hat und dem man eine glückliche Zukunft gewünscht hätte, verstarb.

Die nüchtern kalte Sterbeurkunde hält fest:
„Standesamt Heidenheim Nr. 611/1945
Der berufslose Isaak Komras israelitischer Religion, wohnhaft in Heidenheim, Altersheim, ist am 23. November 1945 um 11.30 Uhr in Heidenheim im Kreiskrankenhaus verstorben.
Der Verstorbene war geboren am 6. Oktober 1928 in Wilna, Polen …
Vater unbekannt, Mutter unbekannt.
Der Verstorbene war nicht verheiratet.
Heidenheim, 22. Mai 1946
Der Standesbeamte (Unterschrift unleserlich)
Todesursache: Gehirnhautentzündung, Atemnot, Herz- und Kreislaufschwäche"
Offenbar hat man sich weder bei den amerikanischen Behörden noch bei den Verwandten nach den Eltern von Isaak erkundigt. Bei Efim und seinen Angehörigen muss Isaaks tragischer Tod einen Schock und tiefe Trauer ausgelöst haben. Ob ein Rabbiner die Beerdigungszeremonie leitete, ist nicht bekannt. Anteil an den Trauerfeierlichkeiten nahmen gewiss alle jüdischen DPs des Altenheims, insbesondere die Wilnaer Überlebenden. Man entschied sich für eine Beisetzung auf dem nächstliegenden jüdischen Friedhof – und das war Göppingen. So

wurde der Stadt und ihrer Bevölkerung das ehrende Gedenken an ein kurzes, durch deutsche Machenschaften leiderfülltes Leben anvertraut.

Sterbeurkunde Isaak

Drei Kränze, die von der UNRRA bewilligt wurden, auf deutschen Brauch ausgerichtet, schmückten Isaaks Grab bei der Beisetzung. Ob jemand Nelli und Cilla erzählt hatte, dass auf diesem Friedhof eigentlich viele Göppinger Juden, die nach Riga deportiert und dort ermordet wurden, ihre letzte Ruhe hätten finden sollen, ist fraglich. Vielleicht wäre dieser ihnen fremde Ort durch die Geschichte der Göppinger Juden, denen sie selbst in Kaiserwald, ohne es zu wissen, so nahe waren, vertrauter geworden. Der Grabstein, mit der von Efim, Nelli, Cilla und Basia gewählten Inschrift, über den eingangs berichtet wurde, dürfte im Jahr 1946 gesetzt worden sein.

Epilog

Efims Familie verblieb nach Isaaks Tod im Heidenheimer DP-Lager in engem Kontakt mit den Badanes-Brüdern. Nicht nur die Männer verband ihre gemeinsame Geschichte, auch unter den Frauen gab es Gemeinsamkeiten. Josef Badanes freundete sich im Heidenheimer Camp mit Ida Lejbmann an, die wie Basia Komras 1920 in Minsk geboren und spätestens seit 1939 in Wilna lebte. Auch sie wurde nach der Auflösung des Wilnaer Ghettos ins KZ Riga verschleppt und nach dessen Auflösung in ein KL Sofienwald/Gutendorf im Deutschen Reich deportiert. Ida und Josef Badanes heirateten am 29.1.46 in Heidenheim. Auch Chaim Badanes fand unter den DPs seine Frau Miriam, eine Krankenschwester im gleichen Alter wie Ida und Basia. Wie die Komrasses hatten die Badanes-Brüder Verwandte in den USA. So bereitete man sich wohl gemeinsam auf die Auswanderung dorthin vor. Die restriktive britische Einwanderungspolitik Palästina betreffend ließ die Komrasses vermutlich von diesem ursprünglich ebenfalls in Betracht gezogenen Ziel abrücken.

Um eventuelle Erbansprüche aus der Hinterlassenschaft eines in Kanada verstorbenen Verwandten der Badanes geltend zu machen, oder aus anderen Gründen, benötigten diese den Nachweis, dass ihre Eltern in Konzentrationslagern verstorben waren. So war es hilfreich, dass Efim als 2. Zeuge einspringen und den Tod ihres Vaters Simcha Badanes im KZ Narwa im November 1943 und Cilla den Tod ihrer Mutter Ida Badanes im KZ Stutthof im Juli 1944 als 2. Zeugin bestätigen konnte. (Wie dies Cilla, die erst im Oktober 1944 nach Stutthof kam, möglich war, ist nicht bekannt.)

Chaim Badanes

Für die Vorbereitung der Überfahrt nach Amerika war es sicherlich hilfreich, dass die Büroangestellte Ida Badanes, Josefs Frau, über bescheidene Englischkenntnisse verfügte, die den Komrasses fehlten. Ende 1947 machten sich mindestens Efim, Nelli und Basia sowie Chaim Badanes und Frau[309] auf den Weg. Von Josef Badanes und Cilla

Joel fehlen hierzu Unterlagen. Die spärlichen Vermerke auf den DP-Karten der amerikanischen Behörden geben nicht nur den Hinweis auf die Ausreise am 24.11.47, sondern, was wohl als außergewöhnlich gelten kann, auf ihre Rückreise am 23.1.48/4.2.48 nach Deutschland und ihre erneute Einquartierung ins DP-Camp Heidenheim. Was die Komrasses und Badanes bewog nach zwei Monaten zurückzukehren, wissen wir nicht. Fehlte es an Unterstützung durch die Verwandten oder war der Kulturschock zu groß, entmutigte sie die Sprachbarriere, sahen sie für sich keine Arbeitsperspektive? Fakt ist, dass die Rückkehrerfamilien bis zur Auflösung des DP-Camps im August 1949 in der Voithsiedlung von Heidenheim blieben. Ob sie zusätzlich zu ihrer Unterstützung durch die UNRRA einer Beschäftigung nachgingen, ist nur für die Badanes gesichert. Der Flachs- und Futtersortierer Josef Badanes scheint Unterlagen des ITS zufolge schon 1946 einen nicht näher bezeichneten Gewerbebetrieb eröffnet zu haben. In der zweiten Hälfte des Jahres 1947 steht er auf der Gehaltsliste der UNRRA bzw. der IRO, für die er in der Lagerverwaltung arbeitet. Das Arbeitspensum ist hoch und liegt bei 45 bis 50 Wochenstunden. Von dem möglicherweise in Dollar ausbezahlten Lohn will er vermutlich Rücklagen für den Neuanfang in den USA bilden. Ein ähnliches Bild ergibt sich bei seiner Schwägerin Miriam, die als Krankenschwester auf der Krankenstation von der UNRRA bzw. der IRO beschäftigt wird, wo sie Karriere macht und von der einfachen Krankenschwester zur Leitenden Krankenschwester und zur Assistentin der ärztlichen Abteilung aufsteigt, sodass ihre Einkünfte sogar die ihres Schwagers übersteigen.[310] Zu Chaim und Ida Badanes habe ich keine entsprechenden Dokumente gefunden. Welche Möglichkeiten sich Efim boten, der sich anfangs als Jurist, dann als Kaufmann bezeichnete, ist nicht bekannt. Immerhin hat er ähnlich wie Josef (Präses in Duttenstein) eine wohl ehrenamtliche Vertrauensstellung im Rahmen der Selbstverwaltung des Lagers inne, er ist seit Januar 1947 „Member of the Committee" der Voithsiedlung. Vom Friseur Rubin Wagner/Wajner, der 1949 mit seiner Frau in die USA emigrierte, ist zwar eine Ausübung seines Berufs in Heidenheim nicht ausdrücklich erwähnt, doch wird seine Dienstleistung von nicht wenigen DPs nachgefragt worden sein. Auch Israel Begam dürfte es nicht allzu schwer gefallen sein, in seinem Beruf als Metzger wieder Arbeit zu finden. Er war ebenfalls im Altenheim untergebracht wie die Komrasses und Badanes. So ist es nicht verwunderlich, dass Chaim eine wichtige Rolle bei Israels Eheschließung übernahm: Israels Braut Estera Rajche, knapp einen Monat jünger als der verstorbene Isaak, brauchte als Minderjährige einen Vormund, da ihre Eltern in einem KZ umgekommen waren. So sprang Chaim ein und die Ehe von Israel und Estera Begam konnte am 19.10.46 geschlossen werden. Das Ehepaar wanderte am 7.7.49 nach Minnesota aus. Wie man sieht, blieben die DPs weitgehend unter sich in ihrer Enklave.

Generell gab es zwischen den jüdischen DPs und der einheimischen deutschen Bevölkerung wenig Kontakte. Letztere hatten nur durch Ausnahmegenehmigungen Zutritt zu dem Lagerterritorium. Dennoch scheint sich auf dem Gelände, aber auch außerhalb zeitweise ein reger Schwarzmarkt entwickelt zu haben, auf dem Lebensmittel, die den DPs von den Vereinten Nationen zum Eigenverbrauch zur Verfügung gestellt wurden und die auf dem deutschen Markt nicht zu bekommen waren, gegen Bedarfsgüter, die Deutsche anbieten konnten, getauscht wurden. An dem Tauschhandel waren allerdings auch amerikanische Soldaten beteiligt. Nur eine kleine Anzahl von DPs, die entsprechende Schulungskurse absolviert hatten, wurden in Heidenheimer Betrieben beschäftigt, kamen somit mit den Deutschen in Berührung. Umgekehrt wurden einige einheimische Frauen als Putzfrauen bei DP-Familien in der Voithsiedlung beschäftigt, die wiederum überwiegend mit Lebensmitteln, aber auch bar bezahlt wurden[311]. Solche Beziehungen entwickelten sich meist positiv und wirkten den gegenseitigen Ressentiments entgegen. Wenn auch, wie Köhn[312] nachweist, das DP-Camp durchgängig als „Lager Voithsiedlung" und nur einmal als „Judenlager" in greifbaren Äußerungen von der einheimischen Bevölkerung apostrophiert wird, so ist, was die ehemaligen Bewohner der Voither Arbeitersiedlung anbelangt, klar, dass sie gegen die DPs Vorbehalte haben und sich durch sie benachteiligt und geschädigt fühlen. Ihre Interessen werden von der Stadtverwaltung vertreten, die bei der Besatzungsmacht immer wieder interveniert, um die Auflösung des DP-Lagers zu erreichen. In der lokalen Geschichtsschreibung wird danach das DP-Lager bis 1979 vollständig ausgespart[313].

Die ca. 2.000 DPs der Voithsiedlung werden 1949 auf verschiedene Lager entsprechend ihrer Auswanderungswünsche verteilt. Ausreisewillige in die USA werden dem Lager Wasseralfingen, Ausreisewillige nach Israel dem Lager München-Freimann zugeteilt usw. Wohin Cilla

Joel zog, ist unbekannt. Auf Basia Komras' DP-Karte ist der undeutliche Vermerk 18.10.49 nach Landsberg angebracht, auf Nellis und Efims Karte hingegen steht Wasseralfingen als Bestimmungsort. Wenn sie überhaupt dorthin übersiedelten, war der Aufenthalt kurz. Auf einem IRO Ausweis vom 26.7.50 wird als Adresse von Efim und Nelli bereits Stuttgart, Reinsburgstraße 214 angegeben. Interessanterweise ist dieselbe Adresse auch für Josef Badanes dokumentiert. Beide Familien haben demnach im schon früher als DP-Unterkunft genutzten Haus eine Wohnung. Eine glückliche Fügung für beide Familien beschert ihnen einen Nachwuchs: Riwa Badanes wird am 30.6.51 geboren, Henriette Raia Komras bereits am 21.1.51. Vielleicht bedeutet die Beurkundung durch das Standesamt, dass die Wohnung in der Reinsburgstraße 214 für beide Familien zu klein wurde und die Badanes nach Bad Cannstatt umgezogen sind.

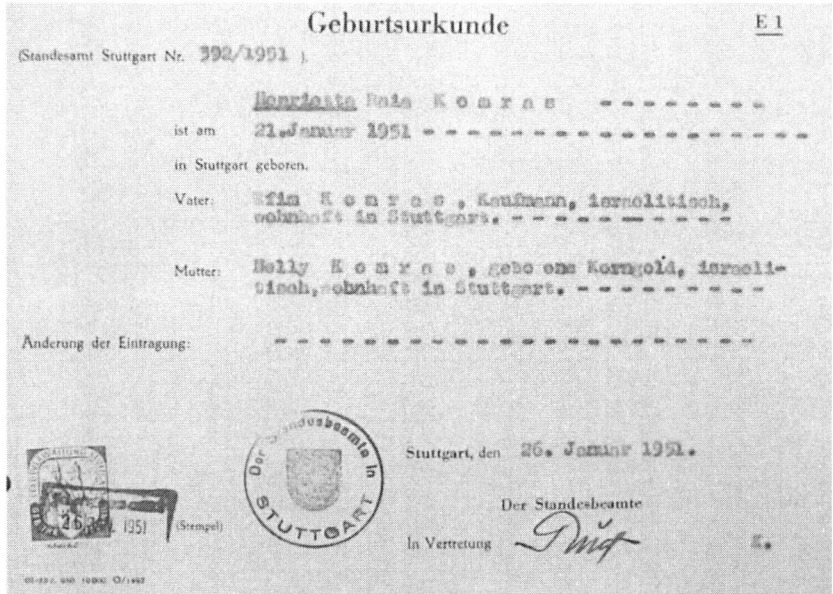

Geburtsurkunde von Henriette Komras

Dass Efim und Nelli nach dem Verlust ihres ersten Kindes wieder ein Töchterchen bekamen, wird sie überglücklich gemacht haben. Stempel auf ihren DP-Karten legen nahe, dass sie in der ersten Hälfte der fünfziger Jahre noch in der BRD lebten. Aus den Befragungen zu den Ermittlungsverfahren gegen NS-Täter wissen wir, dass Efim, aber auch Chaim Badanes in Montreal, Kanada wohnten. Wann die befreundeten Familien dorthin auswanderten, ist uns nicht bekannt. Wohin Josef Badanes emigrierte, wissen wir nicht. Efim und Nellis Tochter Henriette scheint sich später in den USA niedergelassen zu haben. Leider konnte ich ihre Spur dort nicht mehr auffinden. Vermutlich hat sie mit ihren Eltern vor ihrer Emigration noch einmal das Grab ihres Großcousins Isaak aufgesucht, der einen langen Leidensweg an der Seite ihres Vaters zurückgelegt hatte und den sie nicht mehr kennenlernen konnte. Mit ihren Eltern wird sie, nach jüdischem Brauch, einen Stein auf dem Grab zurückgelassen haben.

Anhang

Anmerkungen

1) s. A. Hoffmann: „Von Opfern und Tätern" S. 41
2) Foto s. A. Hoffmann, a.a.O. S. 39
3) Hoffmann a.a.O. S. 42

TEIL I: WILNA

4) Sima Skurkovitz a.a.O. S. 137/138
5) s. Arad. a.a.O. S. 17
6) s. Arad a.a.O. S. 19/20
7) s. Arad a.a.O. S. 23
8) Arad a.a.O. S. 25
9) Anm. Israel Begam, in einer orthodoxen Wilnaer Familie aufgewachsen, später Betar-Mitglied, erinnert sich, dass er mit einer Gruppe von ca. 15 jungen Leuten bei einer privaten Feier war, als die Polizei Einlass forderte, die Gruppe für alle überraschend festnahm, sie einzeln verhörte und ihnen politisch subversive, gegen Stalin gerichtete Motive unterstellte. Nach einer Nacht im Gefängnis wurden sie glücklicherweise wieder freigelassen.
10) s. Arad a.a.O. S. 31
11) Arad a.a.O. S. 36
12) Sima a.a.O. S. 19
13) Anm. Sima gibt an, dass Efims Schwester den Holocaust nicht überstanden habe. Entweder ist dies eine Fehlinformation oder Efim hatte eine weitere Schwester, die in den vorhandenen Dokumenten nicht auftaucht. (s. Sima a.a.O. S. 22)
14) Arad a.a.O. S. 53/54
15) Plakatausschnitt s. Benz a.a.O., S. 82
16) Arad a.a.O. S. 58
17) Arad a.a.O. S. 67
18) B162/2505 S.14, E. Komras bei seiner Vernehmung am 14.7.1949
19) Arad spricht von ungefähr 14km, s.S.75
20) Sima a.a.O. S. 18. Anm. Sima datiert Abtransport und Ermordung ihrer Familienangehörigen zwar nicht, doch dürfte diese in die Zeit der Aktionen des EK9 vom 4. bis 20. Juli 1941 fallen, da im August keine größeren Aktionen gegen die Juden durchgeführt wurden.
21) Arad a.a.O. S. 86
21a) a.a.O. S. 94/95
22) Sima a.a.O. S. 17
23) Kruk, zitiert in Arad a.a.O. S. 96

24) Arad a.a.O. S. 98
25) Arad a.a.O. S. 103
26) Arad a.a.O. S. 104
27) von Arad a.a.O. zitiert S. 108/109
28) s. Die Verfolgung und Ermordung der europäischen Juden ... Bd 7 München 2011 S. 535 Dok 190
29) Arad a.a.O. S. 111
30) Arad S. 116
31) Rudashevski\Vilna Ghetto - Kurzbiographien.html
32) R. Korczak, zit. in Arad a.a.O. S. 121
33) Arad a.a.O. S. 124
34) Anm. Betar ist eine zionistische Jugendorganisation, die 1923 in Riga durch radikale Revisionistische Zionisten gegründet wurde
35) Anm. Der Bund ist eine jüdische Arbeiterpartei sozialdemokratischer Prägung, die 1897 in Vilnius gegründet wurde
36) Arad a.a.O. S. 135
37) Versöhnungstag, höchster jüdischer Feiertag
38) Arad a.a.O. S. 139
39) A. Sutzkewer: Ghetto Vilna, Tel Aviv: Shasi 1947 S. 50, zitiert in Arad S. 139
40) S. Rabinovici „Dank meiner Mutter" S. 49
41) Anm. Vgl. auch „Das Reichsarbeitsministerium 1933 – 1945", 2019 S. 384: „Die Arbeitsämter organisierten die jüdische Zwangsarbeit sowohl im Reich als auch in den Ghettos in den besetzten Gebieten, bevor im Juni 1942 die SS diese Zuständigkeit übernahm. Bis dahin hatten die Ämter mit der Vergabe von Arbeitsplätzen an die Ghettobewohner einen großen Einfluss darüber, wer in die [späteren S.E.] Vernichtungslager deportiert wurde und wer den temporären Schutz als jüdischer Zwangsarbeiter im Dienst der deutschen Rüstungsindustrie erhielt."
42) s. Arad a.a.O. S. 154
43) s. Sima a.a.O. S. 18
44) s. Sima a.a.O S. 33
45) B162/2505 E. Komras am 14.7.49 S. 14
46) zitiert bei Arad S. 151
47) USC Interview Code 9594
48) s. Arad a.a.O. S. 156
49) s. Arad a.a.O. S. 169
50) s. Arad a.a.O. S. 178
51) Anm. Der Wiener A. Schmidt wurde Mitte Januar 1942 in Wilna von der deutschen Militärpolizei festgenommen und im April 1942 wegen

seiner vielfachen Hilfe für die Ghettojuden hingerichtet. Er wurde nach dem Krieg als „Gerechter unter den Völkern" geehrt.

52) s. Arad a.a.O. S. 225
53) Anm. Von der Abgabe war nur die Armee und die Stadtverwaltung ausgenommen.
54) Benz a.a.O. S. 149
55) s. Arad S. 296. Anm. Sie waren für die Ernährung, Kinderbetreuung, die Bücherei, die Arbeitsvermittlung, den Gesundheitsdienst inklusive den Krankenhausbetrieb, das Wohnungswesen, die technischen Einrichtungen, die Brennholzversorgung, die Werkstätten, den Beerdigungsdienst und die polizeilichen Aufgaben zuständig. Die Wahrnehmung dieser Aufgaben wurde durch ein ausgeklügeltes Steuersystem des Judenrats finanziert.
56) Rabinovici a.a.O. S. 57
57) Rabinovici a.a.O. S. 78
58) s. Arad S. 308/309
59) Schur a.a.O. S. 77
60) Arad a.a.O. S. 312
61) s. ebd.
62) Anm. Im Januar 1942 waren das 1000 Personen
63) Arad a.a.O. S. 315
64) Rabinovici a.a.O. S. 71
65) Arad a.a.O. S. 317
66) Rabinovici a.a.O. S. 68
67) Vgl. Arad a.a.O. S. 318
68) s. Arad a.a.O. S. 316
69) Schoschana a.a.O. S. 68
70) s. Arad a.a.O. S. 316
71) Anm. In einer Tabelle werden die durchgeführten Abtreibungen aufgelistet. Ihre Zahl steigt von 16 Abtreibungen im Juni 1942 auf 55 im Juli 1943, während die Zahl der Geburten von 15 im Juni 1942 bereits im Oktober 1942 auf eine zurückging und auf diesem Stand bis Juli 1943 blieb. (Dok. 204 in Benz a.a.O. S. 219)
72) Holzman „Dies Kind soll leben" a.a.O. S. 210/211
73) Rabinovici a.a.O. S. 71
74) s. Schur a.a.O. S. 79
75) Rudashevski, Diary a.a.O. S. 47
76) Rabinovici a.a.O. S. 72
77) s. Arad a.a.O. S. 321
78) Schur a.a.O. S. 79
79) Holzman a.a.O. S. 212
80) Sima a.a.O. S. 28

81) s. Wikipedia Bruno Kittel mit Bezug auf das Schwarzbuch von Ehrenburg und Grossmann
82) Sima a.a.O. S. 24
83) Anm. Der Bestand der Ghettobücherei konnte mit deutscher Erlaubnis im August durch Bücher aus dem YIVO-Gebäude erweitert werden, wo der Rosenberg-Stab die wertvollsten Bücher der Straschun-Bibliothek für ein Frankfurter Institut beschlagnahmen ließ. (Vgl. Arad a.a.O. S. 320 und Holzman a.a.O. S. 213)
84) Y. Rudashevski: Tagebuch v. 13.12.42 S. 106
85) Holzman a.a.O. S. 215
86) s. Arad a.a.O. S. 324
87) Rudashevski a.a.O. S. 50
88) Schur a.a.O. S. 80/81
89) Sima a.a.O. S. 29
90) ebd.
91) Anm. Schur schreibt am 8.12.42 von einem „geradezu lächerlichen Lohn. Der Tagesverdienst beträgt 12 Rubel, während im Vergleich 1 kg Brot 50 – 60 Rubel kostet. In Anbetracht dessen, dass eine vierköpfige Familie täglich mindestens 2 kg Brot braucht, sind das schon 100 bis 120 Rubel." a.a.O. S. 126
92) Arad a.a.O. S. 337
93) Rudashevski a.a.O. S.103
94) Anm. s. Rudashevskis Tagebucheintrag v. 8.1.43 a.a.O. S.119/120
95) s. Rudashevski a.a.O. S. 125-127
96) s. Arad a.a.O. S. 340
97) Rabinovici a.a.O. S. 62
98) Rabinovici a.a.O S. 61
99) Rabinovici a.a.O. S. 58
100) Anm. In diesem Zeitraum kommt der spätere Freund von Efim, Josef Badanes, mit seiner Familie aus dem Ghetto Oshmyany nach Wilna, wo seine Frau und seine Kinder im Oktober 1942 starben, wie Josef nach dem Krieg in Heidenheim angibt. Er macht keine weiteren Angaben zu der Todesursache. Wenn sie nicht Opfer einer tödlichen Krankheit geworden sind, könnten sie zu den Opfern der Oshmyany-Aktion gehören. In einem Artikel zu Smorgon, einem kleinen Landstädtchen, in dem zwei Drittel der Einwohner Juden waren und Josef von 1935 bis 1941 lebte, heißt es, dass im Oktober 1941 einige Juden in das nahegelegene Ghetto Oshmyany gebracht wurden. Darunter waren die Badanes. Weiter heißt es: „Im Sommer 42 wurden weitere [Juden] ins Ghetto Kaunas geschickt, wo sie das Schicksal jener Gemeinde teilten, während andere nach Ponary geschickt und umgebracht wurden." (Smorgonia Wikipedia) Nicht ausgeschlossen, dass

Josefs Angehörige dieses Schicksal teilten und er als Arbeitskraft dem Ghetto Wilna zugeteilt wurde.

101) Schur a.a.O. S. 116 Eintrag vom 19.10.1942
102) Rudashevski a.a.O. 19.10.42 S. 70
103) ebd.
104) s. Arad a.a.O. S. 346
105) s. Rudahshevski a.a.O. S. 109/110 21.12.42
106) s. Rudashevski a.a.O. S. 137
107) Anm. Sima gibt a.a.O. S. 128 an, dass Levitska Reis unter ihren Kleidern versteckte.
108) s. Rudashevski a.a.O. S. 123 und 129
109) B162/2505 S. 14
110) Rudashevski a.a.O. S. 115
111) Rudashevski a.a.O. S.117
112) s. Arad a.a.O. S. 357
113) s. Rudashevski a.a.O. S. 122/123
114) Rudashevski a.a.O. S. 130
115) Rudashevski a.a.O. S. 138
116) Vgl. Arad a.a.O. S. 360/361
117) Rudashevski a.a.O. S. 138/139
118) Schur a.a.O. S. 144
119) Arad a.a.O. S. 363
120) Rudashevski a.a.O. S. 140
121) Schur a.a.O. S. 161
122) Schur a.a.O. S. 165
123) Anm. Unter ihnen befand sich Szmuel Kalmanowicz, der nach Estland, danach über Stutthof im November 1944 nach Hailfingen deportiert wurde [s. Volker Mall: Die Häftlinge des KZ-Außenlagers Hailfingen/Tailfingen S. 168ff]
124) s. Arad a.a.O. S. 405
125) s. a.a.O. S. 172
126) Schur a.a.O. S. 174
127) Schur a.a.O. S. 174
128) Vgl. Schur a.a.O. S. 175
129) Anfertigung von Uniformen, Strohschuhen und Socken für die Soldaten usw. (s. Kruk a.a.O. S. 563)
130) Sima a.a.O. S. 37
131) Schur a.a.O. S. 182
132) Anmerkung: Zu diesem Lager in Mitawa/Mitau/Jelgava lassen sich nur wenige spärliche Hinweise finden. Valdis O. Lumans erwähnt in „Latvia in WW II" S. 257, Google Books, dass es in der Umgebung u.a. von Jelgava KZs gegeben habe. Hunderte kleinerer Satelliten-

Arbeitslager seien über die Gegend verstreut gewesen. Von der deutschen Jüdin Erika Mannheimer ist bekannt, dass sie nach einem Einsatz in Pleskau im Juli 1943 von dort im Oktober 43 nach Mitau/Jelgava zurückgeschickt wurde. Nähere Angaben zu diesem Einsatz fehlen in der Quelle (Oppenheimer Family: Erika Mannheimer USF Library Collection & Digital Collection Exhibits). Im Tagebuch der Erika Mannheimer, hrsg. von Richard Oppenheimer und Johannes Grötecke wird ein früherer Einsatz vermerkt: „Am 1. Oktober 1942 kam ich mit einem Transport [von] 200 jungen Menschen nach Mitau in die Zuckerfabrik. Wir mussten täglich zu zweit 30 – 40 Tonnen Zuckerrüben von Waggons abladen. Die Kälte war unerträglich. Bis zum 29. Januar 43 dauerte diese Arbeit. Müde und erschöpft kamen wir am 30. Januar ins Ghetto [Riga] zurück." (Tgb. S. 17/18) Die Herausgeber weisen darauf hin, dass in Benz/Distel „Der Ort des Terrors. Geschichte der nat.soz. KL Bd 8, S. 68, München 2008" ein anderer Zeitraum für die Existenz eines Außenlagers des KZ Kaiserwald im Kreis Jelgava angegeben ist, und zwar Oktober 1943 bis Juni 1944. [s. Bad Wildungen Tagebuch Erika Mannheimer.pdf] Diese Angaben legen nahe, dass Basia Komras Anfang September 1943 zunächst nach Riga-Kaiserwald, einer Schaltstelle zur Vermittlung von KZ-Häftlingen zum Arbeitseinsatz, kam und von dort Anfang Oktober 43 nach Jelgava/Mitawa deportiert wurde.

133) s. Arad a.a.O. S. 426/427; Schur a.a.O. S. 186
134) s. Schur a.a.O. S. 188
135) B162/2505 E.Komras am 14.7.49 S.14
136) Rabinovici a.a.O. S. 100/101
137) ebd.
138) ebd.
139) Arad a.a.O. S. 431
140) s. Kruk a.a.O S. 662
141) s. Kruk a.a.O. S. 661
142) s. Schur a.a.O. S. 195
143) Die Verfolgung und Ermordung der europäischen Juden Bd. 7, 2001, S. 712
144) s. Rudashevski a.a.O. S. 12

TEIL II: ESTLAND

145) Anm. Sima, die drei Wochen vor Efim und Isaak ankam, beklagt, dass ihr ihr Fotoalbum abgenommen und „wie wertloser Abfall" zu Boden geworfen wurde. (Sima a.a.O. S. 42)
146) B162/5109 S.2
147) s. Wikipedia Oil shale in Estonia, abgerufen am 26.7.2020

148) Benz a.a.O. Dok 255, S. 266
149) s. Wikipedia Vaivara Concentration Camp, 26.7.20
150) s. Kruk a.a.O. S. 663
151) Sima a.a.O. S. 50
152) Sima a.a.O. S. 51
153) Anm. Bodmann tötete zuvor in Auschwitz Häftlinge mit Phenolinjektionen, war Standortarzt in Neuengamme, Majdanek, Natzweiler-Struthof und ab September 43 Lagerarzt für alle KZ im besetzten Estland. Der Wilnaer Anolik, der im estnischen Lager Klooga zur Zwangsarbeit eingesetzt wurde, berichtet von seinen dortigen Erfahrungen mit Bodmann: „Er half zwei Frauen als Geburtshelfer und warf die Neugeborenen lebendig in den Ofen. Er injizierte drei irre gewordenen Frauen 50g Benzin ins Herz. Sie starben unter entsetzlichen Qualen." (zitiert in H. Holzman: „Dies Kind soll leben" S. 235)
154) Kruk a.a.O. S. 664
155) B162/5109 S. 34
156) ebd.
157) Sima a.a.O. S. 60
158) s. Zohar a.a.O., Page 359
159) Vgl. Hoppe/Glass: Die Verfolgung und Ermordung der europäischen Juden durch das nationalsozialistische Deutschland 2011 Bd. 7 S. 615, s. auch Kruk S. 674
160) s. Kruk a.a.O. S. 672 und Efim B162/5109 S. 5/6
161) Efim a.a.O. S. 7
162) Efim a.a.O. S. 7
163) vgl. Kruk S. 669/670
164) Sima a.a.O. S. 55
165) Anm. Auch Yitzhak Zohar erkrankte an Typhus, erholte sich jedoch glücklicherweise, obwohl den Kranken keine medizinische Betreuung zuteil wurde. Wann er nach Kiviöli kam, gibt er nicht an.
166) Sima S. 64
167) Kruk a.a.O. S. 673
168) s. Wikipedia „Die Schlacht um den Brückenkopf von Narwa", Abruf 16.2.20. Zu diesem Zeitpunkt hatte die Rote Armee bereits Isaaks Heimatstadt Wilna befreit, und zwar am 13.7.44
169) Vgl. Wikipedia Kiviöli, Abruf 16.2.20
170) s. Kruk a.a.O. S. 664
171) Kruk ebd.
172) Zohar a.a.O. Page 359
173) s. United States Holocaust Memorial Museum zu Kiviöli
174) Sima a.a.O. S. 70
175) s. USHMM Kiviöli

176) Anm. „Bei der Baltöl und den Ölschiefergewinnungsbetrieben der OT machten … die jüdischen Zwangsarbeiter nur einen Anteil von unter 20% der Beschäftigten aus. Den Hauptteil der Arbeiter stellten sowjetische Kriegsgefangene, Umsiedler aus Russland sowie Zwangs- und Zivilarbeiter [u.a.] aus … Frankreich und Holland." (Wikipedia „Das KZ Vaivara – Außenlager, Abruf 12.2.20)
177) Sima a.a.O. S. 72
178) s. USHMM a.a.O.
179) Sima a.a.O. S. 75
180) s. Helene Holzmann a.a.O. S. 233-235
181) Kruk a.a.O. S. 693
182) Sima a.a.O. S. 76
183) s. auch Sima a.a.O. S. 58
184) USC Interview Code 9594
185) Anm. In seiner Zeugenaussage vom 19.9.62 erwähnt Efim Komras auch den Lagerältesten Diller. Nach Efims Bericht, der sich allerdings auf das Lager Narwa bezieht, in dem Efim vor Aseri festgehalten wurde, war Diller korrupt und zahlte dafür mit seinem Leben: „Im Lager Narwa war der Bankier Kaczuk aus Wilna bald an den dort erlittenen Entbehrungen und Schlägen gestorben. Nach seinem Tode fand der jüdische Lagerführer [gemeint ist der Lagerälteste] Diller bei ihm kostbaren Schmuck und Golddollars, die er an sich nahm … Eines Tages beim Appell erschien Peiniger [gemeint ist Panike] und zeigte uns allen in seinen erhobenen Händen diese Wertsachen und schrie: „Diller, dieser Hund, wollte das deutsche Volk um ein Vermögen von 150 000 Goldmark betrügen. Darauf muss er hängen." Diller wurde vor unseren Augen im Lager erhängt." (a.a.O. S. 10)
186) s. Ruth Bettina Birn zu Aseri in USHMM
187) Zohar a.a.O. S. 360
188) Zohar ebd.
189) s. Birn Aseri USHMM
190) Efim a.a.O. S. 7
191) Efim a.a.O. S. 8
192) Zohar ebd.
193) Anm. Die persönlich von Efim handschriftlich am 13.11.46 auf einem amerikanischen Militärfragebogen für Displaced Persons gemachte Bleistiftangabe zum Ende seines Aufenthalts in Aseri ist leider schwer leserlich und zudem korrigiert. Das Datum könnte 1.8.44, aber auch 4. bzw. 8.9.44 bedeuten.
Für die erste Annahme spricht Simas Bestätigung des Datums sowie die Aussage in Ruth Bettina Birns Artikel in USHMM Volume I Part B zu Aseri, dass die Häftlinge bis August in Aseri blieben.

Die Lagerkartei Stutthof vermerkt zudem, dass Isaak und Efim Komras am 23.8.44 dort eingeliefert wurden.
Somit wäre denkbar, dass die Komrasses das Schicksal Simas teilten, weshalb wir gestützt auf ihren Bericht dieser Variante über Goldfields folgen.
Möglich ist aber auch eine andere Variante: Die Komrasses bleiben in Aseri und werden mit einer kleinen Gruppe, die Ruth B. Birn a.a.O. erwähnt, „im Sommer 1944 per Schiff von Aseri via Kiviöli nach Stutthof deportiert." (Der Umweg vom Hafen Aseri über Kiviöli ist dabei nicht ganz einsichtig.) Für diese Variante spricht, dass Efim im Militärfragebogen das Außenlager Goldfields nicht erwähnt. Auch Y. Zohar schreibt nichts über Goldfields, sondern gibt an, dass wenige Tage nach dem Abtransport der 10% von Dr. v. Bodman selektierten Häftlinge die Häftlinge, zu denen er gehörte, nach Kiviöli und von dort mit dem Zug nach Riga (vermutlich meint er Reval/Tallinn) geschickt wurden. Dort seien sie auf dem Frachtschiff „Mar dela Plata" nach Danzig und mit Flößen entlang der Weichsel nach Stutthof gebracht worden. (Zohar a.a.O S. 360)
Liest man Efims Eintrag zum Ende seines Aufenthalts in Aseri im Militärfragebogen als 4.9. oder 8.9.44, so lässt sich dieses Datum nicht mit dem Ankunftsdatum der Lagerkartei Stutthof vereinbaren. Efim gibt für seinen Aufenthalt in Stutthof die Eckdaten 12.9.44 bis 26.9.44 an, die in der Lagerkartei nicht bestätigt werden. Hier lauten die Angaben 23.8.44 bis 29.9.44.

194) Sima S. 83
195) Sima ebd.
196) Kruk a.a.O. S. 671
197) Kruk a.a.O. S. 698/699
198) s. sein Partisanenlied „Sag' nimmer mehr, du gehst den letzten Weg", Sima S. 106
199) Sima a.a.O. S. 83

TEIL III: DEUTSCHLAND

200) s. Ruth Bettina Birn USHMM „Goldfields"
201) Sima a.a.O. S. 85
202) s. Kruk a.a.O. S. 704/705
203) Grabowska in Kuhn a.a.O. S. 32
204) s. Drywa a.a.O. S. 108, S. 12 und S. 75
205) Drywa a.a.O. S. 108
206) Anmerkung Dr. Drywa erwähnt [auf Seite 104] die Selektion von 573 Juden, überwiegend Jugendliche unter 20 Jahren und Kinder, die aus verschiedenen eingegangenen Transporten stammten und am 10. Sep-

tember 1944 nach Auschwitz zur Vernichtung überstellt wurden. Holländische Häftlinge konnten einen 13-jährigen Jungen retten, den sie als 18-jährigen ausgaben.

207) s. Drywa a.a.O. S.101
208) Drywa a.a.O. S. 102
209) Drywa a.a.O. S. 116
210) s. Drywa a.a.O. S. 116
211) Drywa a.a.O. S. 119
212) s. Drywa a.a.O. S. 111
213) s. Drywa a.a.O. S. 111/112
214) s. Zekorn: Todesfabrik KZ Dautmergen S. 159
215) s. Zekorn a.a.O. S. 149
216) Wüste 10 a.a.O. S. 165
217) s. Zekorn S. 150 Anm. 330 und S. 218. Y. Zohar bezeugt Erschießungen beim Anmarsch a.a.O. p. 361
218) Wüste 10 a.a.O. S. 165
219) s. Zekorn S. 151 Anm. 332: Am 5.10.44 mussten die Häftlinge noch in Zelten schlafen.
220) Wüste 10 a.a.O. S. 165
221) s. Zekorn a.a.O. S. 149 Anm. 328
222) Wüste 10 a.a.O. S. 158
223) s. Zekorn a.a.O. S. 159
224) Wüste 10 a.a.O. S. 159
225) Zohar a.a.O. p. 361
226) Zekorn a.a.O. S. 162
227) ebd.
228) s. Zekorn a.a.O. S. 115
229) s. Wüste 10 a.a.O., S. 19 und S. 21 sowie Zekorn S. 49 bis 86
230) Wüste 10 a.a.O. S. 137
231) Wüste 10 a.a.O. S. 144
232) Zohar a.a.O. p. 361
233) s. Wüste 10 a.a.O. S. 24
234) Wüste 10 a.a.O. S. 141
235) ebd.
236) s. Zekorn a.a.O. S. 375
237) zitiert in Zekorn a.a.O. S. 359
238) s. Zekorn a.a.O. S. 180
239) Wüste 10 a.a.O. S. 150
240) Wüste 10 a.a.O. S. 151
241) Wüste 10 a.a.O. S. 177/178
242) Wüste 10 a.a.O. S. 167
243) Wüste 10 a.a.O. S. 166

244) Zekorn a.a.O. S. 372/373
245) s. Zekorn a.a.O. S. 370
246) s. Wüste 10 a.a.O. S. 137/138 Eugeniusz Dabrowski; S. 172 Jerzy Sztanka
247) vgl. Efims Aussage B162/ 2505 S.15
248) Anm. Der Jeshivastudent Josef Gerstein wollte durch kriminelle Schmuggler Lebensmittel für die Jeshiva beziehen. Diese lockten ihn in eine Falle, nahmen das Geld und brachten ihn um. Ihnen wurden noch weitere Straftaten, Raub und Mord an einem anderen Juden zum Verhängnis. Der Fall verursachte großes Aufsehen im Ghetto. Das Urteil wurde am 4./5. Juni 1942 vollzogen. s. Kruk a.a.O. S. 302 und Schur a.a.O. S. 132/133
249) Zekorn a.a.O. S. 185
250) s. Zekorn a.a.O. S. 187
251) Zekorn a.a.O. S. 183
252) s. Rudshevski a.a.O. S. 169
253) Anm. Das Geburtsdatum des am 10.1.45 verstorbenen Zelik Kabatschnik mit der Häftlingsnummer 34991 wird in den überlieferten Sterbebüchern unterschiedlich angegeben, wobei der Eintrag 12.5.23 wahrscheinlicher ist als 3.1.13, da Rudashevski von einem jungen Hebräischlehrer spricht (s. Rudashevski a.a.O. S. 181 Anm. 115)
254) Rudashevski a.a.O. S. 175 Anm. 74
255) Die angegebenen Lebensdaten der hier erwähnten Wilnaer Juden verdanke ich Herrn Dr. A. Zekorn
256) Sima a.a.O. S. 102
257) Zekorn a.a.O. S. 335
258) Zekorn a.a.O. S. 195
259) zitiert in Zekorn a.a.O. S. 191/192
260) Zekorn a.a.O. S. 163
261) Anm. Sigmund Sczepaniak, von den Häftlingen Mundek genannt, wurde in Rastatt 1947 zum Tode verurteilt und hingerichtet, s. Zekorn a.a.O. S. 140
262) Zekorn a.a.O. S. 163
263) Zekorn a.a.O. S. 112
264) Die Zeugenaussage steht im Kontext des Prozesses vor dem Schwurgericht des Landgerichts Hechingen im Jahr 1965. Der Pressebericht wird als Faksimile in Zohars USC-Interview (Code 24159 vom 27.12.96) dokumentiert.
265) Zekorn a.a.O. S. 124
266) s. Zekorn a.a.O. S. 243/244
267) s. Zekorn a.a.O. S. 250
268) s. Zekorn a.a.O. S. 86

269) Zekorn a.a.O. S. 254
270) aus dem Gedicht „Die Wolken kreisten um den Berg", aus dem Polnischen von Manfred Mack, zitiert in Zekorn a.a.O. S. 385
271) Zekorn a.a.O. S. 263
272) zitiert in Zekorn a.a.O. S. 263
273) Zekorn a.a.O. S. 265
274) s. Zekorn a.a.O. S. 267
275) Wüste 10 a.a.O. S. 151
276) Zekorn a.a.O. S. 271
277) s. Zekorn a.a.O. S. 270
278) www.jewishgen.org/yizkor...
279) s. Zekorn a.a.O. S. 275 Anm. 691
280) Zekorn a.a.O. S. 280
281) s. Tagebuch von Auguste Thibault, Wüste 10 a.a.O. S. 194
282) Anm. Zekorn erwähnt, dass möglicherweise Erwin Dold hier einen Mordplan von Franz Hofmann verhindert habe und auch der Bürgermeister des Ortes Ostrach sowie einige Dorfbewohner dagegen eingeschritten seien und so evtl. zwei dort in Scheunen untergebrachten Häftlingskolonnen geholfen wurde. Siehe a.a.O. S. 286
283) Wüste 10 a.a.O. S.152
284) https://www.jewishgen.org/yizkor/ostrolenka1/ost348.html
285) Quelle s.o. wie[284]
286) Anm. Zu Josef Badanes gibt es wie für Efim verschiedene Angaben zu Geburtsdatum und Geburtsort. Im Fragebogen der amerikanischen Militärbehörde gibt er am 1.6.46 an, am 15.6.1915 in Smolensk geboren zu sein, wodurch er ähnlich wie Efim russischer Jude gewesen wäre. Einem anderen Vermerk zufolge ist er am 1.1.1908 geboren und hatte in Dautmergen die Häftlingsnummer 34689. Vor Kriegsbeginn (am 31.8.39) wohnte Josef Badanes in Smorgonia am Plac Pilsudskiego 58 im Wilnaer Großraum.
287) E. Komras in B162/5109 S.8
288) Anm. Vgl. hierzu S. 99, Anm. 153, S. 101, 107, 109, 111. Ob sie je erfuhren, dass Bodmann Frau und Kinder seit 1941 mit der später zur KZ-Oberaufseherin beförderten und von den weiblichen Häftlingen überaus gefürchteten Luise Danz betrogen hat, wissen wir nicht. Zudem steht sein Privatleben hier nicht zur Debatte, rundet aber das Bild seines Charakters ab.
289) Gemeint sein muss mit letzterer Luba Lewitzka, eine Wilnaer Opernsängerin, die von Weiß ermordet wurde, weil sie Reis unter ihren Kleidern versteckt ins Ghetto gebracht hatte. [s. Sima a.a.O. S. 128]
290) Anm. Möglicherweise wurden die Heidenheimer DPs aus Wilna alle gemeinsam in einem Omnibus nach Rastatt befördert, wie die Aussa-

ge von Chaim Badanes 1962 (Kreisarchiv Zollernalb Balingen SaUW_74_58 v. 3.1.66. Den Hinweis auf diese Quelle verdanke ich Dr. Zekorn.) in Montreal und derselbe Vernehmungstag von Szymon Wojczuk und Efim (14.4.49) nahelegen. Während Efim nur zu Tätern in Wilna und in estnischen Lagern befragt wird, macht Chaim Badanes, dessen Erinnerungsvermögen 1962 schon stark nachgelassen hat, auch Aussagen zum Lagerpersonal Dautmergen und belastet hier Hans Kruth am meisten, den er als Teufel in Menschengestalt bezeichnet und von dem ihm die Aufhängung eines Häftlings in Erinnerung ist.

291) Sima a.a.O. S. 45; Helmut Schnabel wurde 1968 zu 16 Jahren Haft verurteilt, 1969 wurde die Strafe auf 6 Jahre reduziert (jewishvirtuallibrary.org/vaiara); in Hannover (Verf. 841 770513) wurde Schnabel zu lebenslänglich verurteilt und 1963 in Hechingen angeklagt; Bruno Kittel ist nach dem Krieg untergetaucht, ebenso Kurt Panike; Ernst Runde beging 1967 im Gefängnis Selbstmord; Rudolf/Rolf Neugebauer, Gestapochef in Wilna starb am 1.1.45 in Budapest; Martin Weiß wurde am 3.2.50 in Würzburg zu lebenslänglicher Haft verurteilt, nach einem Gnadengesuch 1971 wurde die Haft ausgesetzt, er starb am 30.9.84 in seiner Heimatstadt Karlsruhe.
292) Sima a.a.O. S. 22; Wir wissen nicht, wie Sima und Efim nach dem Krieg in Kontakt und damit zu dieser Einschätzung kam. Doch kann ihr demnach sein Versuch, mit der französischen Militärpolizei Dr. Bodmann zu fassen, kaum entgangen sein.
293) s. Certificate of IRO Eligibility für Efim, ITS Dokument
294) Anm. Zu diesem Zeitpunkt war Isaak schon tot. Allerdings beschlagnahmte die US-Militärregierung die Gebäude der Arbeitssiedlung „Kaltherberge" Ende 1945 und stellte sie überlebenden Juden als DP-Lager zur Verfügung (Stadtarchiv München – Stb – Siedlungen- 26, Abruf 18.8.2020). Das Stadt- und Staatsarchiv München sowie das Staatsarchiv Stuttgart konnten die Ringelblum-Dokumente nicht einordnen.
295) s. Zekorn a.a.O. S. 355
296) Zekorn a.a.O. S. 356
297) s. Zekorn a.a.O. S. 291 Anm. 745
298) Hoffmann „In seiner Jugend hinweggerafft …" o.S. Anmerkung 6
299) s. Hoffmann, A. a.a.O. o. S.
300) Im Altenheim wird nach dem Umzug der jüdischen DPs in die Polizeischule die Lagerverwaltung untergebracht. Köhn S. 221
301) seit April 1946, s. Holger Köhn: „Die Lage der Lager" a.a.O. S. 220, bezogen 400 jüdische DPs das Lager Polizeischule
302) USC Interview Code 1708

303) A. Hoffmann, o.S.
304) Schoschana a.a.O. S. 128
305) Am 11.1.45 wurde die Höchstbelegung von 2992 erreicht. (f15919.nexusboard.de)
306) s. Magdeburger Volksstimme v. 6.10.1956 S. 2
307) Sima a.a.O. S. 133
308) Sima a.a.O. S. 134
309) Anm. Auf Chaims AEF DP Registration Record ist dies ausdrücklich vermerkt, bei Miriam gibt die UNRRA Payroll einen Hinweis. Miriam arbeitet in der Krankenstation im November 1947 weniger und setzt bis Februar 1948 aus, exakt der Zeitraum der Aus- und Rückreise in die und von den USA. Dann steigt sie wieder voll in ihre Arbeit als Leitende Krankenschwester ein.
310) s. UNRRA Payrolls Kr. A Heidenheim. Die Hinweise verdanke ich A. Hoffmann.
311) s. Holger Köhn a.a.O. S. 386
312) Köhn a.a.O. S. 397
313) Köhn a.a.O. S. 411

Abkürzungen

DAW	Deutsche Ausrüstungswerke
DP	Displaced Person
FPO	Widerstandsorganisation des Wilnaer Ghettos
GBA	Generalbevollmächtigter Arbeit
HSSPF	Höherer SS und Polizeiführer
Hstuf	Hauptsturmführer
IRO	International Refugee Organization
NKWD	sowjetischer Geheimdienst
Oschaf	Oberscharführer
Ostubaf	Obersturmbannführer
OT	Organisation Todt
RSHA	Reichssicherheitshauptamt
SD	Sicherheitsdienst
Sipo	Sicherheitspolizei
UNRRA	United Nations Relief and Rehabilitation Administration
Uschaf	Unterscharführer
Ustuf	Untersturmführer
WVHA	Wirtschaftsverwaltungshauptamt

Archivalien:
Archiv Zollernalbkreis Aussage Chaim Badanes
Bundesarchiv Ludwigsburg B162/2505 und B162 5109
USHMM Washington
ITS Bad Arolsen

Hörfunk-Manuskript SWR 2 Wissen: Ingrid Strobl: Jüdischer Widerstand in Polen, 29.7.2016

Mündliche Quellen
Videodateien der USC
    Israel Begam Code 1708 USA 1995
    Rubin Wagner Code 9594 USA 1995

Internet-Artikel wie angegeben
Kelletat, Andreas: Der Krieg und die Juden in Litauen/Dt. Schriftsteller in Kowno/Kaunas 1915-1918 und 1941-1944, Annaberger Annalen 19/2011
Zohar-Wylozny, Y.: An Ostrolenkan Youth's Prolonged Journey, www.jewishgen.org/yizkor/ostrolenka1/ost348.html

Gedruckte Quellensammlungen
Benz/Kwiet/Matthäus (Hg): Einsatz im „Reichskommissariat Ostland", Dokumente zum Völkermord im Baltikum und Weißrussland 1941-1944, Berlin 1998
Hoppe, Bert und Glass, Hildrun: Die Verfolgung und Ermordung der europäischen Juden durch das nationalsozialistische Deutschland 1933-1945 Band 7, München 2011

Literaturverzeichnis

Erinnerungsliteratur
Holzman, Helene: Dies Kind soll leben, München 2001
Rabinovici, Schoschana: Dank meiner Mutter Frankfurt/M 2005
Skurkovitz, Sima:Sima Leverkusen 2002

Tagebücher
Kruk, Herman: The last days of the Jerusalem of Lithuania London 2002

Rudashevski, Yitskhok: The diary of the Vilna ghetto, Beit Lohamel Haghetaot 1973
Schur, Grigorij: Die Juden von Wilna 1941-1944, München 1999
Mannheimer, Erika, Bad Wildungen, Tagebuch

Sekundärliteratur
Arad, Yitzak: Ghetto in Flames, Jerusalem 1980
Drywa, Danuta: The Extermination of Jews in Stutthof Concentration Camp 1939-1945, Gdansk 2004
Hoffmann, Alfred: Von Opfern und Tätern, Beiträge zu einer anderen Heimatgeschichte, Heidenheim 2010
Initiative Gedenkstätte Eckerwald/G. Lempp: Wüste 10 – Gedenkpfad Eckerwald, Rottweil 2017
https://www.yadvashem.org/education/educational-materials/artifacts/diary.html
Köhn, Holger: Die Lage der Lager, DP-Lager in der amerikanischen Besatzungszone Deutschlands, Essen 2012
Kuhn, Hermann (Hg): Stutthof, ein Konzentrationslager vor den Toren Danzigs, Bremen 2004^2
Mall, Volker:Die Häftlinge des KZ-Außenlagers Hailfingen/Tailfingen, Herrenberg 2014
Zekorn, Andreas: Todesfabrik KZ Dautmergen, Stuttgart 2019

Wikipedia-Artikel
Das KZ Vaivara, Abruf 12.2.20
Die Schlacht um den Brückenkopf Narwa
Narwa
Ghetto Vilnius
Aseri
Kiviöli

Bildnachweis

B1 Karteikarte von Isaak von ITS Bad Arolsen, S. 10
B2 Passfoto von Isaak mit frdl. Genehmigung von Alfred Hoffmann, S. 10
B3 Identity Card von Efim Komras, ITS Bad Arolsen, S. 11
B4 Identity Card von Nelli, ITS Bad Arolsen, S. 12
B5 Identity Card von Basia, ITS Bad Arolsen, S. 12
B6 Stadttor Wilna, mit frdl. Genehmigung von Heinz Fieß, S. 13
B7 Kathedrale von Wilna mit Platz und Einmündung der Mickiewicz-Straße, mit frdl. Genehmigung von Heinz Fieß, S. 15
B8 Karte des Baltikums, das nach der deutschen Besetzung zum Reichskommissariat Ostland gehört; Eigenproduktion des Manuela Kinzel Verlages, S. 22
B9 Ghettoplan in Wilna/Vilnius, mit frdl. Genehmigung von Heinz Fieß, S. 36
B10 Zemaitijos-Straße, früher im Wilnaer Ghetto, S. 39, Wikipedia
B11 Choralsynagoge, 1903 erbaut, einzige erhaltene Synagoge Wilnas, S. 44, Mit frdl. Genehmigung von Volker Hirschfeld
B12 Lager Narwa (siehe Pfeil), S. 96, genehmigt von jewishgen.org
B13 Lager in Estland (Kartenskizze, Eigenproduktion des Manuela Kinzel Verlag, S. 104
B14 Lagereingang Stutthof 2010, S. 116, Foto Otto Eberhardt
B15 Registrierung der Häftlinge Isaak und Efim Komras in Stutthof (Einweisung und Überstellung nach Dautmergen), S. 118, mit frdl. Genehmigung von Dr. Drywa, Archiv Stutthof
B16 Lagerstraße Stutthof 1945, Foto O. Eberhardt, S. 119
B17 Wachturm und Baracken in Stutthof 1945, Foto Otto Eberhardt, S.119
B18 Auf dem Prügelbock Stutthof, Foto Otto Eberhardt, S. 120
B19 Transportliste nach Dautmergen – Ausschnitt, mit frdl. Genehmigung von Volker Mall, S. 122
B20 (Karte:) Die „Wüste"-Lager, S. 124, mit frdl. Genehmigung von Dr. Zekorn aus „Todesfabrik KZ Dautmergen", S. 14.
B21 Eingang zum ehemaligen Lager Dautmergen, S.125, Das Foto „Eingang des Lagers Dautmergen" wurde von der Französin Suzanne Oswald aufgenommen, die am 11. Juli 1947 und am 7. September 1948 Dautmergen besuchte, weil dort ihr Vater Joseph Oswald (geb. 1901) am 7. Dezember 1944 und ihr Bruder René Oswald (geboren 1925) ums Leben gekommen waren. Sie waren nach dem Drama in Clérmont-en-Argonne mit 111 anderen Männern verhaftet und deportiert worden. Das Foto wurde veröffentlicht in

dem Buch „Les Déportés d'Argonne", Pierre Levèvre, Hrsg.: Les Dossiers Documentaires Meusiens, Regnéville -sur Meuse, 2000.

B22 Luftbild des Lagers Dautmergen, S. 126, Das KZ Dautmergen auf einem Luftbild der US Air Force vom 15. Februar 1945 (Vergrößerung) bearbeitet von Helmut Lorenz und Dr. Andreas Zekorn
Historisches Luftbild der US Air Force mit Genehmigung des Landesamtes für Geoinformation und Landentwicklung Baden-Württemberg (www.lgl-bw.de) Bz.: 5800354379, dazu Legende
Quellen: Opfermann, Ausstellung Unternehmen Wüste, S. 60 – 62
„Schème approximatif du camp" (Ungefährer Plan des Lagers) von Ludovic de La Chapelle (T:\SG104\LBL104A\361 13 Forschung\Unternehmen Wüste\Lernort Schömberg\KZ Dautmergen)
Sa Uw 31: Rekonstruktionszeichnungen, Sa UW 41 S. 423-425 (Ortstermin)

B23 Kapo prügelt Häftling (Zeichnung von Rudolf Naess, ehemaliger norwegischer Häftling in Dautmergen), S. 128, Schautafel im Backsteingebäude/Dokumentation im Gedenkpfad „Eckerwald". Mit frdl. Genehmigung von Brigitta Marquart-Schad

B24 Arbeit im Steinbruch (Zeichnung von R.Naess), S. 131, Schautafel im Backsteingebäude/Dokumentation im Gedenkpfad „Eckerwald". Mit frdl. Genehmigung von Brigitta Marquart-Schad

B25 Ludovic de La Chapelle, Hinrichtung von Häftlingen, S. 135, mit frdl. Genehmigung von Marjolaine de La Chapelle, der Tochter des Zeichners Ludovic de La Chapelle

B26 Ludovic de La Chapelle, Exekution der russischen Häftlinge, S. 136, mit frdl. Genehmigung von Marjolaine de La Chapelle, der Tochter des Zeichners Ludovic de La Chapelle

B27 Im Schonungsblock von Dautmergen, Ludovic de La Chapelle, S. 137, mit frdl. Genehmigung von Marjolaine de La Chapelle, der Tochter des Zeichners Ludovic de La Chapelle

B28 Mahnmal auf dem KZ-Friedhof Schömberg, S. 140, mit frdl. Genehmigung von Dr. Zekorn

B29 Josef Badanes, mit frdl. Genehmigumg von Alfred Hoffmann, S.150

B30 Ausweis von Rubin Wagner/Wajner, USC Shoah Foundation, S. 156

B31 Damaschkestraße 19 in Heidenheim 2020, S. 155, mit frdl. Genehmigung von Irmgard Neugart

B32 Wilnaer Juden im „Jewish Home" der Polizeischule Heidenheim, vorn Mitte Rubin Wagner mit Frau Sima, USC Shoah Foundation, S.157

B33 Polizeischule Heidenheim 1945, mit frdl. Genehmigung von Alfred Hoffmann, S. 155

B34 Sima Wagner kniet am Massengrab jüdischer Kinder in Ponar bei Wilna 1990, USC Shoah Foundation, S. 158

B35 Sterbeurkunde Isaak, ITS Bad Arolsen, S. 164

B36 Chaim Badanes, mit frdl. Genehmigung von Alfred Hoffmann, S.166

B37 Geburtsurkunde von Henriette Komras, ITS Bad Arolsen, S. 169

B38 Titelbild: Otto Eberhardt

B39 Route der Todesmärsche „Wüste"- Lager mit frdl. Genehmigung von Eugen Michelberger und Gertrud Graf [Deckblatt Rückseite innen]

Buchempfehlungen

Der Mordfall Kozuszek im Brennpunkt der deutsch-polnischen Beziehungen
von Sybille Eberhardt

Zum Buch: Intensiv setzte ich mich mit der deutsch-polnischen Geschichte auseinander, zumal meine Familie aus Westpreußen stammt. Bei meinen mehrjährigen Forschungen in verschiedenen Archiven stieß ich auf den hier dargestellten Mordfall, der sich 1940 im Heimatort meiner Familie zutrug und der die komplexen Beziehungen beider Ethnien in den letzten 130 Jahren exemplarisch beleuchtet.

Das Theaterstück 'Der Pole muss weg' entstand nach dem Buch 'Der Mordfall Kozuszek im Brennpunkt der deutsch-polnischen Beziehungen' und wurde ab Oktober 2014 im Theater im Bahnhof in Rechberghausen 16 Mal aufgeführt.

*Softcover * 116 Seiten * ISBN 978-3-95544-016-9 * 9,90 €*

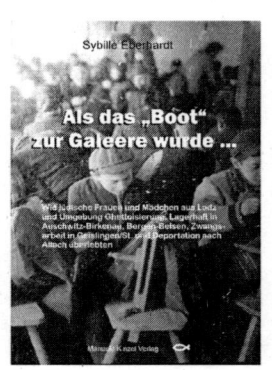

Als das 'Boot' zur Galeere wurde ...
Wie jüdische Frauen und Mädchen aus Lodz und Umgebung Ghettoisierung, Lagerhaft in Auschwitz-Birkenau, Bergen-Belsen, Zwangsarbeit in Geislingen/St. und Deportation nach Allach überlebten
von Sybille Eberhardt

Zum Buch: In ihrer neuen Arbeit verbindet Sybille Eberhardt den lokalgeschichtlichen und den deutsch-polnischen Schwerpunkt ihrer Forschungsarbeiten. Wir begleiten 18 polnische Jüdinnen auf ihrem Weg durch die im Titel angegebenen Lager sowie 16 von ihnen bei der Zwangsarbeit in der WMF. Dabei lernen wir die Lebensverhältnisse der Juden im Vorkriegspolen ebenso kennen wie die Auswirkungen, die die deutsche Besatzung auf die polnische und jüdische Bevölkerung im 2. Weltkrieg hatte. Zudem gewinnen wir Einblicke in die Verknüpfung der deutschen Rüstungsindustrie mit dem KZ-System und dessen Personal.

*Softcover * 504 Seiten * ISBN 978-3-95544-100-5 * 19 €*